Dieses Buch widme ich meiner Tochter Sarah Lea, die, so hoffe ich, in ihrem Berufsleben nicht vom "Denken in Hierarchien" demotiviert wird.

Karl-Heinz Schophaus

# Vom Denken in Hierarchien...

## ...zum Denken in Prozessen!

## Paradigmawechsel

1. Auflage

SPH

Die Deutsche Bibliothek - CIP-Einheitsaufnahme

**Schophaus, Karl-Heinz:** Vom Denken in Hierarchien zum Denken in Prozessen.
1. Auflage, Düsseldorf, SPH 2003
ISBN 3-00-012767-4

Copyright © 2003 by Karl-Heinz Schophaus, Düsseldorf
Herstellung: SPH, Düsseldorf
Druck: Books on Demand GmbH, Norderstedt
Satz: WESTEND media, Bad Kreuznach
Printed in Germany 2003
ISBN 3-00-012767-4

# Inhalt

## 3 Empowerment

## 4 Planung Ihres "Service with Excellence Managementsystem"

**7 Transformation "Denken in Hierarchien" zu "Denken in Prozessen"**

# Geleitwort

Als der Autor mir eine der ersten Fassungen des vorliegenden Buches zur Durchsicht überließ, musste ich beim Lesen immer wieder an Südafrika und an die Zustände an deutschen Universitäten denken. Karl-Heinz Schophaus spricht in dem vorliegenden Buch Themen an, die nicht nur für die Unternehmen, sondern ebenso für die Politik und für die verkrusteten Strukturen an den Universitäten relevant sind. Wir stehen an einem Scheideweg der Entwicklung für die Zukunft. Dies möchte ich in diesem Geleitwort von meiner Sichtweise aus erläutern.

Während der Transformation Südafrikas vom Apartheidsystem zur neuen Demokratie für alle konnte ich über mehrere Jahre hin den gesellschaftlichen, politischen und ökonomischen Wandel in diesem Land begleiten und untersuchen. Ausgangspunkt für diese Forschungen war die Einbindung Südafrikas in den internationalen und globalen Kontext. Am Beispiel von Unternehmen der Automobilbranche in Südafrika wurde auffällig, dass ab den 90iger Jahren des 20 Jahrhunderts deren lokale Einbindung in den globalen Markt nicht erfolgreich durchgeführt werden konnte. Dies nicht nur, weil die Sanktionen noch nachwirkten, sondern weil auch ein globales Denken noch nicht in ausreichendem Maße vorlag und ebenso wenig ausgebildet wurde. Das heißt, Unternehmenserfolge waren in Frage gestellt, weil ein Denken der Globalisierung nicht in die lokale Unternehmenspraxis umgesetzt werden konnte. Die globalen Prozesse scheiterten an den lokalen hierarchischen Organisationsstrukturen. Ein neues prozessorientiertes Denken der Globalisierung konnte nicht erlernt werden, weil entsprechende akademische Ausbildungsgänge nicht angeboten wurden. Für mich hatte dies drei Konsequenzen:

1) Die Voraussetzungen für einen Paradigmawechsel in den Köpfen müssen geschaffen werden.
2) Dazu sind neue vermittelbare Inhalte erforderlich.
3) Für die neuen globalen Herausforderungen müssen angemessene Studiengänge entwickelt werden.

Nach meiner Rückkehr aus Südafrika wurde mir sehr schnell bewusst, dass eine Ausbildung der zukünftigen Führungskräfte für die lokalen und globalen Arbeitsplätze und Märkte auch in Deutschland in den Hochschulen nicht stattfindet. Es mangelte an neuen Theorien und entsprechenden empirischen Untersuchungen. Als Lösung schwebte mir ein der globalen Dienstleistungsgesellschaft angemessenes General Management vor. Da dies gegenwärtig in den staatlichen Hochschulen in Deutschland nicht angeboten wird, habe ich mich vor zwei Jahren mit mehreren Kollegen und Kolleginnen entschlossen, eine private Universität zu gründen. Das ist durchaus möglich, setzt aber MitarbeiterInnen und ein Umfeld mit Fokus auf das neue Paradigma voraus.

Eine analoge Situation der Wirtschaft in Deutschland war für Karl-Heinz Schophaus der Anlass, das vorliegende Buch zu schreiben. Um den Herausforderungen eines immer komplexer werdenden lokalen und globalen Marktes gerecht zu werden, fordert er das TOP-Management auf, den Schritt vom "Denken in Hierarchien zum Denken in Prozessen" mit allen Konsequenzen zu vollziehen.

Dass er diesen Schritt als einen Paradigmenwechsel bezeichnet, mag einleuchten. Verwunderung wird dagegen sein Argument auslösen, dass weniger Reibung in Unternehmen eine "Goldgrube" für dauerhaften Unternehmenserfolg ausmacht, wenn also die Hierarchie durch Prozesse und damit durch Effektivität, Effizienz und Qualität ersetzt wird.

Was haben Hierarchien mit Reibung und was haben Prozesse mit Effektivität, Effizienz, Qualität, reduzierten Kosten und Mitarbeiterzufriedenheit zu tun? Antwort: Hierarchie und Prozesse passen nicht zusammen. Das vorliegende Buch erläutert diesen Zusammenhang und zeigt Lösungswege auf, wie man in Unternehmen mit dem neuen Paradigma die immer komplexeren lokalen und globalen Wirtschaftsprozesse managen kann. Um die Bedeutung des vom Autor eingeforderten Paradigmenwechsels angemessen würdigen zu können, ist ein Rückblick in die Geschichte der Zivilisation und die Neubewertung ihres Ordnungsaufbaus unter der neuen Sichtweise des geforderten Paradigmenwechsels notwendig.

**Politische Hierarchien – Organisationskosten als Preis der Zivilisation**
Die Zivilisation begann in Mesopotamien, Ägypten sowie China nicht mit Ackerbau und Viehzucht, beides war bereits erfunden, sondern mit der Erfindung der Schrift und der Hierarchie als Herrschafts- und Wirt-

schaftsordnung; beides lag ungetrennt vor. Wir verdanken diesen ersten gigantischen Macht- und Ausbeutungssystemen viel, deshalb bewundern wir ihre Leistungen heute noch. Der gesellschaftliche Reichtum ging in sie hinein, heraus kam die verwaltete Welt als "zivilisierte" Gesellschaft. Lewis Mumford nennt sie deshalb "Megamaschinen der Zivilisation". Diese Hierarchie beruhte auf der Arbeitsteilung der Macht und Produktion. Es wurden Ämter und Posten auf unterschiedlichen Ebenen der Macht verteilt und unterschiedliche Zuständigkeiten zugeteilt; gleiches galt für die wirtschaftlichen Produktionsprozesse und die Produzenten. Jeder war entweder Schraube oder Rädchen, nur an seine Stelle im arbeitsteiligen System gebunden, ein Kästchen in der Hierarchie. Die Verbindung oder Schnittstellen zu allen anderen Stellen und Ebenen waren den Kästchen nicht zugänglich, dies leistete nur die Hierarchie über Anweisungen und Kommandos von oben nach unten. Deshalb nennt man diese auf Arbeitsteilung beruhenden hierarchischen Megamaschinen der Zivilisation auch "Kommandowirtschaften".

Die Menschen schufen sich damit "heilige Ordnungen'" für ihr gesellschaftliches Leben. Diese Megamaschine hat den Menschen jedoch nicht nur die Zivilisation "eingeimpft", sondern über die Arbeitsteilung ebenso Kosten aufgebürdet und Lebensqualität vorenthalten. Das war der Preis: "Im Schweiße deines Angesichts sollst du dein Brot erwerben"! Das galt jedoch nicht für die oberen Schichten, sie lebten "auf Rosen gebettet". Sie haben uns Pyramiden, Paläste, Tempel und Kathedralen hinterlassen, die heute zum Kulturerbe der Menschheit gehören. Es handelt sich um in Stein geronnene "Kosten der Organisation" der arbeitsteiligen Megamaschine der Zivilisation. Die Menschen, die diese Kosten aufbringen mussten, hatten noch keinen WERT.

Die ersten Demokratien im antiken Athen oder in Florenz zur Zeit der Renaissance veränderten nicht die hierarchische Arbeitsteilung, trennten jedoch Reichtum von Macht, oder Wirtschaft von Politik. Freie Bürger als Privateigentümer trotzten der Macht, indem sie die Ämter und Posten der politischen Hierarchien selbst besetzten. Um die politische Hierarchie zu bändigen, rotierten die Bürger alljährlich in den Ämtern. Viele Bürger litten darunter, denn sie mussten ihr Vermögen nun selbst für diese Gemeinschaftsaufgabe einbringen. Daran wird deutlich, Hierarchien der Macht produzieren keinen Reichtum, sie kosten "Reichtum". Es sind die

Organisationskosten der hierarchischen Systeme, die durch die strikte Arbeitsteilung verursacht werden. Die Hierarchie, die die nicht-verbundenen Stellen und Posten verbindet, kostet.

Der Absolutismus der Neuzeit hatte wiederum wenig übrig für Demokratie, ihm gelang aber ein Entwicklungsschub in der arbeitsteiligen Hierarchie: Er "rationalisierte" das arbeitsteilige Maschinenwerk der Megamaschine der Macht zur "Büro"- kratie, machte sie effektiver, jedoch nicht effizienter; vor allen Dingen machte er sie teurer, er trieb die Organisationskosten in die Höhe. Das musste finanziert werden. Die Extraktion des gesellschaftlichen Reichtums hieß nun Steuer, der Bürger erschien erneut, diesmal als Untertan und Steuerzahler.

**Ökonomische Hierarchien im 18. Jahrhundert - Industrialisierung - Organisationskosten unbekannt**

Im 18. Jahrhundert erfolgte erneut eine Trennung von Wirtschaft und Politik. Die privaten Unternehmer übernahmen jedoch das Vorbild der arbeitsteiligen Hierarchie und glichen ihre Unternehmensorganisationen den "rationalen" Bürokratien absolutistischer Herrschaft an. Die ersten Großunternehmen kannten quasi "verbeamtete" Angestellte und Führungskräfte. Doch statt wie bisher die politischen Hierarchien dem Bürger das Geld "aus der Tasche" zu ziehen und extraktiv einen "Schatz" zu bilden, strebten die privaten Unternehmer im Markt durch den Austausch von Waren gegen Geld "Gewinne" an. Ebenso konnten sie ihre Arbeitskräfte nicht länger, wie die politische Macht es jahrtausendelang praktizierte, ausbeuten, sie mussten ihnen nun für ihre Leistungen "Lohn" bezahlen. Es kehrte sich damit in der arbeitsteiligen Megamaschine etwas um: Die neue ökonomische Erscheinungsform der bürokratischen Hierarchie schuf Reichtum für die Bürger und damit für die Gesellschaft. Dies beinhaltete ebenfalls die Geburtsstunde des modernen Individuums als Rechtsperson und Privateigentümer.

Den frühen Industriellen gelang das Kunststück, die Hierarchie nicht nur effektiv, sondern auch effizienter zu gestalten. Die Megamaschine wandelte sich in ihren Händen in einen **WERT**eschöpfer. Die Produktionsprozesse in den Unternehmenshierarchien wurden hierfür mithilfe der Wissenschaften noch systematischer in Einzelschritte zerlegt und "geteilt"; es entstand die rational arbeitsteilige Aufbauorganisation der Moderne.

Top down wurde nach Plan produziert, die Stellen und Kästchen hatten nur zu tun, was für sie vorgesehen war.

Die arbeitsteiligen Produktions-Abläufe wurden zu Beginn des 20. Jahrhunderts bis hin zum Fließband rationalisiert. Der Ablauf des Fließbandes, welches **WERT**schöpfend den Input in Waren wandelte, gab nun den Takt in den hoch arbeitsteiligen Megamaschinen des Industriezeitalters an. Massenproduktion war das Ziel. Alle Menschen wurden nun als Produzenten und Konsumenten einbezogen. Die Moderne begann hierüber ihren Siegeszug. Max Weber war ihr erster Analytiker und Propagator, der diese rationale, arbeitsteilige bürokratische Unternehmenshierarchie systematisch auf den Begriff brachte. Gleichzeitig erfolgte die endgültige Trennung von individuellem Reichtum und kollektiver Macht und es entstanden die modernen Demokratien.

Damit war erwiesen, dass die arbeitsteilige Hierarchie in einem komplexen Umfeld in unternehmerischer Eigenorganisation nicht unbedingt alle Ressourcen verbrauchen und verschwenden muss, die in sie eingehen. Um den Gewinn-Überschuss in arbeitsteiligen Unternehmenshierarchien noch effizienter zu gestalten, entstand die Wissenschaft der Betriebswirtschaft, die man im Sinne von Max Weber als rationale bürokratische Wissenschaft der arbeitsteiligen hierarchischen Unternehmensorganisation bezeichnen kann.

### Rationalisierung und Modernisierung im 20 Jahrhundert - Organisationskosten vermutet

Die ökonomisch-rationale "Bändigung" der arbeitsteiligen Hierarchie ließ jedoch weiterhin die Frage unbeantwortet, was sie überhaupt kostet und mehr noch, ob die Organisationskosten, die sie zwangsläufig verursacht, überhaupt notwendig sind. Diese Frage wurde bisher auch kaum gestellt, die Kostenfrage des arbeitsteiligen bürokratischen Apparats selbst blieb im Rationalitätsdiskurs weitgehend ausgespart. Weshalb? Die Unternehmen erwirtschafteten ja nachweislich Gewinne. Man konnte sich eine Welt ohne arbeitsteilige Hierarchie auch gar nicht vorstellen. Sie gehörte seit den Zeiten Hammurabis zum unhinterfragbaren a priori der politischen und ökonomischen Zivilisation. Kostenstellen und üppige Budgets hüllten die darin verborgenen Organisationskosten "in Schweigen". Sowohl die Menschen in Unternehmen als auch die Gesellschaft "verzichteten" damit jedoch auf vermehrte Gewinne als Mehr**WERT** und damit ebenso auf eine Erhöhung ihrer Lebensqualität als Lebens**WERT**.

Worin besteht dieses Kostenproblem? Ich hatte es zuvor erläutert. Es sind die Kosten hierarchischer Systeme, die durch die strikte Arbeitsteilung verursacht werden. Die voneinander isolierten Schräubchen und Räder im Hierarchiegetriebe müssen verbunden und miteinander in Takt gebracht werden. Arbeitsteilung leistet also gerade das nicht, sondern macht es erforderlich! Das Verbinden können und dürfen die durch Arbeitsteilung isolierten Schrauben und Räder in der Hierarchie nicht selbst ausführen – obwohl sie es natürlich tun könnten, wenn die Hierarchie es nur zuließe; dann hätte die arbeitsteilige Hierarchie aber ihren Inhalt verloren. Hierbei wird deutlich, das es einzig um Macht geht, denn das Verbinden der bindungslos gemachten Stellen ist Ausdruck von Macht: divide et impera, das wußten schon die alten Römer. Macht, das zeigt die bisherige Geschichte, kostet, sie hat ihren Preis. Die arbeitsteilige Hierarchie, die die nicht verbundenen Stellen und Posten verbindet, verursacht deshalb Organisationskosten und dies wiederum sind die Kosten der Macht. Das Problem ist, dass genau dieser Mechanismus in privaten Wirtschaftsunternehmen nicht erscheinen darf. Dieses Problem wird also verdrängt und aus der Welt geschafft – über Budgets. Die rationale Betriebswissenschaftslehre legitimiert diese **WERT**-Vernichtung der Macht mit elaborierten Theorien der Aufbauorganisation und Kostenkalkulation. Im Grund besteht das Elend dieser Theorien darin, dass man bis heute die Arbeitsteilung nicht verstanden hat. Was als Errungenschaft der menschlichen Geschichte und Moderne ausgegeben wird, ist im Grunde deren Gegenteil. Arbeitsteilung setzt fundamental Macht voraus, und zwar hierarchische Macht – es ist ihr sine qua non. Das verhindert nicht nur Leben und Lebenswerte, das kostet auch viel **WERT** und erscheint natürlich nirgendwo als Gewinn. Die Menschheit hätte wohl eine bessere Geschichte vollziehen können und wir hätten wohl eine lebenswertere Moderne, wenn nicht auf Arbeits-Teilung, sondern auf Arbeits-Verbindung aufgebaut worden wäre. Doch dann wäre Macht nicht wie sie war und noch ist, und wir hätten eine ganz andere Macht; eine selbst bestimmte Verbindungsmacht - gerade das muss auch heute noch hierarchische Macht verhindern, seitdem sie sich in den ersten Megamaschinen der Macht etablieren konnte.

Das vorliegende Buch von Karl-Heinz Schophaus liefert ein erstes konsequentes Modell der Arbeitsverbindung als Prozess.

**Gegenmaßnahmen gegen vermutete Organisationskosten werden mit Nobelpreis belohnt**

Im Jahre 1937 hat Ronald Coase in dem Artikel "The Nature of the Firm" eine Theorie des Unternehmens vorgestellt, wofür er unter anderem einige Jahrzehnte später, im Jahr 1991, den Nobelpreis erhielt. Nach seiner Theorie gibt es Unternehmen nur deshalb, weil die arbeitsteiligen hierarchischen Organisationen Transaktionskosten einsparen, die man ansonsten für den Tausch von Gütern und Dienstleistungen sowie die Koordination der Akteure im Markt hätte aufbringen müssen. Da zur damaligen Zeit außer der arbeitsteiligen Hierarchie keine andere Organisationsform vorlag, wurde angenommen, dass die hierarchische Unternehmensorganisation optimal zur Einsparung von Transaktionskosten beiträgt. Die Frage nach den Organisationskosten der Hierarchie war damit völlig hinfällig geworden und geriet in den darauffolgenden Jahrzehnten ganz aus dem Blickfeld. Die Macht der Hierarchie wird hiermit quasi zum "Ritter geschlagen", denn sie rettete uns nun vor den immensen Kosten im Markt, die wir mit "Blindheit" gesegnet selbst erzeugen. Coase bestätigte den Mächtigen und ihrer Macht, dass sie nichts kosten, im Gegenteil, dass sie noch Geld einsparen und nur Gutes für uns tun. Diese Erkenntnis von 1937 in der frühen machtgeprägten Industriealisierungsphase wurde 1991 mit dem Nobelpreis belohnt. Hat sich in der Zeitspanne von 1937 bis 1991 in den ökonomischen Machtstrukturen nichts geändert? Was liegt im Jahr 2004 vor?

Nur wenige hinterfragen bisher diese Theorie der Institutionen und Transaktionskosten. Die Transaktionskosten sind in aller Munde, auch wenn niemand weiß, was sie eigentlich beinhalten. Wie wir inzwischen wissen, bestand die arbeitsteilige Hierarchie und ihre Macht der Verbindung schon längst vor der Entdeckung der Transaktionskosten. Unternehmer haben sie zwar zu einer **WERT**schöpfenden Produktionsmaschine umgewandelt, doch gewiss nicht wegen der Senkung der Transaktionskosten. Ihr Interesse galt der Rationalisierung der Macht der arbeitsteiligen Produktionsabläufe, um die Märkte bei Vorabzug der Organisationskosten der Macht mit noch preiswerteren Massenprodukten beliefern zu können, und nicht der Rationalisierung der Absatzmärkte. Dieses Problem ist erst jüngst mit der Internationalisierung und Globalisierung der Märkte in den Vordergrund getreten.

## Coase, Macht und Krankenhausorganisation

Wieviel Transaktionskosten werden in Krankenhäusern durch die "aktuelle" Organisation reduziert? Die Frage mag verwundern, doch bietet sie Anlass zu kritischen Überlegungen hinsichtlich der These der Reduktion der Transaktionskosten durch hierarchische Unternehmensorganisationen. Aller Welt ist bekannt, dass Krankenhausorganisationen immense Kosten verursachen. Traditionell besteht sie nicht nur aus einer Hierarchie, sondern als Verbund dreier Hierarchien: Verwaltung, medizinischer Dienst und Pflege. Krankenhausmanagement und zugehörige Wissenschaft argumentieren, dass das Dienstleistungsunternehmen Krankenhaus nicht gewinnorientiert operieren könne. Transaktionen im Sinne von Coase beziehen sich jedoch auf Austausch-"Dienste" im Markt, die in der hierarchischen Organisation durch deren strukturelle Organisationsleistungen reduziert werden sollen. Weshalb kann dann eine erklärte Dienstleistungsorganisation wie das "Krankenhaus" die Organisationskosten nicht reduzieren, die mit ihren Diensten verbunden sind, sondern das genaue Gegenteil produzieren, eine schon unbegrenzte Erhöhung der Kosten der Organisation, die weltweit fast alle Gesundheitssysteme ruiniert?

Die Krankenhaushierarchie ist ein gutes Beispiel dafür, dass die Transaktionskostentheorie mit der Organisations- und Machtwirklichkeit der arbeitsteiligen Hierarchie überhaupt nichts zu tun hat. Die Machthierarchie reduziert keine Transaktionskosten, sie steigert höchstens das, was sie schon immer verursacht hat, nämlich Organisationskosten, wenn sie auch noch "Dienste" oder Transaktionen in ihr Gehäuse aufnimmt. Dann muss es zur Explosion oder zur Vernichtung aller **WERTE** kommen. Metaphorisch gesprochen: Die hierarchische Macht frisst sich selbst auf.

Das hat mittlerweile den Gesetzgeber veranlasst, eine Variante des Prozessmanagements in Krankenhäusern einzufordern. Doch es zeigt sich, dass die Hierarchien (noch) nicht gewillt sind, sich den neuen Anforderungen zuzuwenden; die Gegenwehr der hierarchischen Macht ist immens. Es fließt im wahrsten Sinne mehr Blut als je zuvor. Nun spielt sich das Gemetzel zwischen Krankenhaus und ambulanten Diensten ab. Prozesse werden hierbei nur ausgelagert, jedoch kein Schnittstellenmanagement betrieben.

## Gegenmaßnahmen gegen Organisationskosten sind "lebende" Prozessabläufe als "Verbindungs"-Management

Ab den siebziger Jahren des 20. Jahrhunderts erfolgte in der Wirtschaft ein Wandel von der industriellen Massenproduktion und ihren Absatzmärkten hin zu Dienstleistungen in Kundenmärkten. Die modernen Industriegesellschaften wandeln sich seitdem vor unseren Augen zu postmodernen Dienstleistungsgesellschaften. Viele Menschen streben nicht länger ausschließlich nach materiellen Reichtümern, sondern zusätzlich nach Lebensqualität und Wohlbefinden. "Die Ansprüche und Erwartungen der Kunden zu berücksichtigen und zu erfüllen" wird zum obersten Gebot der Dienstleistungsgesellschaft, schreibt der Autor. Zugleich nahm die Internationalisierung zu, mittlerweile sind wir alle Teil eines globalen Marktes. Dies ist die Ausgangssituation des vorliegenden Buches. Die **WERT**schöpfung über Dienstleistungen in Kundenmärkten findet dort statt, wo sie die hierarchisch arbeitsteiligen Unternehmensorganisationen der Massenproduktion und Absatzmärkte nicht vermutet haben, nämlich in den globalen Kundenmärkten mit den scheinbar hohen Transaktionskosten. Von der Logik her gesehen müssten die Kosten der hierarchischen Unternehmen, die sich den Dienstleistungen in globalen Kundenmärkten zuwenden, immens steigen, da sie diese Transaktionskosten gerade nicht einsparen können, sondern sie für ihre Wertschöpfung voraussetzen müssen! Das heißt, die Transaktionskosten, die die Unternehmen bisher kaum eingespart haben, erscheinen nun konträr zur These von Ronald Coase über die Dienstleistungen in den Kundenmärkten als Optimierungsaufgabe der **WERT**schöpfung. Transaktionen sind im wahrsten Sinne des Wortes "Verbindungen". Nicht mehr Arbeits- teilung, sondern Arbeits- Verbindung steht deshalb an. Das ist die These des Autors. Coase war einfach zu früh in seiner Zeit und hat selbst nicht verstanden, was er entdeckt hat. Nicht die hierarchisch arbeitsteilige Organisation reduziert Transaktions-, Verbindungs-, oder Prozesskosten, sonder die Prozess- Arbeits-verbindende Organisation reduziert diese Kosten. Die gibt es aber nur noch ohne hierarchische Macht!

Jetzt, im dritten Millennium, muss sich die hierarchische Organisationsform diesen Kosten der "Transaktion" im Kundenmarkt, d.h. dem Management von Durchsatzleistungen stellen! Worüber sie bisher verfügt ist "rationale" Hierarchie der Macht und Arbeitsteilung, gerade kein Instrument der Reduktion der Transaktionskosten, sondern Quelle ihrer ureigenen Organisationskosten und hohen overheads. Jetzt erst, da diese Organisationsform sich den Transaktionen im Kundenmarkt zuwendet, erscheinen diese Kosten in ihrer Organisationsform als das, was sie sind, nämlich "Produktionskosten der Qualität", die sie sich und den Kunden vorenthält. Ronald Coase hat diesen Sachverhalt völlig verdreht, wenn er auch klar erkannte: "It's the transaction costs, stupid!" Doch irren ist menschlich, denn die Hierarchie fungiert auch heute noch wie das bekannte "Brett vor dem Kopf".

Eine **WERT**schöpfung als "Dienst am Kunden" kann nur entlang der "Trans-Aktions-Netze" der Kunden stattfinden. Diese müssen in den Unternehmen abgebildet werden. Statt Ämter, Posten oder Stellen müssen, so Schophaus, flexible Rollen mit Verantwortung geschaffen werden: statt Arbeitsteilung Schnittstellen-Management als Nahtstellen-Management in Teams, statt Kennzahlen und Kostenstellen zur Kontrolle des Ablaufs Kennzahlen und Kontrollen des Durchsatzes der Transaktionen als Prozesse. Das heißt, die hierarchischen Unternehmen müssen sich in ihrer Organisationsform diesen Transaktions- Netzen über Prozesse angleichen, um die ertragsmindernden Organisationskosten senken zu können.

Kurz: Macht muss sich als Teilung verabschieden und als Führung in Verbindungen erneut beweisen.

Der Autor spricht von 40 Prozent versteckten Organisationskosten sowie "Produktionskosten der Qualität" in hierarchischen Unternehmen. Das ist "Gold", welches in der Unternehmenshierarchie fortwährend "versenkt" wird. Das ist aber noch nicht alles! Die Kunden wollen heute nicht nur "Masse", sondern "Vielfalt" und "Erlebnis-**WERTE**". Sie wollen Qualität der Produkte und Dienstleistungen, um ihre Lebens-Qualität zu steigern. Hierzu werden ebenfalls neue Organisationsformen benötigt. Die Reibungen in der Hierarchie erscheinen hierbei als ertragsmindernde "Produktionskosten der Qualität". Daraus folgt: die hierarchische Organisation muss sich entlang des Ablaufs der Transaktionen qualitäts- und prozessorientiert umwandeln beziehungsweise auflösen, um ihre Organisationskosten in Form der überflüssigen "Produktionskosten der Qualität" reduzieren zu können. Die hierarchische Megamaschine, die uns bisher ein Eldorado vorgaukelte, hat endgültig ausgedient.

**Der neue Weg: Vom "Denken in Hierarchien zum Denken in Prozessen"; oder: Vom "Herrschen" in Hierarchien zum "Führen" in Prozessen**

Mit diesem Buch liegt eine neue Theorie der Unternehmung vor, die sich an der Reduktion der "Produktionskosten der Qualität", der Förderung der Innovation und der Mitarbeiter- und Kundezufriedenheit orientiert. Das Besondere daran ist, dass nicht nur die Verfahren des Prozess- und Qualitätsmanagements unter dem Gesichtspunkt der Unternehmenspraxis und der konkreten Umsetzung detailliert behandelt, sondern auch der Kern und die Ursache der Notwendigkeit zum prozessorientierten Wandel benannt und klar analysiert werden. Es sind die unnötigen Organisationskosten der Hierarchie der Macht und die hohen und unnötigen "Produktionskosten der Qualität", die im Zeitalter der Globalisierung und Dienstleistungsmärkte über die Prozessorganisation und optimierendes Prozessmanagement reduziert werden können. Nur hierdurch ist die Optimierung der Qualität als Optimierung der Lebensqualität in postmodernen Dienstleistungsgesellschaften möglich.

Prozessmanagement ist keine weitere Management-Mode, sondern es geht um ein ganz neues und ganz anderes Paradigma der Organisation und des Managements. Der Autor spricht es deutlich aus: Es geht um ein grundsätzliches Umdenken im Kern der unternehmerischen Wertschöpfung. Der Mensch wird eine Instanz von **WERT** als Humankapital in den Unternehmen. Im Zeitalter der Arbeits-Teilung war er nichts **WERT**, im neuen Zeitalter der prozessorientierten Verbindung ist er endlich ein Mehr**WERT**. Führungskräfte und diejenigen, die es werden wollen, erfahren mit diesem Buch, worum es bei diesem Umdenken geht, wie es geht und wie man es umsetzt. Sie können dieses Buch in die Hand nehmen, heute noch anfangen, und in ihrem Unternehmen im "Durchlauf' von Kapitel zu Kapitel ihre "Produktionskosten der Qualität" durchsatzorientiert reduzieren, oder, wie es der Autor im Text erwähnt, ihr "Gold" in den verschachtelten Tiefen der Hierarchie der Macht und Arbeitsteilung "freischaufeln"!

Dem Autor ist bei der anstehenden Umsetzung des Prozessgedankens in Wirtschaft und Gesellschaft viel Erfolg zu wünschen.

**Prof. Dr. Paul Drechsel**

**Dezember 200**

19

## Vorbemerkungen

Das in diesem Buch behandelte "Transformationskonzept" vom "Denken in Hierarchien" zum "Denken in Prozessen" ist als ein Weg zu einem längst anstehenden Paradigmawechsel zu verstehen. Wie alle Veränderungen beinhaltet auch dieser Paradigmawechsel einen Bruch mit mentalen Gewohnheiten. In diesem Buch wird er als ein "Transformationsprozess" dargestellt, der der Wissenschaft und dem TOP-Management in den Unternehmen einen nachvollziehbaren Weg und eine Entscheidungsgrundlage für ihr Handeln zur Verfügung stellt. Der gegenwärtig feststellbare "Produktivitäts-Sinkflug" vieler Unternehmen ist nachweislich ohne "Denken in Prozessen" nicht mehr umkehrbar.

Ursache dieses "Produktivitäts-Sinkflugs" sind die vielfältigen Organisationsveränderungen der hierarchischen Strukturen in den Unternehmen. Die in den letzten Jahren zunehmende Beschleunigung der "Umsetzung" einer "neuen" Managementmethode nach der anderen führte zu schon irrwitzigen "Fragmentierungen" der Unternehmen mit zunehmender "Reduzierung des Blickwinkels auf das Ganze und der Aufgaben der Mitarbeiter" ohne irgendein "Denken in Prozessen" mit einer Gesamtsicht. Die Mitarbeiter werden hierbei von hierarchischen "Kulturen" in "virtuelle" Strukturen ohne Gesamtsicht nach links und rechts überführt. Das ist eine der wichtigsten Ursachen der unerkannten "Produktionskosten der Qualität", die als Organisationskosten des Unternehmens auftreten.

Sogar Nobelpreisträger können sich irren und scheinbar fundamentale Lehrmeinungen zu Organisationskosten können falsch sein. Nehmen wir zum Beispiel Ronald Coase (1937) und seine Theorie der "Transaktionskosten". Es wird an den Universitäten gelehrt und gelernt. Ein weiteres Beispiel ist die Theorie der kostenersparenden bis kostenlosen Arbeitsteilung. Diese Theorie hat schon dogmatischen Status.

In den letzten Jahren sind die Organisationskosten in den Unternehmen außer Kontrolle geraten. Das Verbinden der "Stellen" oder "Kästchen" kostet in tiefverschachtelten hierarchischen Unternehmen Milliarden. Weshalb? Je komplexer die hierarchische Organisation, desto kostenintensiver die Verbindungsleistungen und demotivierender für die Mitarbeiter.

Die Alarmglocken läuten und läuten, doch nichts passiert. Staat, Wissenschaft und Unternehmen stehen seit Jahren vor diesem "Sinkflug" der Produktivität wie das Kaninchen vor der Schlange.

Der Autor hat in den Jahren 2001 und 2002 mit der "strukturellen" Sichtweise und der konsolidierten Steuerung operativer Prozesse im Verbund mit Management - Prozessen einen neuen Weg zum wirtschaftlichen Erfolg in einer Unternehmens-Unit mit "virtuellen" Strukturen erfolgreich beschritten – mit einer Performance von 200 %! Der Weg zum "Denken in Prozessen" wurde damit zu ca. 40 - 50 % umgesetzt. Die Belohnung für "Denken in Prozessen" wird also sofort als "Gewinnsteigerung" ausbezahlt. Es geht insofern in den Unternehmen um Milliarden. Heben Sie diese versteckten "Goldschätze"!

Das Management weiß seit längerer Zeit, was es vermeiden will, und steckt die Energie in die Vermeidung anstelle der Unterstützung des Wandels. Es bedarf deshalb einer großen gemeinsamen Kraftanstrengung im Unternehmen, damit das TOP-Management wieder Herr im Haus der Wertschöpfung ist – und nicht länger die Wertvernichtung verwaltet.

**MEGA-Trends 2010**

-   Der betriebliche Megatrend ist die Geschwindigkeit des Durchsatzes und die Einbringung des Wissens in Teams - beides führt zur "Multiplizierung" der Werterzeugung.

-   Der private Megatrend ist die soziale Bindung und das "Benutzen" von "Wohlbefinden" auf Grund der Erkenntnis der eigenen Verantwortung für "Körper und Geist".

Der Mensch ist ein **WERT**. Nutzen Sie diesen noch unbekannten Produktionsfaktor.

**Die prozessorientierte Unternehmung der globalen Zukunft beinhaltet das "Service with Excellence Management System"**
Dieses "Service with Excellence Management System" nutzt
  * die "strukturelle" Sicht als veränderte Sichtweise
  * das Verbinden von "Strategie + Prozesse"
  * die Arbeitsverbindung anstelle der Arbeitsteilung

- die Wertschöpfung des Wandels des "Human Kapitals" vom "Softfakt" beim "Denken in Hierarchien" zum "Powerakt" beim "Denken in Prozessen"
- die damit verbundenen neuen Unternehmens- und Führungskulturen

als Pfade zur Transformation ihrer Unternehmenswelt vom "Denken in Hierarchien" zum "Denken in Prozessen".

**Der Druck zum Wandel steigt!**
In vier Jahren werden weltweit nur noch diejenigen Unternehmen überleben, die den Wandel mit Erfolg durchgeführt haben. Der Wertewandel fördert den Gewinn und die Innovation in einem Maße, der allein in Deutschland die Summe des zweifachen Bundesetats von ca. 514 Mrd. Euro ausmacht.

In diesem Buch geht es nicht um eine wissenschaftliche Bearbeitung des Themas, sondern um eine auf wissenschaftlicher Basis in der betrieblichen Praxis kontinuierlich weiterentwickelte Vorgehensweise eines Managementsystems der wirtschaftlichen Vernunft. Die eine oder andere Wiederholung hat den Zweck, den Leser bei der Transformation vom "Denken in Hierarchien" zum "Denken in Prozessen" so weit wie möglich zu unterstützen. Nehmen Sie sich die Zeit, um ein Verständnis für die Zusammenhänge des Wandels mit ca. 100 Faktoren als Basis der Transformation zum Heben des "Goldschatzes" zu erlangen. Der Unterstrich kommt in der deutschen Schriftsprache nicht vor. Zur Visualisierung der neuen Wertigkeit der Worte, nutzen wir jedoch diesen Unterstrich (z.B. En_able).

Es ist für mich von Interesse, was die Professoren unserer Universitäten und die BWLer in den Unternehmen nach vielen Jahren "Sendepause" zu der "realen Goldgrube" in den Unternehmen sagen werden, die sie bisher nicht entdeckt haben. Es geht mir hierbei nicht um Schuldzuweisungen, aber diese paradigmatische Blockade an den Universitäten und das Abblocken des Wandels in den Unternehmen hat eine Wertvernichtung unvorstellbaren Ausmaßes verursacht.

Sicherlich bedarf der Transformationsweg an vielen Stellen einer wissenschaftlichen Präzisierung, um als Lehrmaterial für die Universitätsausbildung die Kontinuität dieses Wandels in unsere globale Zukunft sicherzustellen.

Erste Korrekturen an dem Konzept und viele Unterstützungen auf dem langen Weg der Niederschrift verdanke ich meinem Freund Bernd Ferber. Die wissenschaftliche Unterstützung leistete Professor Dr. Paul Drechsel von der Universität Mainz bis zum Zusammenbrechen in vielen Telefonaten, Emails und Gesprächen. Mein Dank gehört darüber hinaus meiner Ehefrau, allen Freunden und Bekannten, die immer ein Ohr für mein einziges Thema in den letzten Monaten hatten.

## Vorwort

Erfolgreich Unternehmen führen, Organisationsabläufe optimieren, Kunden- und Mitarbeiterzufriedenheit erreichen und dabei die Marktposition verbessern ist das Ziel der Unternehmer und des Managements. Wie schwierig dies im gegenwärtigen globalen Umfeld geworden ist, ist vielen Unternehmern und Managern aus der eigenen Praxis bekannt. Zudem wird uns über die damit zusammenhängenden Probleme täglich in den Medien berichtet. Über die mögliche Lösung wird nicht berichtet. Was fehlt? Ein Umdenken ist gefordert, um eine neue Sichtweise gewinnen zu können.

Durch die Veränderung zur Dienstleistungsgesellschaft ist die Balance zwischen tangible (Anlagen) und intangible (Human) Assets die Basis für einen dauerhaften Unternehmenserfolg. In den "tief verwurzelten" "hierarchischen" Unternehmen sind die Reibungsverluste hoch: Je komplexer die Organisation, desto kostenintensiver und Mitarbeiter demotivierender. Die durch diese Veränderungen entstandene Komplexität (Reibung) in den Unternehmen ist mit den aktuellen Controlling Methoden nicht mehr transparent und steuerbar. Die Kosten für die "Produktion der Qualität" wachsen in tiefverschachtelten Unternehmen ständig, sind aber eben nicht transparent, da die dazu benötigen Controlling-Methoden fehlen.

Wissen Sie, was von Ihrer Strategie bei den Mitarbeitern umsetzbar ankommt?

Wissen Sie, wie strategiefokussiert alle Prozesse transparent ablaufen können?

Wissen Sie, was Kosten "für die Produktion der Qualität" sind?
Was eine Unternehmensorganisation ist, wissen Sie!
    • Was Reibung ist und wie Sie entsteht, wissen Sie!
    • Wie Reibung in einer tiefverschachtelten, hierarchischen Struktur entsteht, vermuten Sie!

Was Profit und Erstellungskosten sind, wissen Sie!
- Wie Erstellungskosten ermittelt werden, wissen Sie!
- Wie Profit ermittelt wird, wissen Sie es wirklich?

Was "Qualität" bedeutet, glauben Sie zu wissen!
- Was "Produktionskosten der Qualität" sind, ahnen Sie!
- Wieviel die "Produktionskosten der Qualität" am Profit "kratzen", sollten Sie wissen!

Was Zahlen (Finanz) sind, wissen Sie!
- Dass die Zahlen (Finanz) die finanzielle "Bewertung" sind, wissen Sie!
- Dass die "Indikatoren der Prozesse" Transparenz des "Durchsatzes" bringen können, haben Sie gehört!
- Wissen Sie, wieviel verdeckte "Produktionskosten der Qualität" es bei der "Durchsatz-Sicht" in Ihrem Unternehmen gibt?

**Spüren Sie, dass die "Produktionskosten der Qualität" eine versteckte Goldgrube sind?**
Mein Beitrag zur Sparpolitik! Profit erhöhen!
Der Weg zum Heben des Goldschatzes wird in diesem Buch dargestellt. Auf der Basis des "Pulsschlags" ihrer Mitbewerber wird ihr "Zielpulsschlag" als Basis für Ihr "Service with Excellence Management System" definiert und umgesetzt.

**Light Lager, an American beer**
Auf jeder amerikanischen Bierflasche ist am Flaschenhals ein Label mit einer Government warning aufgeklebt. Hierbei gibt es eine Warnung (1), welche sich an schwangere Frauen richtet, sowie eine Warnung (2) mit folgenden Worten: "Consumption of alcoholic beverages impairs your ability to drive a car or operate machinery, and may cause health problems."

**"Vom Denken in Hierarchien zum Denken in Prozessen"**
In diesem Sinne offeriere ich eine Metapher im Zusammenhang mit dem vorliegenden Buch:

"The consumption of this book can impair your ability to lead your company in the old fashion, and may cause irrational activities if not implemented through thorough and careful considerations. You can avoid inevitable consequences by following the principles and steps guidelined in the "Service with Excellence Management System" described and developed in this book".

**"Entweder gibt es einen Weg, oder wir werden einen Weg finden"**,
sagte Hannibal, 237 v. Christus.

# 0.    Create the confidence

## Erkennen und reduzieren der Organisationskosten um 40 % mit "Denken in Prozessen"

Das Ziel dieses Buches ist die nachhaltige Steigerung Ihres unternehmerischen Erfolgs in einer globalen Welt. Das gelingt nicht mehr mit Strategien und Organisationen, die gestern noch erfolgreich waren, weil diese die neue Herausforderung der immensen Komplexität nicht mehr bewältigen können.

## Paradigmawechsel:

### Coase 1937  "The Nature of the Firm"
Unternehmen gibt es nur deshalb, weil die arbeitsteiligen hierarchischen Organisationen Transaktionskosten einsparen, die man ansonsten für den Tausch von Gütern und Dienstleistungen sowie die Koordination der Akteure im Markt hätte aufbringen müssen.

### Schophaus 2003 "The Firm is a Process"
Bei der Transformation vom "Denken in Hierarchien" zum "Denken in Prozessen" werden die in den Unternehmungen durch die Arbeits_Teilung in den Hierarchien entstehenden Milliarden an "Organisationskosten" durch die prozessorientierte Arbeits_Verbindung von Kompetenz und Verantwortung "Durchsatz_minded" angegangen und stark reduziert.

### Die Kardinalfehler der letzten Jahre in den Unternehmen
Die Organisationsänderungen der "Aufbauorganisation" durch Lean, Matrix, Vertikalisierung und Horizontalisierung etc. werden in hierarchischen Strukturen abgewickelt. Die unterstützenden Methoden der Frameworks BSC (Balanced Scorecard) oder EFQM (European Foundation for Quality Management) sowie die ISO 9001 (International Standard Organisation) mit den Veränderungen der Blickwinkel und Sichtweisen für eine Prozessorientierung erfolgen nur halbherzig. Die hierarchische Führung mit dedizierter Stellen- und Aufgabenbeschreibung wird stattdessen durch "virtuelle" Strukturen ohne Prozessorientierung ersetzt. Metaphorisch gesehen: "Der Tiger setzt zum Sprung an und landet als Bettvorleger".

**Ein anderes Beispiel:**
Ein Qualitätsmanager übergibt nach Jahren der Gesamtsicht entsprechend der hierarchischen Regel "QM goes Legal" an 25 Qualitätsmanager mit 25 Teilsichten. Konsequenz: Das Chaos nimmt seinen Lauf. Die "Produktionskosten der Qualität" steigen und steigen ungebremst.

Zwischen Unternehmenssystem und Gesellschaftssystem besteht eine Kongruenz.

**Das Gesamtwirtschaftssystem Deutschland im Jahre 2003 mit dem Fokus "Mensch":**

**Der Mensch im Staat :**
* ca. 82 Millionen Einwohner
* ca. 38 Millionen Arbeitnehmer
* ca. 20 Millionen Rentner
* ca. 4 Millionen Unternehmer und Selbstständige
* ca. 8 Millionen Arbeitslose und Personen in Weiterbildung
* ca. 2,6 Millionen Sozialhilfeempfänger

**Und wie sieht es mit den Kindern und Jugendlichen aus?**
Die Ergebnisse der Schulsysteme in Schweden und Deutschland im Vergleich:

| Land | % des Jahrganges haben einen Schulabschluss für Hochschulbesuch | % schafft den Studienabschluss | % gut ausgebildet ohne Studienabschluss |
|---|---|---|---|
| Schweden | 75 % | 30 % | 45 % |
| Deutschland | 42 % | 19 % | 23 % |

Laut OECD ist das Schulsystem eine der Ursachen für die deutsche Krise. In den Lehrlingsausbildungen muss diese Suppe wieder ausgelöffelt werden. Ist das der Grund, weshalb viele Jugendliche unter 25 Jahren keine Beschäftigungschance haben ?

**Eine Standardbemerkung in deutschen Zeitungen im Jahr 2003:**
Deutschland vergreist, die Kinder werden dümmer, die Arbeitslosigkeit steigt und das Interesse an der Religion nimmt ab.

**Das alles sind Belege, dass im Gesamtsystem Deutschland der Faktor "Mensch als Humankapital" als Softfakt abgewertet wird**
Die Aufgaben der Gesetzgebung zur Transformation Deutschlands von der Wirtschaftsstufe "Industriegesellschaft" zur Wirtschaftsstufe "Wissensökonomie" ist nicht Thema dieses Buches. Nichts desto weniger muss das Thema politisch sensibilisiert werden, denn nur im gesellschaftlichen Gesamtsystem ist die Transformation des Wirtschaftssystems möglich. In diesem Buch werden deshalb Ideen und Methoden aufgezeigt, um in den Unternehmen den Aufbruch aus der Krise anzugehen und wichtige Schritte der Wirtschaftstransformation durchzuführen.

**Was passiert mit dem "Softfakt" Mitarbeiter?**
Ein Beispiel einer "normalen" Organisationsänderung in einem beliebigen Unternehmen:
Aus einer hierarchischen Gruppe mit 14 Mitarbeitern und deren dedizierten Stellen- und Aufgabenbeschreibungen

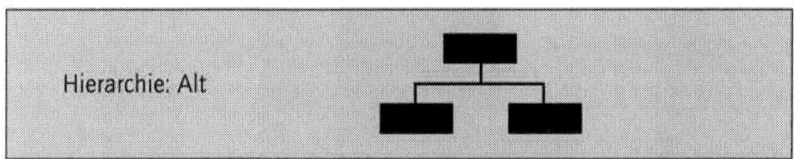

werden 6 Gruppen mit 2 - 4 Mitarbeitern in "virtuellen" Strukturen gebildet.

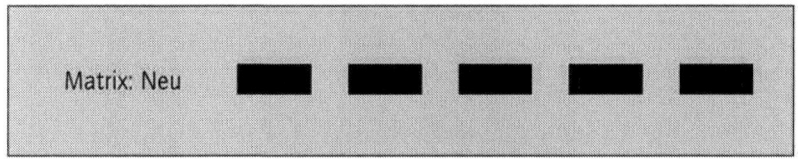

Die Aufgabenfelder und somit die Sichtweise der Mitarbeiter sind durch das "Teilen" enger geworden. Es liegt ein extremes "Teil-Teil Fachwissen" vor, ohne irgendeine Verantwortung für die Arbeitsschritte davor und danach. Die divergierenden Ziele der "Teile" führen sehr schnell zur

Schnittstellenblockade der Mitarbeiter. Dadurch entstehen unkontrollierbar die "Produktionskosten der Qualität" und der "Sand im Getriebe" des Unternehmens. Weitaus dramatischer vollzieht sich hierbei ebenfalls unbemerkt eine Verschiebung vom fokussierten operativen Kerngeschäft zur administrativen Bürokratie alten Stils im Sinne von "Management durch Macht". Das heißt, der Zweck der Unternehmung, die Wertschöpfung, gerät völlig aus dem Blick, die Hierarchie beschäftigt sich nur noch mit sich selbst. Benötigen Sie hierfür noch Beweise?

**Das sind die Ursachen der "Crisis of confidence"!**
Eine Führungskraft sagt bei jedem Schnittstellenproblem:
"Es hat noch nie eine Matrixorganisation funktioniert, warum soll das bei uns anders sein". Die aktuellen Parameter der "Hierarchie" lenken und leiten das Flugzeug "Unternehmen" in Richtung eines permanenten "Sinkflugs", da die Wertschöpfung des "Human Capital" **wissentlich** unterlassen wird. Folge: Die Demotivation der Mitarbeiter steigt und steigt. Wie soll ein Mitarbeiter die Situation meistern, wenn es die Führungskraft noch nicht einmal versucht - oder verhindert?

**In welcher Entwicklungsstufe und welcher Organisationsform lebt diese Führungskraft?**

| | | | |
|---|---|---|---|
| Horde | Seit | 100.000 Jahren | Segmentäre Organisation |
| Stamm | Seit | 30.000 Jahren | Stratifizierte Organisation |
| Empire | Seit | 8.000 Jahren | Paläste Organisation |
| Patrimoniale Organisation | Seit | 3.000 Jahren | Hierarchie Organisation |
| Systemorganisation | Seit | 100 Jahren | Selbstorganisation (Fliessband) |
| Projektorganisation | Seit | 20 Jahren | Gruppenorganisation (Team) |
| Prozessorganisation | Seit | 10 Jahren | Schnittstellen Organisation (Kette) |
| Netzwerk-Organisation | Seit | 5 Jahren | Virtuelle Organisation (Netze) |

Die Problematik wird daran ersichtlich, dass alle Organisationsformen seit dreitausend Jahren in hierarchischen Strukturen gelebt und geprägt werden. Die strukturell-inhaltliche Entwicklung dieser Organisationsformen erfolgt nur beim "Denken in Prozessen" und ist dann die Basis für die Führung des "Human Kapitals" durch Empowerment.

**Von "Der Mensch ist KEIN Wert" zu der "Mensch ist ein WERT"**
Diese Entwicklung entspricht ebenfalls der Evolution von Misstrauens-
organisationen zu Vertrauensorganisationen.

**"Denken in Prozessen" beendet die "Crisis of confidence"**
Das "Denken in Prozessen" macht aus einem demotivierten "virtuellen
Mitarbeiter" einen "hochspezialisierten Prozess-Team-Mitarbeiter" mit
definierten Prozess - Schritten und Prozess - Rollen zur Durchführung der
strategiefokussierten Aufgaben. Mit dem Mittel des dem Prozessteam
eigenem "interact" (aufeinander sachlich einwirken) wird die Reibung
reduziert und die Leistungsfähigkeit der Prozess - Teams extrem gestärkt.
Aus dem "Softfakt" wird der "Powerakt". Die Prozesse ersetzen hierbei
kein TOP-Management, sondern unterstützen es beim Lenken und Leiten
des Unternehmens, um die erwünschte "strategische + finanzielle" Flexibilität des Unternehmens zu erzielen.

---

**Modell des "interact": Formationsflug der Gänse**

Hierarchische "Leitgans"

Fokus "tangible Assets".
Hierarchische Struktur im **"Wirtschaftswunder I"**.
Mit dedizierter Stellen- und Aufgabenbeschreibung.
Gänse fliegen hierarchisch in "Reih und Glied".

Keine "Leitgans"

Fokus "tangible Assets".
Hierarchische Struktur mit Matrixorganisation. Gänse
fliegen erratisch allein ohne Führung und Bindung.

Prozessorientierte "Leitgans"

Fokus "tangible und intangible Assets".
Mit "Denken in Prozessen" erfolgt im heterogenen
Team der Positionswechsel der Leitgans mit der Problemstellung im Team durch Kongruenz von Wissen
und Verantwortung. Der "Formationsflug" schafft
eine Wertschöpfung von ca. 70% durch die Teamleistung. Gänse fliegen zum **"Wirtschaftswunder II"**.

---

**"Interact" ist das Zauberwort für das "Denken in Prozessen"**
**Das dritte Gänseflugmodell zeigt die Möglichkeiten des "Denken in Prozessen"**

Erfolgreiche Prozessmanager glauben an die Macht der Begeisterung im Formationsflug.

**Dazu sind neue Sichtweisen gefordert :**
Das umsetzungsfähige "Service with Excellence Management System" zielt auf die Beherrschung der "Komplexität des Unternehmens" durch die Verknüpfung zweier verschiedener Welten, der "Strategie" und der "Black Box der Leistungserbringung".

**Neue Sichtweisen sind gefordert:**

**Von der fiskalischen Sicht des**          **über die strukturelle Sicht**
**"Denken in Prozessen"**

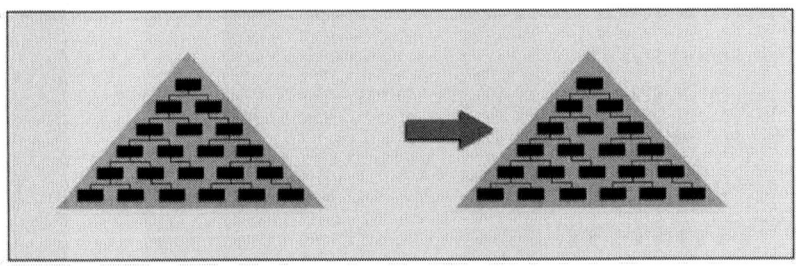

**zu "Strategie + Prozesse" des "Denken in Prozessen"**

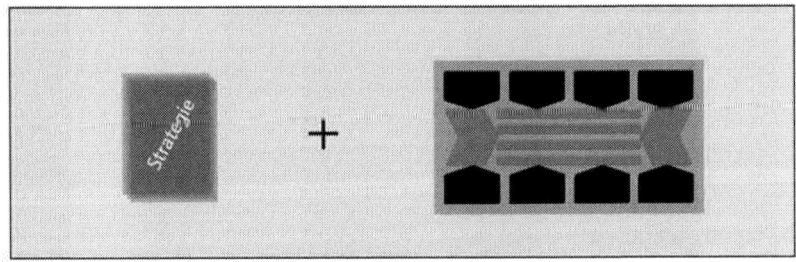

Mit diesen zwei "neuen" Sichtweisen werden die "Produktionskosten der Qualität" transparent und beherrschbar.

**Beweis der Wertschöpfung mit den zwei neuen "Sichtweisen"**

Im Jahre 2002 konnte der Autor mit der "strukturellen" Sichtweise und der konsolidierten Steuerung der operativen Prozesse im Verbund mit den Managementprozessen einen erfolgreichen Weg zur starken Verbesserung (200 %) des wirtschaftlichen Erfolges in einer Unit in einem tiefverschachtelten hierarchischen Unternehmen erreichen.

**Die Aktivierung des "Human Kapital" ist die Wertschöpfung des Goldschatzes**

Jetzt muss die Startglocke klingeln!

**Das Bewusstsein zur Notwendigkeit der Veränderung ist vorhanden!**

Viele TOP-Manager sehen die Probleme, wissen aber nicht, wie das Thema "anzupacken" ist.

**Wo ist der Pfad zum Wandel hin zum "Denken in Prozessen"?**

Der Wandel betrifft nicht nur die Ebenen der Strukturen und Prozesse, sondern auch die Unternehmens- und Führungskultur. Der Pfad des Wandels besteht darin, mittels Implementierung und Leben der Prozessorientierung eine Reduktion der Komplexität durch eine Reduktion der "unsichtbaren Produktionskosten der Qualität" und somit der Organisationskosten voranzutreiben. Dieser Transformationsprozess wird in diesem Buch ausführlich beschrieben.

Im Grunde sollte der Wandel zum "Denken in Prozessen" schon längst stattgefunden haben. Die aufgeführten Methoden zur Erfüllung der Marktanforderungen kennt jeder TOP Manager seit vielen Jahren.

| 9 | Bewiesene Weltklasse | Performance Management |
|---|---|---|
| 8 | Best-Practice | Balanced Scorecard |
| 7 | Innovation Quantensprünge | |
| 6 | Verbesserung | Assessment |
| 5 | Erfolgsmessung | (Self)-Assessment nach Deming, |
| 4 | Meßindikatoren | Baldridge, EFQM... |
| 3 | Konformität | Konformitätsbewertung |
| 2 | Nicht-kritische Abweichungen | ISO9000, ISO14001, EMAS2, |
| 1 | Kritische Abweichungen | BS7799, VDA6... |

# Wer hat die Methoden in Deutschland angewandt?

| Methode: | Anwendungen: | Hauptproblem: |
|---|---|---|
| Balanced Scorecard | ca. 10.000 | Umsetzung mit Prozessen |
| EFQM | ca. 10.000 | Umsetzung mit Prozessen |
| Six Sigma | ca. 100 | Umsetzung mit Prozessen |
| ISO 9000 ff (Zahl nur DQS) | ca. 50.000 | Umsetzung mit Prozessen |

## ...und wer "nutzt" die Methoden wirklich?

### Die Methoden sind da, aber ohne Prozessorientierung sind sie "wertlos"

Das Verbinden der "Kästchen" in den hierarchischen Unternehmen kostet Milliarden. Es geht um die **Vernetzung** der für die Umsetzung der Strategie benötigten Aufgaben. Der Pfad zum "Leben in Prozessen" wird in diesem Buch bis zur Umsetzung beschrieben.

### Die Machterhaltung des "Denkens in Hierarchien" kostet wirklich Milliarden!

Viele Manager wissen heute leider nur zu genau, was Sie mit allen Mitteln verhindern wollen und agieren dementsprechend, anstatt diese Kraft für Veränderungen einzusetzen. Das aber geht auf Kosten des Unternehmens und der Mitarbeiter. In solchen Fällen ist zu erwarten, das erst beim nächsten "Knall" wieder halbherzig über die Prozessorientierung geredet wird. Der Grund ist die weit verbreitete Meinung, dass das "Flugzeug" ja fliegt! Wer will es durch Kurswechsel womöglich abstürzen lassen?

### Hier schafft das "Service with Excellence Management System" Abhilfe

Fliegt das Flugzeug wirklich ?

### Jeder Manager "sollte" mehr über das "Flugzeug" wissen, oder?

Ist der permanente Sinkflug eingestellt?

- Welcher Kerosinverbrauch? Wie lange kann das Flugzeug noch fliegen?

- Wieviele Verspätungen gibt es? Was sind die Ursachen?
- Wieviel Kosten? Wieviel Gewinn? Wieviel unnötige Organisationskosten?
- Besteht Absturzgefahr?

Das Buch geht Ursachen an und zeigt Wege auf, um die "Black Box der Leistungserbringung" erfolgreich transparent zu machen und steuerbar zu gestalten.

**Der Weg dorthin ist das Ziel des Buches, um überhaupt den Weg zum Ziel zu erkennen.**
Wir zeigen etwas auf, was in den Standard-BWL-Büchern nicht behandelt wird: "Organisationskosten", "strukturelle Sichtweise", ein Human Kapital als "Powerakt" und die Prozess -Arbeitsverbindung.

**Was sind Organisationskosten?**
Die Organisationskosten sind alle Kosten, die beim "Organisieren des Geschäftszweckes" anfallen – gewöhnlich Budget genannt. Die Organisationskosten befinden sich nicht im Blickwinkel der "Zahlen_minded" Manager. Diese Kosten stecken u.a. in den Schnittstellen der "Black Box der Leistungserbringung" und sind seit vielen Jahrzehnten mit steigender Tendenz in den Budgets unsichtbar eingebaut.

**Was ist die "strukturelle Sichtweise"?**
Anstelle der fiskalischen Sichtweise des "Zahlen_minded" hierarchischen Unternehmens tritt die "Durchsatz_minded" strukturelle Sichtweise des Denkens und Lebens in Prozessen.

**Was ist das "Human Kapital"?**
Seit den dreißiger Jahren des letzten Jahrhunderts ist der "Human Faktor" bekannt. Bis heute versucht die Hierarchie diese "Arbeitskraft" im Feintuning an die "additiven" Stellenbeschreibungen anzupassen. Verwaltet wird diese Aufgabe in den Personalabteilungen, umgesetzt wird sie durch Arbeitspsychologen und Berater. Niemals wurde bisher der WERT des "Human Kapitals" in der multiplikativen Wertschöpfung in heterogenen Teams gesehen und anerkannt.

**Nicht alle Organisationskosten stehen im Fokus, es geht nicht um Ihre Unternehmenskultur**

Es geht in diesem Buch nicht um Leistungen, die entsprechend Ihrer Unternehmenskultur geleistet werden. Also es geht nicht um Reisekosten, Handy oder Festnetz, Flug oder Bahn oder Typ des Firmenwagens. Es geht hier nur um die Kosten der "Reibungen" im Unternehmen!

**Was ist die "Black Box der Leistungserbringung"?**

Heute ist alles, was sich hinter der Strategie verbirgt, für den "Zahlen_-minded" Manager eine "Black Box". Dabei werden viele Synergieeffekte, die in den Abteilungen erreicht werden, schon lange nicht mehr transparent. Die Organisationskosten und die "Produktionskosten der Qualität" sind bei den aktuellen Controlling-Methoden in einem Topf vorhanden. So entstehen schnell 40 % "Produktionskosten der Qualität", die den Gewinn schmälern.

**Die "Black Box der Leistungserbringung" wird durch die aktuellen Controlling-Methoden zementiert**

Die "Produktionskosten der Qualität" sind irgendwie und irgendwo unsichtbar in den "Kosten", in den "Kostenträgern" oder "Kostenstellen" versteckt.

**Es gibt tatsächlich Organisationskosten, die den Unternehmenserfolg mindern**

Es geht nur um die Organisationskosten, die wirklich für den Unternehmenserfolg "kontraproduktiv" sind. Die Kundenzufriedenheit wird "teuer", weil sie durch Teilmaßnahmen gegen die "Wirkung" anstelle des Angehens der "Ursachen" erkauft wird. Diese Kosten entstehen und dienen nur der "Zementierung" der hierarchischen Organisation in einer kundenorientierten Dienstleistungswelt .

**Was heißt "Zement" zur Sicherstellung der hierarchischen Organisation?**

Die hierarchische Organisation setzt "Stellen und Abläufe" voraus. Es ist aber schon lange der Fall, dass diese Voraussetzungen in tiefverschachtelten Unternehmen nicht mehr vorhanden sind. Also nimmt das "Chaos" in diesen Organisationsformen langsam aber stetig zu. Um dieses "Chaos" in der hierarchischen Organisation kurzfristig anzugehen, wird die Verfallszeit neuer Managementmethoden immer kurzfristiger.

**Portfolio-Management anstelle von Geschäftssteuerung ist die Basis, aber nicht der Weg**

Portfolio-Management ist eine wichtige Vorleistung zur Prozessorientierung. Aber Achtung, Portfoliosteuerung ist gefährlich, wenn der Unterbau nicht stimmt! Es geht nicht allein um die Fokussierung der Leitung, sondern auch um die Aufgaben, die Netzwerke, die Schnittstellen und die Kompetenzen "Durchsatz_minded" zu managen. Ohne "Denken in Prozessen" geht dies nicht, denn weder der Portfolio Manager noch das TOP Management wissen , was sie "Durchsatz_minded" lenken und leiten.

**Strategie, BSC und Prozesslandschaft sind das Skelett zum "Denken in Prozessen"**

Der Weg zur Reduktion der Organisationskosten ist die Prozessorientierung:

Die "strukturelle" Sicht ist die Sichtweise des "Denkens in Prozessen".

**Mit struktureller Sicht**

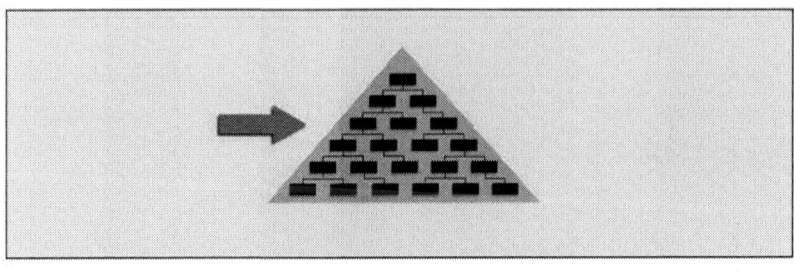

**zu Strategie     +     BSC     +     Prozesse**

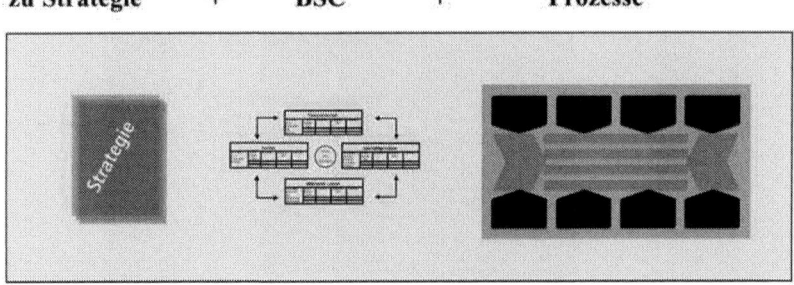

Wie verlaufen die Arbeitsabläufe in Ihrer Unternehmensorganisation?

"Die Treppe wird von oben gekehrt", sagt eine alte Lebensweisheit. Ohne "Mit_machen" des TOP-Managements durch das "Lenken und Leiten der Prozesslandschaft" ist die Reduktion der Organisationskosten im Unternehmen nicht zu realisieren. Also weiter Richtung Chaos, oder: Stoppen Sie das!

Beim "Denken in Prozessen" erscheinen Strukturkosten als "Reibung" und somit die Organisationskosten der Hierarchie als "Gold", was zu heben ist.

**Aufgabe des Managements: Die Beherrschung der Komplexität im Unternehmen**
Heute sind in den Kosten der tief verschachtelten Unternehmen schnell 40% als "Produktionskosten der Qualität" versteckt. Diese Organisationskosten sind für diejenigen nichts Neues, die den Aufwand der Kundenorientierung und der Aufgabenteilung nach heutigem Stand im Unternehmen im Detail kennen und ebenso wissen, wie diese Aufwendungen entstehen, wenn man versucht, Dienstleistungsprozesse hierarchisch zu "administrieren".

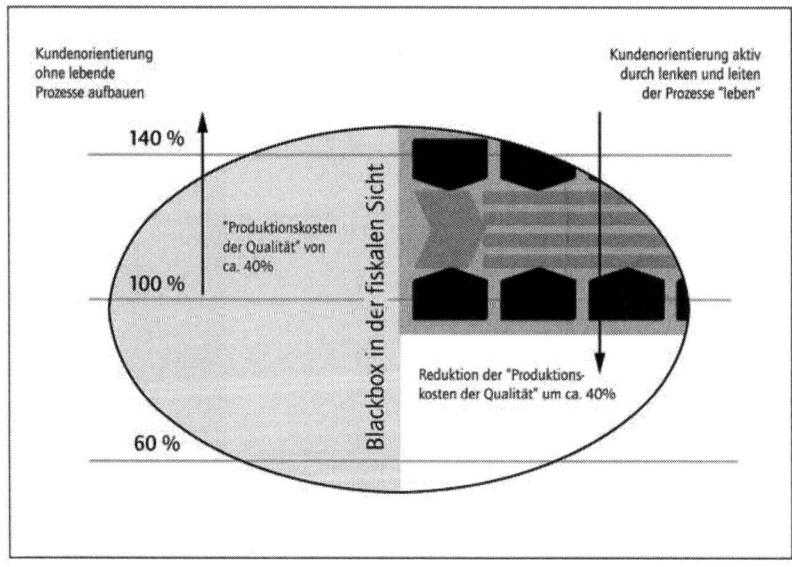

**Was sind die Ursachen?**

In den goldenen Zeiten des Wirtschaftswunders I war die hierarchische Struktur der Garant für den wirtschaftlichen Erfolg. Mit dedizierten Stellen- und Aufgabenbeschreibungen und dem direktem Durchgriff zum Mitarbeiter waren die hierarchischen Methoden und Takte der Weg zum Unternehmenserfolg. Die dann folgenden Spezifizierungen in der Tiefe und der Breite mit Re-engineering, Matrix sowie den Vertikalisierungen zerstörten die dezidierten Positionen , Stellen- und Aufgabenbeschreibungen und machten aus einem Arbeitsschritt viele kleine Arbeitsschritte. Durch diese vielen Teil -Verbesserungsmaßnahmen erfolgte eine Vervielfältigung der Zuständigkeiten der Mitarbeiter, was in allgemeiner Konfusion resultierte. Hat man  sich gerade eingelebt, wird wieder reorganisiert und das Chaos steigt und steigt.

**Die "strukturelle" Sicht und Prozessorientierung mindern die Organisationskosten**

In der Prozessorganisation erfolgt mit Prozessschritten und Prozess-Rollen die dedizierte Beschreibung und Umsetzung der strategiefokussierten Aufgaben.

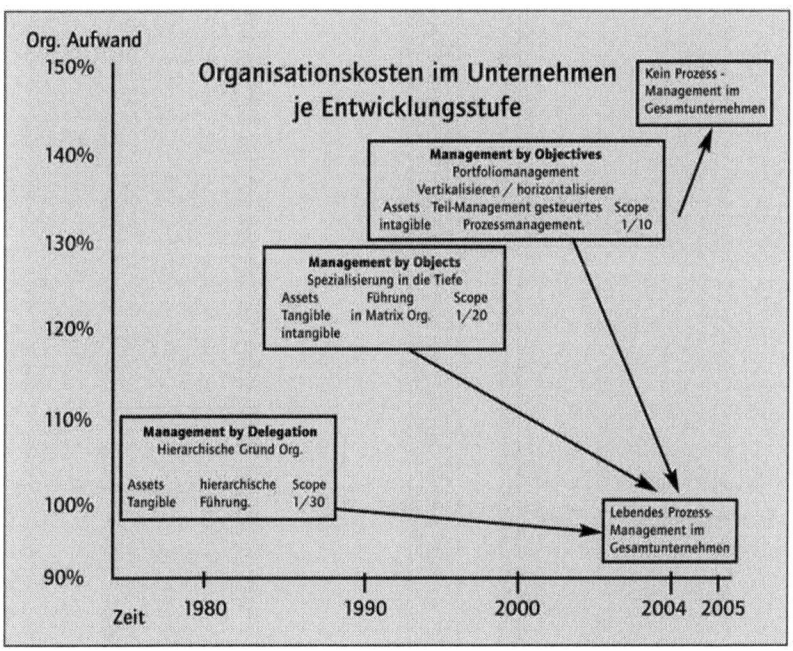

39

**Was heißt das? Ist die Organisationsform die Ursache der hohen Organisationskosten?**

Nein, sicher nicht. Die hohen Organisationskosten entstehen bei der "falschen" Implementierung der Organisationsstruktur zur gewählten Organisationsform. Wenn das Humankapital nur ein "Softfakt" ist, liegt etwas im Argen.

**Alle durchgeführten Teil - Maßnahmen verpuffen**

Keiner lebt im Frieden, wenn es die "lieben" Prozessschritt - Nachbarn aus "strukturellen Gründen" nicht wollen. Viel Feind, viel Ehr - aber das kostet Milliarden!

**Ohne Schnittstellenmanagement sind alle Organisationsformen große Kostentreiber**

Ohne die "Menschen-verbinden-durch-Prozesse" sind die "neuen" Organisationen nicht abbildbar. Wenn das Schnittstellenmanagement nicht "Durchsatz_minded" ist, steigen die Kosten der Organisation. Diese Kosten werden in den Budgets versteckt. Dadurch wachsen die Organisationskosten unbemerkt aber stetig an und fressen alle operativen Verbesserungen auf.

**Eine neue Sichtweise ist gefordert: die "strukturelle" Sicht**

Das Verbinden der "Kästchen" kostet Milliarden. Es geht um das Vernetzen aller zur Strategieumsetzung notwendigen Aufgaben. Mit neuer Sichtweise ist der Erfolgsweg sehr schnell transparent.

**Die intangible Assets sind das "Humankapital" im Unternehmen**

"Der Mensch ist ein WERT", das heißt, die "intangible Assets" beinhalten die natürliche Transformation von "Wissen + Kreativität" in Leistung. In den strategiefokussierten Prozessen werden diese natürlichen Transformationen durch heterogene Prozessteams und transparente Prozess-Schritte und Prozess-Rollen verstärkt.

**Aus dem "Softfakt" wird der "Powerakt" in Ihrem Unternehmen**

Nutzen Sie die Kongruenz von Kompetenz und Verantwortung beim "Denken in Prozessen" anstelle von Wissen und Management bei der hierarchischen Arbeitsteilung.

Das Senken der Organisationskosten um 40 % ist Ihre WERTschöpfung.

**"Kommt jetzt die große Pleitewelle oder beginnt endlich der Wandel in den Unternehmen"?**

Das ist Ihre Entscheidung ! Verschieben oder delegieren Sie das nicht!

**Wie schnell die Welt sich verändert am Beispiel des World-Wild-Web**
Extreme "Waves of Changes" und ihre Auswirkungen mussten in den letzen Jahren in den Unternehmen abgebildet werden. Beispiel: Die Dienstleistungsgesellschaft hat ihren Durchbruch u.a. dem World - Wide - Web und seinem grandiosen Siegeszug zu verdanken. Am 30.4.1993 wurde der WWW-Standard zur kostenlosen Nutzung freigegeben. Damals gab es 500, im Jahre 2002 waren es mehr als 12 Milliarden Seiten. Das World Wide Web ist heute ein wichtiger Faktor in der Dienstleistungsgesellschaft. Auch für Sie?

Seit Jahren ist zu beobachten, dass die hierarchisch geführten Unternehmen mit ihren Entscheidungswegen und -pfaden und ihrem Denken dieser "Dienstleistungs-Revolution" nicht nachfolgen können. Das WWW wird erneut mit dem altbekannten Muster der Abteilungen und Stellen in der tiefverschachtelten Hierarchie zu bewältigen versucht, in dem man die Mitarbeiter mit Informationen "vollmüllt" und die Kommunikation noch weiter reduziert. Freies WWW und Hierarchie = Chaos.

**"Organisationsverschulden". Achtung hier lauert das mögliche Unwort der nächsten Jahre**
Heute gilt noch die Regel: "Bei jedem Euro, den man ausgibt, sollte man wissen, wie schwer er zu verdienen war." Zur Vermeidung von Haftungsansprüchen Dritter muss das Unternehmen die Einführung eines transparenten Managementsystemes ergreifen. Im Schadensfall besonders wichtig ist der Nachweis, dass die Einhaltung bestehender Organisationsabläufe geregelt und - vom Management - kontrolliert wird.

Lothar Rothe (Haftpflichtverband der deutschen Industrie) hat zu dem Thema in der "Digitalen Fachbibliothek" sehr klare Worte gefunden. Ursachen und Gründe für mögliche Haftungsansprüche gibt es wirklich genug in den tiefverschachtelten Unternehmen, aber wenn das "geltend machen" wirklich Schule machen würde, dann ist das Chaos perfekt.

## Was sind die "Produktionskosten der Qualität" in Ihrem Unternehmen?

Kosten der Reibung sind Kosten der unbeherrschten Komplexität. Wieviele Schnittstellen gibt es in Ihrem Unternehmen? Sind die wirklich notwendig? Werden sie beherrscht oder nähern sie sich dem Chaos? Unter dem Blickwinkel "Durchsatz - minded" sind das die Goldklumpen der Goldgrube in Ihrem Unternehmen. Es geht um richtige Summen!

## Klar, die "Produktionskosten der Qualität" sind die Kosten der "Komplexität" des Unternehmens

Vorschläge, um aufzuzeigen, wo die Goldgrube in Ihrem Unternehmen versteckt sein kann.

1) Kosten in der Unternehmensorganisation (Matrix, tief verschachtelt)
2) Reibungskosten (Schnittstellen)
3) Schlechte Mitarbeitermotivation wegen der vielen unbeherrschten Prozesse
4) Anzahl "Schnittstellenübergangswächter" von Schnittstelle zu Schnittstelle
5) Kosten aller "Feuerwehrmänner", aller "Interimsmanager" und "Krankenwagen"
6) Kosten für Qualitätsmanagement und Prozessmanagement als "Wadenbeißer"
7) Pönale Kosten
8) Ausschusskosten
9) Durchsatz- und Auftragsverluste wegen zu hoher Preise
10) Produktionskosten "Einzelflug" der ‚Gänse' als Wertvernichtung

## Die Chancen der Reduzierung der Organisationskosten durch Prozessorientierung sind gewaltig

Viele Teil - Synergieeffekte, die in den Abteilungen erreicht werden, werden schon seit längerer Zeit zur Erreichung der Budgetzahlen eingebracht und somit budgetstützend verbuttert. Es passiert schon viel, aber es muss optimaler gesteuert werden. Wer die Chancen der Prozessorientierung abschätzt, erkennt die Traumchancen auf dem Parkett.

## Die Traumchancen sind zum Teil sogar bekannt, aber...

Ein amerikanischer Professor bewertet die Situation folgendermaßen:

### Go for the Steak, not the Sizzle

"Process is that it can transform your company into a boundary-less learning organisation. But many managers have agonizingly discovered, it is difficult to "live" processes in the practice. Process projects failed costly in the companies during the last years.

Processes is a breakthrough tool if you focus on "the real value chain" - the Steak - rather then the sizzle of the organizational structure. Processes will always have very limited application for organizational performance, because it conflicts with fundamental power realities. The power in any organisation belongs to those units that make their own situation opaque and their actions impenetrable to outsiders, while demanding transparency of others.

Changing these organisation-wide is the task and the duty off the TOP-Management in every company. How can an executive uses processes to bridge this gap?"
The answer is presented in this book. The roast is not done yet. Go for the steak.

### Go for the Steak

Schaffen Sie, ausgehend von der "strukturellen Sichtweise" eine "Unternehmenswelt", in der die "Menschen durch Prozesse" verbunden werden, damit das Unternehmen nachhaltig erfolgreich ist.

### Optimale Process-Balance mit webbasiertem "personalisierten Enterprise Portal"

Die "Enterprise - Portal - Technik" ist seit ca. 5 Jahren auf dem Markt und wird heute meistens als fokussierter "Kundenzugangsweg" oder als "Showcase" genutzt.

Menschen haben immer mehr Angst vor Veränderungen sogar bis zur Dialogunwilligkeit. Eine gesunde Entwicklung braucht daher seine Zeit. Kompromisse auf einem kleinstem gemeinsamen Nenner sind hier nicht gefragt, sondern strategisches Denken und strategisches Handeln. Eine große Unterstützung bietet hier das webbasierte "personalisierte Enterprise

Portal", d.h. die Nutzung des Internets als Medium für eine gemeinsame Datenplattform eines Prozessteams um in Echtzeit zu arbeiten, egal wo die Arbeitskollegen ihren Zugang zum "Enterprise Portal" haben. Damit werden lokale und strukturelle Mauern problemlos umschifft. Die Transparenz der Arbeit des Prozessteams hilft Vertrauen in die Veränderungen aufzubauen um die neuen Möglichkeiten zu nutzen.

Ein TOP Manager sagte, nachdem die ersten Geschäftsprozesse über das "personalisierte Enterprise Portal" abgewickelt wurden, selbstkritisch:

"Es geht jetzt wirklich wieder darum, sich wieder auf die Dinge zu konzentrieren, die zeitweise aus dem Blickwinkel geraten sind: die Kunden, die Kosten und die Qualität.

**Auf zur Transformation vom "Denken in Hierarchien" zum "Denken in Prozessen"**

Das Potential an Methoden und Verfahren zum "Denken in Prozessen" ist vorhanden, aber keiner nutzt es. Be on the Edge. Verändern Sie die Geschäftssteuerung in die Portfoliosteuerung und fordern und fördern Sie die Transformation und die "Waves of Change" durch das "Service with Excellence Management System" in Ihrem Unternehmen zur nachhaltigen Sicherung des wirtschaftlichen Erfolges.

**Is your Confidence created? Are you ready for the "Wandel"?**
**Gehen wir gemeinsam an das Wirtschaftswunder II...**

**Is your confidence not created? Please repeat this chapter!**

# 1. Die Anfänge zum Thema Qualität: W. Edwards / Deming und was daraus wurde

Die Qualitätssicherung war um 1930 eine "bottom up" Aufgabe. Kein Manager in Amerika sah damals einen Sinn in den Methoden von Deming. Erst nach seinem Erfolg in Japan konnte er in Amerika mit seinen Methoden die "Qualität" in der Leistungserbringung einsetzen. Mit Regelkreisen wurde dargestellt, wie die Qualität in den industriellen Fertigungsabläufen verbessert werden kann. Mit der Zunahme der Wertigkeit des "Human Kapitals" und der Verabschiedung von den rein industriellen Fertigungen hin zur Dienstleistungsgesellschaft mussten weltweit neue Methoden entwickelt werden. Zwar erlebte schon im Jahr 1952 die "Kraft der Qualität" in Deutschland durch die Gründung der DQS ihren ersten zarten Frühling, doch mit den bekannten "deutschen mentalen Methoden" der Führung wurde zu lange das "Made in Germany" gefeiert.

In den siebziger Jahren begannen die Qualitätsprobleme kritische Ausmaße anzunehmen. Es dauerte jedoch bis zur ersten Qualitätsnorm 1987, bis ein gesellschaftlicher Standard für die Qualitätssicherung festgelegt und normiert wurde. Ob das die Rettung war, ist heute sicherlich zu bezweifeln. Aber es war ein ganz wichtiger Bestandteil zur notwendigen Qualitätsoffensive. Bottom up wurde die Qualitätssicherung in den Abteilungen etabliert.

**Was folgte dann? Es wurden Preise ausgelobt**
In den neunziger Jahren wurde nach dem Muster des erfolgreichen Malcolm Baldrige Model in den USA und dem Deming Prize in Japan die EFQM (European Forum for Quality Management) gegründet. Von einigen Großunternehmen gesponsert und gefördert, wurde ein Framework mit neun Kriterien zur Unternehmensführung entwickelt.

**Eine erhebliche Veränderung der Sichtweise des Management steht im Raum**
Mit EFQM und der ebenfalls in den neunziger Jahren entwickelten "Balanced Scorecard", wird die Managementsichtweise verändert. Mit der ISO 9001:2000 wird die Managementaufgabe auf das Lenken und Leiten der Prozesslandschaft fokussiert.

**Wählen Sie nur die Sichtweise, die Sie bei der Unternehmensführung wirklich unterstützt**

Jeder Manager muss wissen, was er lenkt und leitet. "Zahlen_minded" Management ist heute nicht einmal mehr die halbe Miete. Mit dem "Service with Excellence Management System" nutzen Sie genau die Methoden, die Sie unterstützen, Ihre Strategiefokussierung unter Einbezug beider Assets, d.h. der "intangible und tangible Assets", zum Ziel zu führen.

**Ändern Sie Ihre Sichtweise**

Nutzen Sie die Sichtweise der vier "Balanced Scorecard" - Kriterien und / oder die neun EFQM- Kriterien zur Einbindung beider Assets, also auch das "Humankapital", um Ihre Strategie operativ mittels einer lebenden Prozesslandschaft umzusetzen. Diese veränderte Sichtweise ist die Basis der strategiefokussierten Prozessziele und Prozesse.

Das Zusammenspiel und die Wechselwirkung der Prozesse ist der Weg zur "Ausschöpfung" der Goldgrube der "Produktionskosten der Qualität", die sich als Organisationskosten im Unternehmen verbergen.

Entwickeln Sie die mentalen Methoden der Prozessorientierung zum Aufbau einer lernenden Organisation. Es geht um "empower", d.h. Mitarbeiter bevollmächtigen, d.h. ermächtigen, etwas zu tun. Definierte Prozessschritte und Prozessrollen sind der Weg, um als TOP Manager zu wissen, was man lenkt und leitet. Vereinbaren Sie neue "rules of engagement" aller Beschäftigten, um die neue Sichtweise im Tagesgeschäft zu unterstützen.

**Das Ziel ist die Kongruenz von Kompetenz (Prozesse) und Verantwortung (Management) zur nachhaltigen Sicherung des Unternehmenserfolges**

## 1.1 Mit der Norm zur Qualitätssicherung, zum Qualitätsmanagement und zur Führung in Prozessen

1946 wurde die International Standards Organisation (ISO) mit dem Ziel gegründet, durch gleiche Unternehmensorganisation und –verfahren die internationale Herstellung, den Handel und die Kommunikation zu vereinfachen. Was sich in den zurückliegenden 50 Jahren hinsichtlich des

46

Themas Qualität in Deutschlands Unternehmen ereignet hat, ist bisher aus Sicht der Unternehmensorganisation als eine unerfüllte Herausforderung zu verstehen. Von Anfang an war ISO zwar ein Mantra für die Manager, die die Zielrichtung der "gleichen" Vorgehensweisen aber ablehnten und stattdessen die Qualität nur im technischen Sinne zur Überwindung von Handelshemmnissen verstanden. ISO wurde aber in Bezug auf das Innenverhältnis der Unternehmensorganisation zur Sicherstellung der Qualität gegründet.

Beispielsweise wurde die DQS 1952 gegründet, die Akkreditierung erfolgte am 13.01.1982. Das erste ISO Zertifikat wurde 1986 für die Firma Hottinger Baldwin ausgestellt. Aus Japan, Amerika oder England wurden viele Modelle adaptiert, die weder der Kultur noch den mentalen Rhythmen und Takten der deutschen Manager entsprachen. Wir haben z. B. ein "Lehrlings - Ausbildungsystem" und "Meisterprüfungen", welche die Engländer und Amerikaner so nicht haben. Dass der japanische Kulturkreis anders als der unsere ist, wissen wir auch. Man suchte deshalb in Deutschland nach dem kleinsten Nenner und fand ihn in der Produktion. Unter Technikern gibt es ein "kulturüberschreitendes" Verständnis. Deshalb war die erste Qualiltätsnorm 1987 sehr produktionslastig. Ob diese "Normen" für Deutschland die richtigen Worte fanden, möchte ich in Frage stellen. Jedes Dienstleistungsunternehmen tat sich mit der Umsetzung sehr schwer. Da wurden schon Verpackung, Lagerung und Versand zur Krise. Es erhebt sich die Frage: Kann mit derartigen Qualitätsnormen wirklich etwas "verändert" werden?

Dennoch erfolgte eine Zertifizierungswelle. Es wurde üblich, keinen Lieferanten mehr zu haben, der nicht zertifiziert war. Extrem ist das "Muss" bei Bundesbehörden. Basis der ersten Normen 1987 war die Qualitätssicherung. Jedoch erst bei der Überarbeitung 1994 wurden die Abläufe transparenter. Nun ging es um das ‚Qualitätsmanagement'. Mit der Überarbeitung 2000 wurde schließlich die Kundenorientierung mit der Prozessorientierung fokussiert. Hierbei ist die "Unternehmensführung mit Kennzahlen" gefragt. Allein bei der DQS wird mittlerweile von über 50.000 Zertifizierungen gesprochen. Mittlerweile ist ISO in über 100 Ländern vertreten. Obwohl überall gleicher ISO Standard vorliegt sind wir trotz Globalisierung von einer Vereinfachung des Welthandels weiter entfernt denn je. Statt Schwächen zu beheben und Stärken zu fördern wird die

Schuldfrage zum Spielball der Macht. Schuld ist immer ein anderer, nur nicht man selbst. So zahlt der Kunde oft viel Geld für wenig Qualität.

Qualität ist auch heute kein Zufall, denn vorhersagbare Ergebnisse erfordern stabile Prozesse und ein strategisches Fehlermanagement für Ausnahmesituationen. Sind aber die Prozesse nicht stabil und kein lebendes Fehlermanagement etabliert, werden zudem noch die permanent steigenden "Produktionskosten der Qualität" erzeugt.

**Bis 2003 gab es 3 Stufen der Qualitätssteigerung mittels Norm**
* **1987  Ziel : Qualitätssicherung**
* **1994  Ziel : Qualitätsmanagement**
* **2000  Ziel: Führen in Prozessen**

**Die normgesteuerte Transformation der "Verantwortlichkeiten" ist ein "Problem"**
Viele Manager wollen keine Unternehmensführung mit Kennzahlen. Die meisten sind mental im Zeitalter der Qualitätssicherung (1987), obwohl inzwischen durch Organisationsänderungen tief verschachtelte Unternehmen entstanden sind, hierbei die Reibung stetig zunahm und die "Produktionskosten der Qualität" als "Organisationskosten" steigen. In dieser Situation wird dann die ISO 9001:2000 mit "Führen in Prozessen" angestrebt. Das kann nicht gut gehen.

**Machen Sie keinen "Showcase", er kostet viel und bringt nichts**
Sie bekommen viel Akzeptanz bei den Mitarbeitern, wenn Sie wirklich die Gesamtzielorientierung der Prozessorientierung anstele der divergierenden Ziele im Unternehmen fokussieren. Es ist wirklich eine Chance, eine lernende Organisation aufzubauen und diese zielorientiert zu lenken und zu leiten.

**1.2     Qualitätsregeln aus Japan, Amerika und England kommen nach Deutschland**

Nach den Erfolgen in Japan und Amerika wurde der Qualitätsgedanke auch in Europa akzeptiert. Das "Made in Germany" als Leistungszeichen hatte ein paar Kratzer abbekommen, auch die preiswerten Produkte aus Japan hinterließen Spuren.

**Alle Managementsysteme haben das Ziel, die Sichtweise des Managements zu verändern**

Im Jahre 1987 wurden die ersten Qualitätsnormen der ISO 9000 vorgestellt und verbreitet. Ziel ist die Anpassung an die gesellschaftlichen Veränderungen im Rhythmus von 5 Jahren.

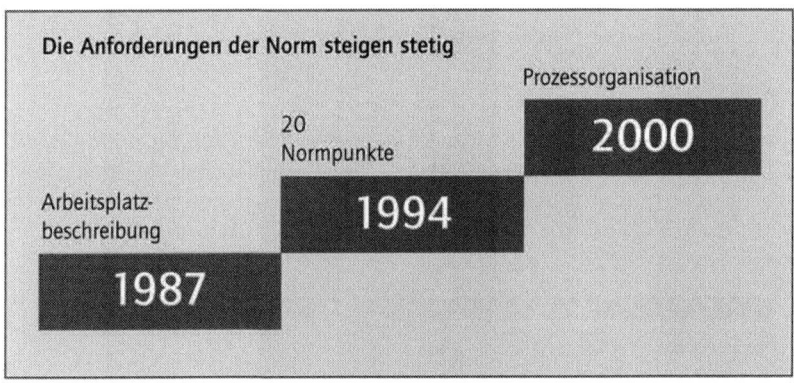

Die ersten Normen sind durch eine extreme Fertigungslastigkeit und keine Kundenorientierung gekennzeichnet. Dennoch haben viele Unternehmen eine Zertifizierung angestrebt und erreicht. Nach den inhaltlichen Veränderungen der ISO 9000 : 2000 ist nun die Kundenorientierung der Fokus. Doch der dazu notwendige Sprung zur Prozessorientierung ist erst selten gelungen.

**Wer sehen will, was aus seiner Saat geworden ist, nimmt das EFQM-Modell**

Viele Unternehmen lehnen EFQM ab. Das EFQM Modell verändert die Sichtweite des Management auf neun Kriterien. Es wird zwischen "Befähiger" und "Ergebnissen" unterschieden. Für das Kriterium "Prozesse" bieten diese Normen einen breiten Rahmen an, der ebenfalls alle fünf Jahre weiterentwickelt wird. Es spricht eigentlich nichts gegen eine Norm- Zertifizierung zum EFQM. Von den EFQM Assessoren wird eine Bewertungszahl für jedes der neun Kriterien ermittelt. Die Gesamtsumme liegt zwischen 1 und 1000. Mittels EFQM -Wettbewerben wird eine stetig verbesserte Umsetzung dieser Punkte angestrebt. Die Umsetzung des EFQM - Modells liegt bei den meisten Firmen bei ca. fünf Jahren.

Mit den richtigen Lehren aus der Vergangenheit werden Risiken, die nicht überschaubar sind, vermieden wie der Teufel das Weihwasser. Es ist erkennbar, was gesät und was geerntet wird.

Ohne Prozessorientierung und der Eigenverantwortung in Prozessen ist auch das EFQM-Modell nicht leistungsfähig.

Eine Metapher zeigt Befähigungen und Ergebnisse:

Mit dem Auto schnell fahren.
Tank leer, Nase voll? Wer dagegen früh hoch schaltet und vernünftig fährt, kann bis zu 30 % Sprit sparen. Das Verbessert obendrein die Sicherheit, schont die Umwelt und spart beim Tanken.

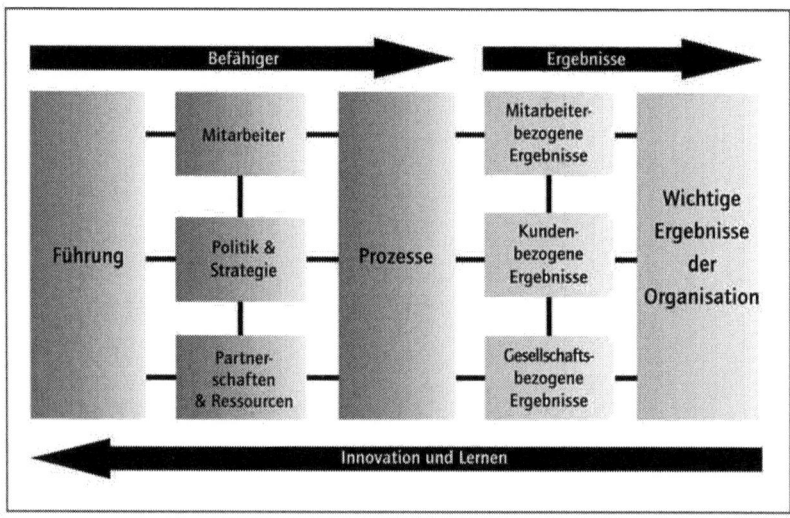

In 2002/2003 hat die "EFQM Model refreshing Group" die Überarbeitung des EFQM-Models durchgeführt. Die Änderungen in der Selbstbewertung, den Anforderungen an die Führungskräfte und den Assessoren werden 2004 wirksam.

**Ende der 90iger Jahre entstand die Balanced Scorecard (BSC)**
Hierbei wird das Management auf vier Kriterien fokussiert. Entscheidend ist die Umsetzung der Strategie in operative Ziele durch die Umsetzung der BSC-Ziele in gemeinsame Prozessziele.

**Finanzwirtschaft**

| Wie sollten wir aus Kapitalgebersicht dastehen? | Strate-gisches Ziel | Meß-größe | Operatives Ziel | Aktivität |
|---|---|---|---|---|
|  |  |  |  |  |
|  |  |  |  |  |

| **Kunden** | | | | | **Vision & Strategie** | **Geschäftsprozesse** | | | | |
|---|---|---|---|---|---|---|---|---|---|---|
| Wie sollten wir aus Kundensicht dastehen? | Strate-gisches Ziel | Meß-größe | Operatives Ziel | Aktivität |  | Bei welchen Prozessen müssen wir Hervorragendes leisten? | Strate-gisches Ziel | Meß-größe | Operatives Ziel | Aktivität |
|  |  |  |  |  |  |  |  |  |  |  |
|  |  |  |  |  |  |  |  |  |  |  |

**Mitarbeiter, Lernen**

| Wie können wir flexibel und verbesserungsfähig bleiben? | Strate-gisches Ziel | Meß-größe | Operatives Ziel | Aktivität |
|---|---|---|---|---|
|  |  |  |  |  |
|  |  |  |  |  |

Eine Umsetzung wird in einem Geschäftsjahr angestrebt. Ohne Prozessorientierung ist das BSC - Modell nicht leistungsfähig.

**Also gibt es kein "leistungsstarkes" Managementsystem ohne Prozessorientierung**

- Zum kundenorientiertem Vorgehen benötigt die ISO 9001:2000 die Prozessorientierung
- Eine langfristige und mittelfristige "Saat" erfolgt mit den neun Kriterien des EFQM und die Ernte wird über Prozessorientierung umgesetzt.
- Die BSC übersetzt mit vier Kriterien die Jahresziele in operative Ziele. Ohne gleichzeitige Prozessorientierung hat auch diese Vorgehensweise keine Chance.

**Werden die mentalen Rhythmen und Takte des hierarchischen Managements nicht mehr unterstützt?**

Wenn in den aktuellen Managementsystemen die bestehenden mentalen Rhythmen und Takte des Managements nicht mehr unterstützt werden, ist die Welt der hierarchischen Führungskräfte und damit der Unternehmung nicht mehr in Ordnung. Da gibt es etwas zu tun, oder das Chaos wird zielstrebig direkt angesteuert. Ein Tankschiff ohne Führung (Lenkung) sendet das SOS Signal oder repariert das Ruder. Eins von beiden muss passieren.

## "Ohne messen und wiegen" sind die "Produktionskosten der Qualität" hoch

Eine Ursache ist, dass wir Menschen keinen Zeitsinn haben. Es gibt eben keinen Sinn, der feststellt, ob man administrativ oder operativ arbeitet. In einem tiefgeschachtelten Unternehmen ist die Reibung der Mitarbeiter so hoch, das man meint produktiv zu sein, wenn man zwei Tage "hinter etwas" her ist, was Basis der täglichen Arbeit sein soll. Das sind Beispiele für die überflüssigen Organisationskosten, also Ihrer "Goldgrube"!

## 1.3 Thema Zeit - was hat sich in der Welt verändert (Takt, Rhythmus)

### Fünf Sinne hat Gott dem Menschen gegeben

Sehen, Hören, Sprechen..., aber keinen Zeitsinn. Wenn sich ein Besuch nicht gewaschen hat, reagiert der Geruchssinn. Wenn die Musik zu laut ist, reagiert der Hörsinn. Der Chef blickte auf die feine Zeitstruktur seiner Uhr, "Sie haben Verspätung", rezipiert der Hörsinn. Der Sehsinn meldet nach Blick auf die Kirchenuhr "stimmt nicht". Der Sprechsinn sagt, "es ist seit gestern Winterzeit". Das entspricht aber dennoch der Regel, das die Zeit eine absolute Größe darstellt, die das Intervall zwischen zwei Ereignissen eindeutig bestimmen, egal wer die Beobachtung macht. Voraussetzung ist, dass die Uhr richtig geht. Der Gleichschritt der Menschheit erfolgt nicht über einen Sinn, sondern über eine gemeinsame Feinstruktur der Zeit.

### Menschen haben keinen Zeitsinn. Da musste zum "Gleichschritt" eine Feinstrukturierung der Zeit her

Vor mehreren hundert Jahren wäre die Komplexität eines Fahrplanes, etwa die minutengenauen Busfahrpläne, den Menschen ziemlich absurd vorgekommen. Es gab noch keine mechanischen Uhren, allenfalls die Sonnenuhren gaben der Zeit eine sehr grobe Struktur, und dies auch nur bei Sonnenschein. Deshalb wurde das Leben in erster Linie durch den Tagesablauf geregelt. "Morgen" ist bei Sonnenaufgang, "Mittag" beim Erreichen des höchsten Punktes der Sonne und "Abend" bei Sonnenuntergang. Zu den vier Jahreszeiten ergaben sich dabei große Zeitfenster. Die feinere Strukturierung der Zeit begann erst um 1300, als in den Klöstern die ersten mechanischen Uhren entwickelt wurden. Ziel und Sinn war es, die Einhaltung des "spirituellen Tagesrhythmus" sicherzustellen.

Als die Menschen dann auf die mechanischen Uhren auf den Kirchtürmen schauten, begann die Zeit immer wirkungsvoller das Leben der Menschen umzuformen.

Schnell entwickelten die Menschen Methoden, um die feinere Strukturierung der Zeit zu nutzen. Sie erkannten, wie vorteilhaft und wirtschaftlich eine genaue Tageseinteilung war. Zudem bestand hierbei die Möglichkeit, die Bevölkerung auf die gleichen Lebens- und Arbeitsrhythmen zu verpflichten. Die Folge waren genauere Termine, an denen sich alle Beteiligten orientieren mussten. Erst damit waren Terminabsprachen zum Austausch von Waren, Gütern und Menschen möglich. Das waren die ersten "Zeitpläne".
Am Anfang versprach die Uhr extreme Vorteile, aber durch die präzise Zeitstruktur zeigte sich schnell ein "Dämon", die Verspätung. Dieser Ärger aufgrund der Auswirkungen der Feinstrukturierung der Zeit hat neue, aber selten sachliche Gespräche gefördert. Jedoch war die Zeit als Meßpunkt für Leistung geboren.

**Ohne feinstrukturierte Zeit wäre vieles nicht möglich**
Ohne die Erfindung der Uhr und der darauf aufbauenden Navigation wären im 16. und 17. Jahrhundert die Forschungsreisen auf allen Weltmeeren wohl nicht möglich gewesen.
Auch die Industrialisierung im 18. und 19. Jahrhundert baute auf der präzisen Zeitstruktur der Uhr auf. Was für den technischen Fortschritt von Vorteil war, hatte jedoch einen "Haken für den Menschen".

Von der groben Struktur der Sonnenuhr hin zur feinen Zeitstruktur der mechanischen Uhr bis hin zur Digitalisierung heute unterwarf sich der Mensch immer mehr und unerbittlicher seiner selbst geschaffenen Zeitordnung, ohne Rücksicht auf die biologischen Rhythmen mit Müßiggang oder Spontaneität, schlechter oder guter Laune, Lust oder Unlust. Dies bedeutete eine extreme Veränderung von Takt und Rhythmus des Menschen.

**Noch im 19. Jahrhundert hatte fast jede deutsche Stadt entsprechend ihrem Längengrad eine eigene Zeit**
Auch wenn es nur Minuten waren, aber entsprechend dem Längengrad und dem Sonnenstand gab es wirklich verschobene Zeiten. Erst 1893 wurde die

Mitteleuropäische Zeit (MEZ) eingeführt. Danach gab es keinen Halt mehr für die Umsetzung des Meßpunktes Zeit. Die Abhängigkeit des Menschen zur feinen Zeitstruktur der Uhr fordert und fördert den Gleichschritt der ganzen Gesellschaft. Wehe dem, der aus dem Takt oder dem Rhythmus der Gesellschaft geworfen wird. Der Mensch bleibt auch noch mit der Feinstrukturierung der Zeit ein je eigenartiger Mensch. Es gibt wenig, was alle Menschen gleich haben. Aber eins davon ist die gemeinsame Feinstrukturierung der Zeit. Und dennoch gibt es viele "gewaltige" Unterschiede in der Nutzung und der Auswirkung der Zeit. Es gibt Werktage, Samstage, Sonntage, Feiertage, und ebenso den Unterschied von Tag und Nacht. Zugleich "arbeiten" die einen und die anderen haben "frei". Es gib "Lerchen und Eulen" als "Frühaufsteher oder Nachtschwärmer", die verschiedene Aktivitätszeiträume haben. Aber die Zeit ist für die ganze Gesellschaft zum Meßpunkt für Arbeitseinteilungen und vereinbarte Termine geworden.

## Der Gleichschritt der Gesellschaft dynamisierte die Produktionsstruktur

Die erste Veränderung von Takt und Rhythmus erfolgte ab dem 19. Jahrhundert durch die beginnende Veränderung der Werttreiber in der Bilanz, also der "Assets and Liabilities" - "Aktiv und Passiv" - mit einer Teilung der Assets in "tangible" (Produkionsmittel, Immobilien) und "intangible" (Humankapital) Werte. Es erfolgte eine langsame, aber stetige Abnahme der Wertigkeit der Wertreiber der "tangible Assets" (Gewinn durch stetige Produktionserweiterung und Rationalisierung) und eine stetige Zunahme der Wertigkeit der neuen Werttreiber der "intangible Assets" (Humankapital).

## Der Takt und der Rhythmus des Gleichschritts nimmt durch die Industrialisierung zu

Es entstanden die großen Unternehmen mit den "großen" hierarchischen oder patriarchalischen Unternehmern als Idealtypus des Managers. Schon um 1920 entwickelte "General Motors" (GM) ein System zur Überprüfung des "Return on Investment".
Um 1940 nutzte man die Methode des "Budget" (Tangible und Intangible Assets), was dann später über das Reingeniering von wichtigen Geschäftsprozessen zum "Shareholder Value" weiterentwickelt wurde. Das Ziel war immer die finanzielle Erfassung und Steuerung aller Assets.

**Der Takt und der Rhythmus des Gleichschrittes wird durch die Fokussierung der Qualität verändert**

Um 1940 gab es erste Überlegungen, die "Qualität" in den Fokus des Management zu stellen. Die Arbeitsorganisation sollte zur Erbringung der qualitätskonformen Leistung umgestaltet werden. In Deutschland machte das Label "Made in Germany" Furore, verblasste jedoch immer mehr in den Anfängen der Dienstleistungsgesellschaft. In Amerika und Japan missionierte Herr Deming erfolgreich. Um 1980 starteten Programme in Europa mit der Zielsetzung, gesellschaftliche Grundregeln für "best practice" zu entwickeln. Die DIN ISO 9000 Serie ist mittlerweile am bekanntesten.

**Der Takt und der Rhythmus des Gleichschritts wird durch die Fokussierung auf "intangible Assets" verändert**

Mit ITIL, EFQM, der BSC und der "Strategiefokussierten Organisation" werden immer wieder neue Methoden zum Qualitätsmanagement und der "Prozess – Steuerung" der Assets entwickelt. Es geht um die "Reduktion der Organisationskosten" oder die ‚Produktionskosten der Qualität'. Die Transparenz der "Intangible Assets" ist die Zielrichtung. Die hierarchische Führung der Aufbauorganisation ist "Zahlen_minded" und steht hierbei vor unlösbaren Aufgaben.

**Der Takt und der Rhythmus des Gleichschritts verändert sich durch den Trend zu flexiblen Arbeitszeitmodellen**

Durch die Kern- und Gleitzeit werden der individuelle Takt und der Rhythmus und die zeitlichen Bedürfnisse der "Eulen und Lerchen" ein wenig unterstützt. Besonders in großen Unternehmen ist die "Flexibilität der Arbeitszeit" heute eine gängige Regelung. In kleineren Betrieben sind die festen Arbeitszeiten noch die Regel. Ein großer Teil der Arbeitslast verlagert sich in die Kernzeit, so dass die Reibungen in der Organisation und die "Produktionskosten der Qualität" weiter zunehmen. Eine Wochen – Jahresarbeitszeit und immer mehr ausgetüftelte Arbeitszeitmodelle versuchen, die zeitlichen Bedürfnisse der Mitarbeiter und des Unternehmens unter einen Hut zu bekommen. Ziel ist die Reduzierung der Reibungen.

**Der Takt und der Rhythmus des Gleichschritts umfaßt durch das Internet den Globus**

Hierarchie, Teamorientierung und Empowerment mit Prozessorientierung sind die aktuellen Führungsmethoden. Nun kommen die Takte und

Rhythmen der globalen Kulturkreise in der Triade als "Wertefaktoren" dazu.

## Der Takt und der Rhythmus des Gleichschritts wird durch die fehlenden Führungs- und Controlling -Methoden verändert

Die "Aufwände für die Reibungen" in Organisationen steigen. Zur Führung und zum Lenken und Leiten der "intangible Assets" fehlen die Führung- und Controlling-Methoden. Die Reibungen nehmen zu und die "Produktionskosten der Qualität" steigen kontinuierlich und stetig. Die Mitarbeiterzufriedenheit sinkt aufgrund der zunehmenden "Reibungen" im gleichen Maß.

## Der Takt und der Rhythmus des Gleichschritts wird durch zunehmende "Reibung und Komplexität" verändert

Strenger Zeitakt verträgt keine "Reibungsverluste". "Zeit" und "Durchsatz" sind gegenwärtig die wichtigsten Produktionsfaktoren. Welche Zeit benötigt wird, um den Durchsatz zu erzielen, ist hierbei gewöhnlich transparent. Welche Zeit dabei "Reibung und Komplexität" in der Organisation und damit unnötige "Produktionskosten der Qualität" ausmachen, ist dagegen nicht transparent.

## Was hat Komplexität mit Zeit und Zielerreichung zu tun?

Einige Beispiele für das Verhältnis von "Komplexität und Zeit" sowie einige Lösungsansätze.

1 Am Obertauern ist´s leicht über allen Dingen zu stehen, klar und frisch ist die Luft, würzig duften bunt blühende Almwiesen und der Blick auf die Berge beflügelt die Sinne. Nach dem Auftanken der Seele kann man sich auf der Almhütte bei einer zünftigen Almjause stärken.

   **Lösung:** Urlaubszeit, schöne Zeit. Hört sich genau so schön an wie früher, aber heute sind die "Grundanforderungen" viel komplexer, die am Ort zu lösen sind.

2 Die Balance zwischen Körper, Seele und Geist ist eine wichtige Aufgabe zum "Überleben" in der Dienstleistungsgesellschaft. Die "Reibung" und damit die Komplexität nimmt bei Doppel-

belastungen von Arbeit und Haushalt, bei Geld- und Arbeitsplatz-
ängsten sowie "Mobbing" zu.

**Lösung:** Reduktion der Komplexität durch Formen der Streß-
bewältigung im Alltag

3   Bei Bahn / Bus / Straßenbahn ist die Komplexität der "Fahr
pläne" fast unüberwindbar. Hilfe gibt's mittlerweile mancher-
orts. Da wird die Zeit bis zur Abfahrt auf einer Anzeigen-
tafel mit Minuten und Zielangabe für alle Fahrten ab dem
"Gleis X" angezeigt.

**Lösung:** Reduktion der Komplexität durch die Transparenz
des wirklich Aktuellen.

4   Vor etwa dreißig Jahren entstand das Internet.
Heute wissen wir mit der Flut der E – Mails nicht mehr klar
zukommen, wir versuchen, mit mangelhafter "Filtersoftware"
den Spreu vom Weizen zu trennen.

**Lösung:** Reduktion der Komplexität durch die Transparenz
des Wichtigen.

5   Meine Tochter sagt, die Oma  kann mir immer in Ruhe zu-
hören, ist hellwach, zugewandt, konzentriert, immer freundlich
und mitfühlend.

**Lösung:** Reduktion der Komplexität durch das Konzentrieren
auf das Wesentliche.

6   Wenn "Lerchen und Eulen" Teilnehmer an einem Meeting
sind, sollte der Termin nicht früh am Morgen oder abends
vereinbart werden. "Mit dem ist am Morgen kein Zucker
lecken, dann dauert alles so lange", sagte die Assistentin.

**Lösung:** Reduktion der Komplexität durch gegenseitige
Rücksichtnahme

**Reduktion der Komplexität erscheint als Zeitgewinn durch die Reduzierung der Reibungen**

Reibung, Komplexität und Zeit sind Geschwister und gleichzeitig der gemeinsame "Vater" der "Produktionskosten der Qualität." Je mehr Reibung und Komplexität an der "Ressource Zeit knabbern", desto schlechter ist der "Durchsatz". Die Auswirkungen der extremen Beschleunigung der Welt wird nochmals durch eine weiterhin ungebremste Zunahme der "Reibungen" verstärkt.

**Zeit ist Geld - Reibung und Komplexität "verbrauchen" Zeit und sind Kosten**

Also muss der Fokus auf "Qualität" und "Durchsatz" gerichtet sein. Das Wissen und die Kreativität der Mitarbeiter sind das beste Mittel zur Reduzierung der Reibungen und Reduktion der Komplexität mit dem Ziel der ergebnisfördernden Reduktion der "Produktionskosten der Qualität" und somit der Reduktion der Organisationskosten.

**Es gibt keine erfolgreiche Globalisierung ohne die auf einen strengen Zeittakt verschworene Welt**

Bei der Globalisierung werden die unterschiedlichen Kulturkreise in der Triade Hierarchie, Teamorientierung und Empowerment mit Prozessorientierung zu einem strengen Zeittakt verpflichtet. Die fünf Sinne sind in allen Kulturkreisen ausgebildet. Das Thema Feinstrukturierung der Zeit hat unterschiedliche Historien. Heute sind die Zeitzonen der Welt der "Fahrplan". "Follow the sun" ist der Ruf nicht nur an der Börse. Im Osten geht die Sonne auf ... Die konfuzianische Tradition der Asiaten unterstützen aus historischen Gründen nicht unbedingt die Teamorientierung, sondern jede Form der Hierarchie.

**Kann ein strenger Zeittakt die historischen Kulturunterschiede in der Triade überwinden helfen?**

Kann Teamorientierung oder Empowerment durch Prozessorientierung der "Globalisierung" zum Erfolg verhelfen? Sind Ethikregeln und strenger globaler feinstrukturierter Zeittakt vereinbar? Der Prozess mit Prozessrollen und Prozessschritten ist der Pfad um strenge Zeittakte und Kulturunterschiede transparent zu machen und zu beherrschen. Das Ziel der Globalisierung ist der wirtschaftliche Erfolg und nicht die Entwicklungshilfe!

**Nutzen der Ressourcen mit Effizienz und Effektivität verbessern die Zeit und das Ergebnis**

Über die Effizienzsteigerung und die Erhöhung der Effektivität die Ergebnissituation des Unternehmens und somit die Marktsituation zu verbessern, ist die neue Zielrichtung. Dabei ist die Nachhaltigkeit der Business- und Social - Performance die primäre Aufgabe der modernen Unternehmensführung. Für die zwei Welten der "tangible" und "intangible" Assets zeigt ein Schnittmuster der zwei ungleichen Brüder, bei denen wirklich keine Verwechslungsgefahr besteht, deutlich, dass der Mensch heute im Mittelpunkt steht. Beschäftigung sichern, Kosten sparen und die Wachstumschancen nutzen sind die Erfolgsregeln der glokalen – der globalen und lokalen - Globalisierung.

**Die Welt bewegt sich immer schneller. Bewertet wird die Zeit oder die Zielerreichung**

Die Bewertung des Ergebnisses verändert sich durch die Wertigkeit der "intangible" Assets von "Zahlen_minded" zu "Durchsatz_minded". Hierbei sind "Indikatoren" und "Zahlen" des Durchsatzes die Basis der Bewertung.

Ziel der Bewertung kann die "Zeit", aber auch die "Zielerreichung" sein.

**Beispiel zur Zielerreichung:**

1.  **"5000 X 5000 von VW":**
    "Knackpunkt" ist das Programm Entgelt.
    Die Beschäftigten werden nicht nach Arbeitszeit, sondern entsprechend dem Erreichungsgrad der vereinbarten Produktionsziele bezahlt. Es war sogar Verhandlungsmasse, dass dabei die Beschäftigten unentgeltliche Mehrarbeit auch bei Fehlern leisten, für die sie nicht verantwortlich sind.

2.  **Das Rad zum zweiten Mal entwickeln:**
    Wissensmanagement spart Energie und steigert die Effizienz. Wissen ist eine Ressource, die heutzutage dringend gemanagt werden muss. Wer sein Wissen teilt, verdoppelt den Erfolg. Jeder Einzelne spielt mit seiner per-

sönlichen Expertenfunktion eine entscheidende Rolle für die Effektivität im Unternehmen. Wissen und Kreativität sichern den Weg zu Innovationen.

3. **Zielfokussierte Managementprozesse:**
Die Umsetzung der Strategie erfolgt durch die Verlagerung der Verantwortung und Entscheidungsbefugnis in die Unternehmenseinheiten. Die Führung des Konzerns wird durch die Zielfokussierung effizienter und operativer sowie marktnäher.

4. **Haben sie mal ein paar Millisekunden:**
Von den Augen zum Kopf zu den Händen am Lenkrad zu den Rädern auf der Straße kann es ein sehr langer Weg sein. Gibt es eine Abkürzung? Ja, sagt eine Reifenwerbung. Der Reifen kann die Welt nicht langsamer machen, kann aber helfen, mit ihr Schritt zu halten.

5. **Die Prozesskette verbessert den "Durchsatz" um 40%:**
Durch das Zusammenspiel der beiden Assets "Güter" und "Humankapital" wurde die Prozesskette optimiert. Beide wurden optimal eingesetzt

**Der Takt und der Rhythmus des weltweiten Gleichschrittes wird durch Prozess-Orientierung menschlich**
Durch Prozesse sind die Reibungen in der Organisation abbaubar und damit die "Produktionskosten der Qualität" reduzierbar. Lasst es uns wieder einfach machen! Mit der Prozessorientierung zu neuen Ufern! Mit Managementprozessen, die die Zielfokussierung und Kundenorientierung fordern und fördern und die operativen Prozesse lenken und leiten. Sagen, was man tut und tun was man sagt. Klare Ziele, klare Regeln, klare Aufgaben und klare Rollen mit vereinbarten Meßverfahren zur Verifizierung mittels "Indikatoren" und "Zahlen" sind gefragt.

**Prozess-Orientierung wird die Notwendigkeit des Gleichschritts von Takt und Rhythmus reduzieren**
Die den Zielvorgaben entsprechenden Aufgaben durch das Zusammenspiel der "tangible und intangible Assets" kreativ und optimal bewältigen, ist die

"Reinkultur" der Prozessorientierung. Der "Aufwand der Assets" und der "Durchsatz" sind Indikatoren der Prozess-Kennzahlen. Die Zeit wird im Arbeitsumfeld den hohen Stellenwert verlieren, da die Reibung, einer der größten Zeitfresser, minimiert werden kann.

**Aus "Zeit ist Geld" wird "Balance der Assets ist Geld"**
Die Veränderungen vom "Denken in Hierarchien" zum "Denken in Prozessen" ist nach der Beschleunigung der Welt in den letzten Jahrhunderten der Versuch, im 21. Jahrhundert mit mehr Eigenverantwortung die Sehnsucht nach der Entschleunigung der Welt zu befriedigen.
Der Takt und der Rhythmus in der Prozessorganisation liegt in den Prozessschritten und den Prozessrollen. Die heterogenen Interessen aller am Gesamtprozess Beteiligten steigert die Prüfung des "Durchsatzes". Je Prozessschritt ist das Wissen und die Kreativität der Projektteilnehmer für die Synergie der "tangible und intangible Assets" verantwortlich. Wie die "Leistungserbringung" ist der "Durchsatz der Leistungserbringung" ebenfalls ein Prozessziel. Der "Durchsatz der Leistungserbringung" ist die Summe der Aufwände beider Assets. Damit ist der Gleichschritt der Zeit nicht mehr nötig, wenn die Prozessschritte und Prozessrollen festgelegt und terminiert werden und die Ausgestaltung der Kreativität und der Zeitplanung den Prozessmitarbeitern obliegt.

**Ohne Reibung läuft ein Prozess locker mit 40% weniger Aufwand, ein toller Durchsatz, oder?**
Die Eigenverantwortung der Aufgabendurchführung fördert die Kreativität und das Zusammenspiel der Assets. Mit der Synergie der Assets wird der "Durchsatz" optimiert.. Jedes Projektteam arbeitet an der Ausnutzung aller möglichen "Synergien" mit. Wissen und Kreativität fördern die Innovationskraft des Teams.

## 1.4.    Die Balance zwischen "tangible" und "intangible" Assets

Das Zusammenspiel der materiellen Güter und des Humankapitals wird von Tag zu Tag stärker benötigt. Ursache ist die Dienstleistungsgesellschaft mit den Eingriffen in den gesellschaftlichen Gleichschritt. Derart gravierende Veränderungen wie die Erhöhung der Wertigkeit des "Humankapitals" haben Auswirkungen auf die gesamte Wirtschaft. Die

Auswirkungen dieser gesellschaftlichen Wandlungsprozesse werden u.a. in den DIN ISO Normen seit 1987 abgebildet. Diese "Regelungen auf dem kleinsten gemeinsamen Nenner" sind die Basis für ihr "best practice" Managementsystem. Wer diese Regelungen akzeptiert und umsetzt nutzt diese Anforderungen zum strukturierten Vorgehen in seinem Unternehmen. Wer nicht, muss "Adäquates" aufbieten, um gegen die "Wettbewerber" zu bestehen.

Die Veränderung der Wertigkeiten der "tangible und intangible Assets" ist in den meisten Unternehmen noch nicht wirklich abgebildet worden. Das Lenken und Leiten des Managements muss vom "Zahlen_minded" zum "Durchsatz-minded" verändert werden.
Entscheidend ist hierbei die Balance zwischen den materiellen und den immateriellen Gütern. Ein Unternehmen ist gut damit bedient, beide Steuerungsgrößen in die Führung einzubeziehen.

**Der Erfolg eines Unternehmens entsteht heute aus der Synergie von Humankapital und den materiellen Gütern**
Wenn sie das aktuelle Controlling berücksichtigen, sind die Methoden der "Finanzen" sehr stark und die des "Durchsatzes" sehr schwach ausgebildet. Je komplexer das Unternehmen, desto höher sind die Organisationskosten, d.h. die Kosten der Reibung und dementsprechend die "Produktionskosten der Qualität". Das Zusammenspiel der "materiellen Güter"

| Die Balance zwischen tangible und intangible assets | |
|---|---|
| **Materielle Güter** | **Immaterielle Güter** |
| Maschinen & Anlagen | Unternehmenswissen/-Image |
| Grundstücke & Gebäude | Produkte, Prozesse, Ideen |
| Beteiligungen | Fähigkeiten der Mitarbeiter |
| Finanzen | Organisation<br>Mitarbeiter<br>Kunden |
| **Der Erfolg eines Unternehmens entsteht heute aus der Synergie von Humankapital und den materiellen Gütern** | |

und des "Humankapitals" ist ein wichtiger Werttreiber. Nur dadurch können der "Durchsatz" und damit die "Produktionskosten der Qualität" optimiert werden.

Das Controlling muss hierfür Methoden zur Verifizierung des gemeinsamen "Durchsatzes" der Assets bereitstellen. Die Bewertung erfolgt im Management ebenso wie die Festlegung, Terminierung und Überprüfung der Maßnahmen. Es müssen ggf. Maßnahmen in beiden Assets festgelegt werden, um die Wirtschaftlichkeit zu verbessern. Ist z.B. in einem Unternehmen der Asset Anteil extrem im Humankapital abgebildet, ist mit den bestehenden Controlling-Methoden der "Durchsatz" in verschachtelten (hierarchischen) Unternehmen nicht verifizierbar. Es wird für jede Abteilung ein "Zahlen_minded" Budget erstellt und ggf. kontinuierlich überprüft. Aufwände, die an den "Schnittstellen" entstehen, werden im jeweiligen "Budget" abgefedert. Der "Durchsatz" und die "Produktionskosten der Qualität" werden dadurch nicht verifiziert, sondern nur die Einhaltung der Budgets.

**So können locker 40% zu hohe Produktionskosten in Budgets versteckt werden**
Ziel muss es sein, die Strategie für operative Bereiche erlebbar, beeinflussbar und bewertbar zu gestalten. Jede Führungskraft und jeder Mitarbeiter kennt dann seine persönlichen Stellhebel zur Erhöhung des Unternehmenserfolges und nutzt diese permanent. Die notwendigen Methoden müssen jedoch vom Controlling bereitgestellt werden.

**Die Geschäftssteuerung muss durch die Portfoliosteuerung verfeinert werden**
Die Portfoliosteuerung lenkt und leitet beide Assets mit dem Fokus "Durchsatz-minded" und ist nur mit einer ausgeprägten Prozessorientierung sinnvoll steuerbar.

**Dazu sind Unternehmenssteuerungsmodolle wie die Balanced Scorecard wie geschaffen**
Die Umsetzung der "strategischen und operativen Unternehmensziele" in "qualitative und quantitative" Aufgaben ist das Erfolgsrezept der Balanced Scorecard.

Die gemeinsame Sicht auf die vier Einflussgrößen zeigt die Dimension der Veränderung vom "Zahlen_minded" zum "Durchsatz_minded".

**Finanzen / Ergebnisse**
**Produktivität / Prozesse**
**Marktposition / Kundenbindung**
**Innovation / Mitarbeiter**

Die Balance der "tangible und intangible Asset" muss über alle Kriterien gefordert und gefördert werden.

## 1.5 Der Erfolg eines Unternehmens besteht aus der Synergie von Humankapital und materiellen Gütern

**Bewertet wird immer weniger die Zeit, dagegen mehr und mehr das Ergebnis der Aktivitäten**

Das BSC-Kriterium Produktivität / Prozesse unterstützt den "Durchsatz-minded" Ansatz. Die Umsetzung der Strategieziele in "qualitative und quantitative" Aufgaben ist natürlich kein "Zuckerschlecken". Dennoch ist die Synergie der Assets nur über diesen Hebel anzugehen.

Die Welt bewegt sich immer schneller. Bewertet wird immer weniger die Zeit, sondern mehr und mehr das Ergebnis der Aktivitäten. Das erfordert die Synergie aus den beiden Assets. Dabei verhindert die Komplexität des Unternehmens den Gleichschritt der Mitarbeiter zur Zielerreichung. Da wir keinen Zeitsinn haben, erzeugen die Reibungen in der Organisation "unbemerkt" "Produktionskosten der Qualität" und verschlechtert den "Durchsatz".

Über die Effizienzsteigerung und die Erhöhung der Effektivität die Ergebnissituation des Unternehmens und die Marktsituation zu verbessern, muss die neue Zielrichtung des Managements sein. Die Synergie aus den beiden Assets nutzen und die Nachhaltigkeit der Business- und Sozial-Performance sicherzustellen ist die primäre Aufgabe der modernen Unternehmensführung. Wie kann hierbei Teamorientierung oder Empowerment durch Prozessorientierung dem Unternehmen zum Erfolg verhelfen? Gelingt es, mit vereinbarten Terminen oder Ergebnissen, an denen sich alle Beteiligten orientieren müssen? "Der Köder muss dem Fisch schmecken!"

Der große Schnitt in der Unternehmensführung wird durch die abnehmende Wertigkeit der Geschäftssteuerung und die zunehmende Wertigkeit der Portfoliosteuerung induziert.
Bei der Portfoliosteuerung ist die Markt- und Kundennähe sowie der "Durchsatz" mit Effektivität und Effizienz gefragt. Die Umsetzung der Strategie erfolgt über die Zielsetzung des Portfolio mittels der Opernationalisierung durch die Prozessorganisation.

**Welcher Weg und welche Methoden gibt es, um von der Budgetsteuerung zur Portfoliosteuerung zu gelangen?**
Mit ITIL, EFQM, TQM, Six Sigma, BSC und der "Strategiefokussierten Organisation" sind in den letzten zwanzig Jahren immer neue Methoden zur Unterstützung der Steuerung der Assets entwickelt worden. Es gibt

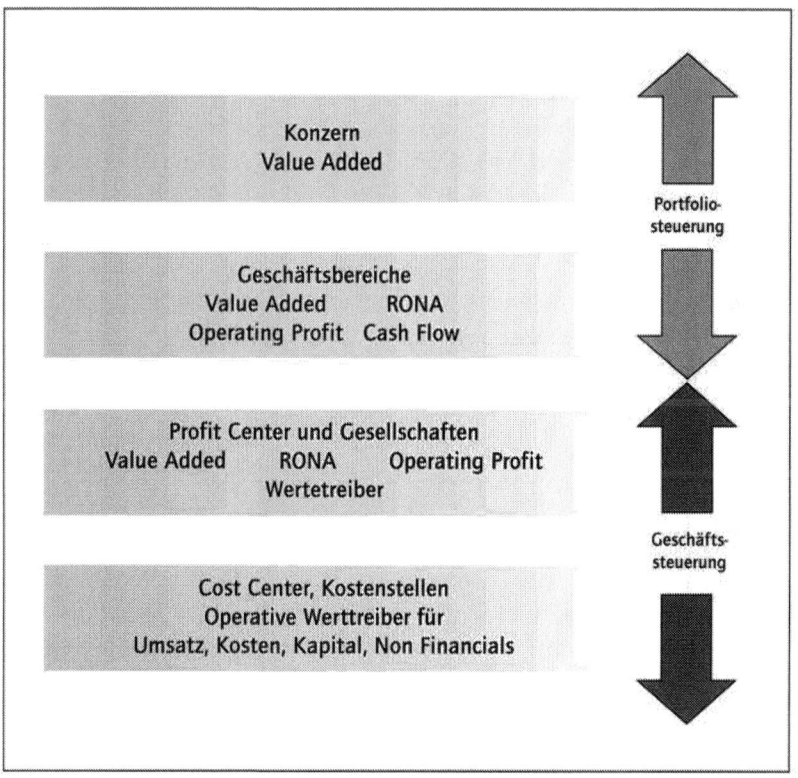

Performance und Quality Measurement Systeme. Keine dieser Methoden arbeitet "bottom up" sondern alle müssen "Top down" initiiert, gelenkt und geleitet werden.

## Beim "Zahlen_minded" Management finden alle Methoden wenig "echte" Unterstützung

"Der Fisch fängt zuerst am Kopf an zu stinken". Geben sie sich ein Ruck, prüfen sie neue Wege.

## Der Markt und nicht die Zentrale entscheidet über den Erfolg / Mißerfolg

Geschäftssteuerung ade, es lebe die Portfoliosteuerung. Auf dem Weg zur Portfoliosteuerung wird zuerst das Leistungsportfolio bestimmt und in "Unternehmenseinheiten" eingeordnet. Bei der Strategiefokussierung und der Kunden- / Marktorientierung erfolgt die Steuerung des gesamten Portfolio in der Unternehmensführung. Die Verantwortung für das einzelne Portfolio und die Entscheidungsbefugnis obliegt den jeweiligen "Unternehmenseinheiten" unter Fokussierung der Unternehmensziele. Die prozesskettenübergreifende Prozessorientierung schafft die nötige Transparenz. Mit "Durchsatz_minded" - Management wird die Führung des Unternehmens marktnäher, effizienter und operativer. "Zahlen_minded", das heißt ohne "Denken in Prozessen", ist das Chaos nicht zu vermeiden.

## Diese Art der Unternehmenssteuerung erschließt mittelfristig alle Synergien aus den beiden Assets

Das Zusammenspiel der Assets sichert den optimalen "Durchsatz".Dieser Veränderungsprozess muss so transparent wie möglich für alle Führungskräfte und Mitarbeiter dargestellt werden, damit alle bereit sind, vom Markt her zu denken. Das Zusammenspiel der Managementabläufe und der operativen Abläufe sichert die Effizienz und die Effektivität des Unternehmens. Hierin besteht die zentrale Aufgabe der internen Unternehmens-Kommunikation, die nicht durch bloße Informationsangebote ersetzt werden kann. Kommunikation erfordert Interaktion auf der Basis von Vertrauen. Kommunikation ist erst abgeschlossen, wenn sie zu gegenseitigem Verständnis führt, alles andere ist bloße Verlautbarung Top down, ist Information.

## 2.0 Entwicklung der Managementsysteme von Hierarchie zu Prozessen und Führung

Schon um 1920 wurden die ersten Methoden ermittelt, die das Management unterstützen sollten. Es begann mit Fehlerstatistiken, es folgten Verbesserungsroutinen, später ging es um die Einbindung aller Unternehmensteile bei IT - Themen, mit Arbeitsplatzbeschreibungen und 20 Normpunkten ging es weiter. Alle diese Aktivitäten waren "bottom up" und extrem produktionslastig, sie unterstützten die "Zahlen_minded" - Führung mit ihren Rhythmen und Takten.

Etwa ab 1995 veränderte sich die Unternehmensphilosophie. Die Unternehmen wurden breiter und breiter, die Komplexität nahm stetig zu, die Organisationskosten stiegen. "Processing" wurde deshalb das Schlag- und Modewort. Doch "leider" funktioniert "Processing" nicht "bottom up", sondern nur "Top down". Hierbei geht es um das Lenken und Leiten der Komplexität. Das bedeutete das Ende des Qualitätsmanagements und den Start der Prozessorientierung mit "Denken in Prozessen". Das geht jedoch mit den "Zahlen_minded" - Führungsstilen nicht, da es keinen Ankopplungspunkt gibt.

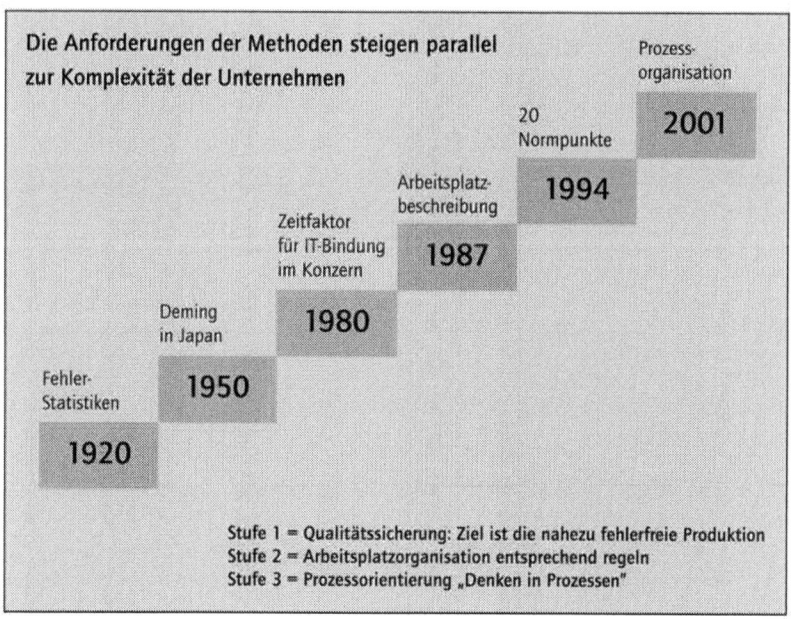

Die Anforderungen der Methoden steigen parallel zur Komplexität der Unternehmen

Prozess-organisation

| | | | | 20 Normpunkte | **2001** |
| | | | Arbeitsplatz-beschreibung | **1994** | |
| | | Zeitfaktor für IT-Bindung im Konzern | **1987** | | |
| | Deming in Japan | **1980** | | | |
| Fehler-Statistiken | **1950** | | | | |
| **1920** | | | | | |

Stufe 1 = Qualitätssicherung: Ziel ist die nahezu fehlerfreie Produktion
Stufe 2 = Arbeitsplatzorganisation entsprechend regeln
Stufe 3 = Prozessorientierung „Denken in Prozessen"

**Die Sichtweise verändern bedeutet, den Fokus zu verändern**

Der neue Fokus konzentriert sich auf

- die "tangible und intangible Assets"
- den "Durchsatz"
- die "Kongruenz von Kompetenz (Prozesse) und Verantwortung (Management)"
- die Arbeitsverbindung durch das "Gänseflugmodell"

**Gesellschaftliche Grundlagen werden von Unternehmen oder der DIN-Organisation geschaffen**

Hierbei entsteht das Problem. Wer mag schon die DIN-Organisation? Wer traut den "Großen Firmen"? Wer hat den Mut? Wer entscheidet den Zeitpunkt zum Wandel?

**Methoden, um die Managementsichtweisen zu ändern, um zu "wissen", was man führt:**

| Neue Methode: | Wer triggerte das? |
| --- | --- |
| EFQM (9 Sichtweisen) | Einige Großunternehmen |
| Balanced Scorecard (4 Sichtweisen) | Einige Großunternehmen |
| TQM (verschiedene Sichtweisen) | Einige Großunternehmen |
| Six Sigma (4 Sichtweisen) | Einige Großunternehmen |
| ISO 9001 : 20000 (Prozessorientierung) | DIN Organisation |

**Die Methoden entstanden, um die neuen Managementaufgaben zu unterstützen**

Die neuen Methoden sind da, aber nur wenige "Zahlen_minded"-Manager nutzen sie. "Da ist etwas falsch im Staate..."; oder?

Was ist die Ursache?

**Ohne Veränderung der mentalen Methoden und Takte geht eben nichts**

Auf geht´s! Zuerst die mentalen Methoden verändern!

## 2.1    Aufbau und Abbau der Komplexität

**Was ist Komplexität? Wie ist Komplexität beherrschbar?**
Komplexität ist nicht schlecht oder gefährlich. Komplex ist in unserer Dienstleistungsgesellschaft vieles. Die Frage, ob die Komplexität beherrscht wird, ist die berühmte "Gretchen-Frage".

**Beispiel: Sie wollen in Urlaub fliegen (hier sind es acht voneinander abhängige Schritte)**
Die Reise kostet 2000 Euro; mit der S - Bahn zum Flughafen; 1 Stunde vor Abflug einchecken; Abflug; Ankunft im Zielort; Taxi zu Ihrem Bungalow; frisch machen; Wiedersehensfeier mit den Freunden um 20 Uhr.

**Bewertung:**
Die Komplexität gilt als beherrscht,
* wenn alle acht Schritte wie geplant durchgeführt werden.
* wenn sie um 20 Uhr mit den Freunden das Wiedersehen feiern werden

Die Komplexität gilt als unbeherrscht
* wenn sie nicht alle acht Schritte wie geplant durchführen können
* wenn sie nicht um 20 Uhr mit den Freunden das Wiedersehens feiern konnten

Sie sagen, es gibt noch viele weitere Schritte!

Klar, nur ein Beispiel: Sie fahren nicht mit der S - Bahn; Sie verpassen den Flieger; Sie chartern ein Flugzeug, und kommen pünktlich an. Die Reise hat eben statt 2000 Euro 8000 Euro gekostet. Ziel erreicht, egal was es kostet!

**Genau, jetzt reden wir von den "Produktionskosten der Qualität"**
Den Weg haben Sie verändert, die Komplexität "irgendwie bewältigt", das Ziel erreicht , aber 6000 Euro mehr bezahlt! Wenn Sie diese Mehrkosten Ihrer Frau verheimlichen, ist es wie im budgetgesteuerten Unternehmen. Meinen Sie wirklich, dass ein Abteilungsleiter auf den "Durchsatz" schaut? Der hat sein "Budget" so durchgeboxt, dass da genug "Polster" versteckt sind.

**Komplexität ist durch "Prozessorientierung" beherrschbar**

Also geht es nicht um die völlige Abschaffung der Komplexität der Organisation, sondern um die Möglichkeiten der Beherrschung dieser Komplexität. Es geht um die Reduktion "ertragsmindernder" Organisationskosten.

**Was nicht beherrschbar ist, muss verändert werden**

Das betrifft

- die Organisation
- die Führungskräfte
- die Mitarbeiter
- die Tools
- das Zusammenspiel der "tangible und intangible Assets".
- das Humankapital

**Wenn Komplexität nicht beherrscht wird, führt das "Management" zum Chaos**

Der Weg zur Beherrschung der Komplexität ist das "Service with Excellence Managementsystem" mit der Strategiefokussierung der Prozesse.

## 2.2 Gleiche Ansatzpunkte in den verschiedenen Managementsystemen

Wie schon mehrmals dargestellt, ist die Veränderung der Managementsichtweise durch das EFQM und die Balanced Scorecard ein gemeinsamer Ansatz. Ein weiterer gemeinsamer Ansatz beider Methoden ist die Notwendigkeit der Prozessorientierung zu ihrer Umsetzung. Dies wiederum wird durch die DIN EN 9000 und ITIL inhaltlich durch Beschreibungen des "best practice" unterstützt.

**Die neue Managementsicht und die Strategieumsetzung mit Prozessen ist der Weg zum Ziel**

Sie benötigen eine Strategie, eine festgelegte Form der Managementsichtweise und eine lebende Prozesslandschaft zur Umsetzung der Strategie in einen beherrschten Zustand.

## 2.3    ISO 9001:2000 (Prozessorientierung)

**Lebende Prozesse unterstützen die Beherrschung der Komplexität**
Was hat eine DIN ISO-Norm mit der Beherrschung der Komplexität zu tun? Wie erfolgt das Zusammenspiel der operativen und der strategischen Managementprozesse? Was bedeutet die Kongruenz von Prozess und Verantwortung? Was muss "top down" und was muss"bottom up" erfolgen? Was sind Prozessschritte? Was sind "Rollen im Prozess"? Was bedeutet Wechselspiel der Prozesse? Viele Fragen, die später behandelt werden, weil vorerst die Frage entscheidender ist, wie die mentalen Methoden der Führungskräfte verändert werden können.

**Für das Leben und Lenken der Prozesse müssen die mentalen Methoden der Führung verändert werden**
Ohne die wirkliche Wahrnehmung der "Rollen im Prozess" lebt die Prozesslandschaft nicht.

Ja, und das geht nur, wenn die mentalen Methoden der Führung mit den Rhythmen und den Takten von "Zahlen_minded" auf Rhythmen und Takte des "Durchsatz_minded" verändert werden. Das bedeutet einen radikalen Kulturwandel! Aber gibt es eine andere erfolgsversprechende Möglichkeit?

**Prozesse leben wollen bedeutet verändertes Führungsverhalten**
Teamorientierung und Empowerment ersetzen die schon lange nicht mehr "lebenden" hierarchischen Führungsmethoden. Verantwortung kann man auch ohne hierarchische Macht mit Rollen im Prozess tragen.

**Bekommt man mit Prozessorientierung die "Produktionskosten der Qualität" in den Griff?**
"Durchsatz_minded" Führungsverhalten (Verantwortung) und Wissen (Prozesse) sind die Basis der Reduktion der Organisationskosten. Genauer: Der Reibung reduzierenden Prozessorganisation.

**Zusammenspiel der Prozesse, Aufgaben, Rollen, Funktionen und Organigramm**

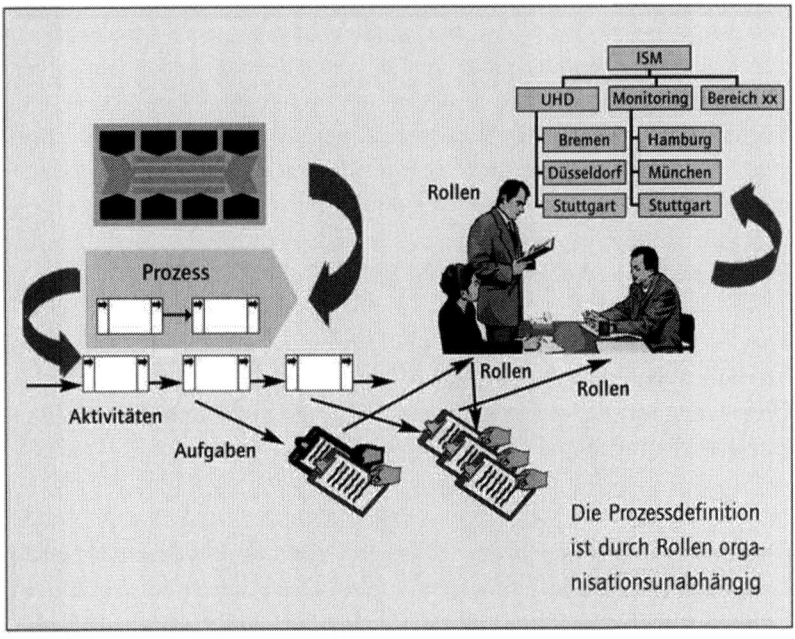

**So einfach ist "Denken in Prozessen", wenn man es wirklich will**

Hier geht es nicht um Norm, hier geht es um eine Vorgehensweise. Die Strategie wird mittels der Balanced Scorecard operationalisiert. Dann werden die für die Umsetzung der Strategie vom Top-Management gemeinsam entwickelten Ziele mittels der Prozessziele für die Prozessteams fokussiert.

**Wenn Sie diese Vorgehensweise nicht wollen, brauchen Sie das Buch nicht weiter zu lesen!**

Nicht nur zur Norm 9001:2000, sondern auch zur Umsetzung der Frameworks BSC, EFQM oder der Britisch Standards (BS7799) sind Prozesse die einzig zur Zeit bekannten erfolgversprechenden Möglichkeiten zur "Reduktion der Produktionskosten der Qualität" und somit der Organisationskosten.

## 2.4 Andere Standards

**Vier Beispiele für andere Standards:**
ITIL (BS15000), Vorgehen bei IT-Betrieben, (Prozesse und Zeitfaktor).

BS 7799, Security Part zum Interaktiven Managementsystem.

TQM, von Zahlen_minded als wirksamste Management-Methode benannt.

Six Sigma, Verbesserungsinitiative für "beherrschte" Abläufe / Prozesse mit Statistik.

**"Very British"**
Jeder weiß, was das heißt: "Die Uhren ticken bei unserem Nachbarn anders." Ganz bewusst gehe ich auf diese beiden englischen Standards ein, um eine andere Vorgehensweise zu verdeutlichen. Denn Britisch Standards sind "best practice" Hilfen, um sich im Unternehmen selbst zu helfen.

**ITIL = IT Inferstructure Library sichert die Durchführung von IT-Projekten**
Ende der achtziger Jahre wurde in vielen englischen Unternehmen die Einbindung der "Informationsverarbeitung" in den Unternehmensablauf als Folge des Vormarsches der IT-Wertigkeit für die "Wertschöpfungskette" notwendig. Die IT-Budgets wuchsen und wuchsen, und die Abhängigkeit des Unternehmensabläufe von der IT wurde immer größer.

Die Dienstleistungsgesellschaft und das Humankapital lassen grüßen. Durch die IT wurde die Aufgabenteilung erst möglich, aber ohne "Denken in Prozessen" entsteht dabei eine unbeherrschte Komplexität. Hier sind u.a. die Geburtsstunden der "Produktionskosten der Qualität" zu suchen.

Die "IT Infrastructure Library" enthält Vorgehensweisen für die Umsetzung von IT- Projekten im Unternehmen. Neben den Vorgehensweisen gibt es auch Phasen und somit entsteht die wichtige Zeitleiste.

Lange vor der IT-Projektumsetzung wird das Projekt im gesamten Unternehmen geplant. Alle an dem IT-Projekt beteiligten Abteilungen sind in diese Vorphasen eingebunden.

**Entscheidend ist, dass den jeweiligen Phasen bestimmte Vorgehensweisen zugeordnet werden**
Damit ist die Einbeziehung aller "betroffenen" Unternehmensteile bei einem IT- Projekt über die gesamte Laufzeit sichergestellt und transparent. Überraschungen bei der Umsetzung gibt es selten.

**Klarer Fokus: Das gemeinsame Ziel ist die Umsetzung des IT-Projektes**
Für das gemeinsame Ziel werden auch gemeinsame Regeln akzeptiert und umgesetzt. Hierbei werden "Prozesse gelebt". Hier wird heterogen diskutiert, um ein gemeinsames Ziel zu erreichen.

**Ohne Prozesse geht auch hier nichts**
Die notwendigen Prozessausprägungen sind in den Themen der "Library" hinterlegt. Wer Prozessbeschreibungen für "Change Management" sucht, findet hier wirklich "best practice".

**Die ITIL -Phasen beinhalten zielorientierte "Rollen und Aufgaben"**
Was bei IT - Projekten möglich ist, soll bei Strategieumsetzungen nicht möglich sein? Was ist das denn? Hier arbeiten alle Abteilungen (irgendwie) zielorientiert zusammen, um das IT- Projekt im Unternehmen zu etablieren. Viel "Feuer" wird schon vor der konkreten Umsetzung gelöscht.

**Bei der Umsetzung der ITIL in die Norm BS 15000 gingen die Phasen und die Zeitleisten verloren**
Im Jahre 2002 wurde aus der "IT Inferstrukture Library" der "British Standard" BS 15000. Jetzt sind die Vorgehen ein Standard, aber die Phasen und die Zeitleiste fehlen. Es gibt auch leider nur wenige Beratungsunternehmen, die die Implementierung der ITIL - Methode wirklich unterstützen können. Ohne Phasen und Zeitleiste ist es nichts anderes als eine "Bücherei".

**BS 7799 "Sicherheit bewußt erleben"**

**"Helfen Sie mit, unsere Werte und die unserer Kunden zu schützen", ist das gemeinsame Ziel**
Ende 1990 nahm der Stellenwert der Unternehmenssicherheit stark zu. Die Gefährdungen wurden durch Laptops, die verteilte IT und das Internet

74

immer gewaltiger. Wieder wurde ein "British Standard" entwickelt, der keines Gleichen in Deutschland findet. Deshalb biegen viele Unternehmen die BS 7799 für ihre Interessen um. Das funktioniert aber nur, wenn das Thema mit "Denken in Prozessen" angegangen wird.

**Es geht um die gesamte Breite der Unternehmenssicherheit**
Unternehmenssicherheit erfährt heute in Deutschland einen hohen Stellenwert. Es geht um Werte, die eigenen und die der Kunden. Denken sie an CRM - Daten, wenn die in die falschen Hände kommen! Denken Sie an ihren "Laptop" oder die Computer der Internetfirmen. Wenn da der "Hacker" ´rankommt! Die Beschäftigten müssen Sicherheit leben und die Technik muss sicher gemacht werden.

**Klarer Fokus : Unternehmenssicherheit**
Hierbei bestehen nicht immer gemeinsame Ziele. Es gibt weniger gemeinsame Regeln, die auch nur bedingt akzeptiert werden. Das Zusammenspiel der beiden Assets: Was kann die Maschine, wie muss sich der Mensch ändern, was macht die Sache so schwierig?

**Ohne Prozesse geht, wie gesagt, auch hier nichts**
Klare Prozessschritte und klare Rollen sind der einzige Weg. Das Zusammenspiel aller Beschäftigten und aller Maschinen ist die größtmögliche Bandbreite im Unternehmen. Diese Komplexität kann nur durch Lenken und Leiten von "Sicherheitsprozessen" beherrscht werden.

**Das liefert die BS 7799**
In der BS 7799 werden die "Security Management Processes" deutlich, die die Veränderung aller Beschäftigten lenken und leiten müssen. Hier liegt der Schlüssel zum Erfolg.

**Was kann man von den "British Standards" lernen? Hilfe zur Selbsthilfe!**
Wenn es wichtig ist, werden Vorgehensweisen konzipiert, um Hilfe zur Selbsthilfe anzubieten. Damit ist der Zweck und das Ziel klar und transparent. Der Weg selbst wird nur vorgezeichnet. Es gibt viele Wege nach Rom! Schneidern Sie den Weg, den Ihr Unternehmen benötigt.

**"best practice" Prozesse gilt es abzukupfern**
Auch hier geht es um Hilfe zur Selbsthilfe. Nutzen Sie die Prozessorientierung zur Umsetzung Ihrer Strategie. Nehmen Sie die Norm

ISO 9000 ff, nehmen Sie ITIL, nehmen Sie BS 15000 oder nehmen Sie BS7799. Für alle Unternehmensabläufe gibt es "best practice" Prozesse oder Vorgehensweisen.

TQM (Total Quality Management) ist eine Sichtweise mit speziellem Qualitätsfokus und in vielen Büchern umfassend beschrieben. Die dazugehörigen Techniken und Methoden wie zum Beispiel

- Total Quality Maintenance
- Just in Time
- Lean Management
- Six Sigma

werden für die nach Meinung der Zahlen_minded weltweit wirksamsten Unternehmensführungsmethoden die Teilthemen über die Angehensweisen

- Geisteshaltung,
- Anlageneffizienz,
- Durchlaufzeit,
- Verschwendungsbekämpfung
- oder der Statistik

durchgeführt, um die Ziele zu erreichen. Dabei wird seit langem übersehen, dass mit diesen Methoden nur die "arbeitsteilige" Hierarchie verfeinert und (teil)optimiert wird. Hierbei erzeugen die durch die TQM Methoden geplanten Abläufe die "Produktionskosten der Qualität" ungebremst. Da in meinem Buch eine andere Sichtweise vertreten wird, erübrigt sich eine tiefergehende Diskussion.

TQM erscheint im "Service with Excellence Management System" automatisch in den Prozessen und ist kein gesondertes Tool.

**Six Sigma**

Six Sigma ist eine aus Amerika kommende Verbesserungsinitiative.

Es geht um Variationen, um Statistik und Mathematik. Ohne TOP Management, Unterstützung und "Denken in Prozessen" sind die "großen Verbesserungspotentiale" nicht möglich. Die Methode setzt erst bei "beherrschten" Abläufen / Prozessen an.

**Jetzt fehlen nur noch die Unternehmensziele, welche die Prozesse fokussieren.**

Methoden und "best practice" gibt es zur freien Auswahl. Jetzt geht es um die Ziele.

Aus den unterschiedlichen Sichtweisen der BSC oder des EFQM können die gemeinsamen Ziele ermittelt werden. Diese Ziele werden über die Prozesse "operationalisiert".

## 2.5 Framework BSC (Balanced Scorecard) und (EFQM)

**Ein Framework ohne Prozessorientierung zu nutzen ist für jedes Unternehmen existenzgefährdend!**

Wenn Sie aus aktuellem Anlass eine entsprechende Bitte dieser Art an Ihre Mitarbeiter stellen, arbeiten Sie wahrscheinlich mit einem Framework zur Strategiefokussierung, aber sicher nicht prozessorientiert:

"Konzentrieren Sie sich auf Ihre Arbeit für und mit Ihren Kunden - deren Erfolg, unterstützt durch Sie, hat oberste Priorität auch in Zeiten des Wandels in unserem Unternehmen. Fragen, ungeklärte Zuordnungen oder offene Schnittstellen klären Sie bitte direkt mit Ihren Vorgesetzten, ohne dass Ihre Kunden davon erfahren oder gar in Mitleidenschaft gezogen werden. Wichtig ist der Erfolg als Team und der stellt sich ein, wenn jeder zum Gelingen des Ganzen beiträgt, für den anderen einspringt und bei Bedarf eine Extra-Meile für unseren Kunden geht. "Interne Aufstellungsfragen diskutieren wir intern - sozusagen nach Spielschluss und in der Kabine", schrieb ein Top Manager 2003 an alle Mitarbeiter.

**Was heißt hier Framework? BSC und EFQM haben verschiedene Fokusse?**

Um Standards zum Lenken und Leiten der Unternehmen in der Dienstleistungsgesellschaft ging es ab ca. 1990.Es wurden feste Rahmen für die beiden Frameworks entwickelt. Die Ausprägung der Rahmen hat mit dem jeweiligem Fokus zu tun.

- Der Fokus der Balanced Scorecard richtet sich auf den wirtschaftlichen Erfolg durch Veränderung der Sichtweise auf vier spezielle Kriterien.
- Der Fokus des EFQM Modells richtet sich auf bessere Produkte und bessere Services mittels effektiver managementgeführter Praktiken durch die Veränderung der Sichtweise auf neun spezielle Kriterien.

**Framework (Balanced Scorecard)**

Die BSC ist ein Framework mit vier Sichtweisen. Grundgedanke ist, dass sich der wirtschaftliche Erfolg eines Unternehmens auf mehrere Einflußgrößen gründet, die hinter den finanziellen Zielen stehen, die bisher "unbemerkt" die Zielerreichung ursächlich bestimmt haben. Ziel ist eine "balance der prospects", die dem Management und den Mitarbeitern die Richtung weisen.

| Finanzwirtschaft | | | | |
|---|---|---|---|---|
| Wie sollten wir aus Kapitalgebersicht dastehen? | Strategisches Ziel | Meßgröße | Operatives Ziel | Aktivität |
| | | | | |
| | | | | |

| Kunden | | | | | Vision & Strategie | Geschäftsprozesse | | | | |
|---|---|---|---|---|---|---|---|---|---|---|
| Wie sollten wir aus Kundensicht dastehen? | Strategisches Ziel | Meßgröße | Operatives Ziel | Aktivität | | Bei welchen Prozessen müssen wir Hervorragendes leisten? | Strategisches Ziel | Meßgröße | Operatives Ziel | Aktivität |
| | | | | | | | | | | |

| Mitarbeiter, Lernen | | | | |
|---|---|---|---|---|
| Wie können wir flexibel und verbesserungsfähig bleiben? | Strategisches Ziel | Meßgröße | Operatives Ziel | Aktivität |
| | | | | |
| | | | | |

Robert S. Kaplan / David Norton haben das Buch "Balanced Scorecard, Strategien erfolgreich umsetzen", geschrieben. Das Buch wurde 1997 ins Deutsche übersetzt und ist im Handel erhältlich. Es ist für ein Verständnis der "groundings" wirklich zu empfehlen.

**Nicht nur Prozesse brauchen Ziele, die gemessen werden, sonst "dümpelt" es dahin**

Aus der Sicht des "Zahlen_minded" Managements ist die Prozessfokussierung schwierig. Aber nicht alle Prozesse können "wirklich" direkt das Ziel-"Ergebnis" leisten.

**Durch die vier Sichten der Balanced Scorecard ändert sich das Bild extrem**

Erkennen Sie schon, was bisher "unbemerkt" die Zielerreichung ursächlich bestimmte?

**Es werden gemeinsame Ziele für die vier Sichten gesucht, die sich gegenseitig unterstützen:**

- Finanzen / Ergebnis
- Kunden / Marktplanung
- Prozesse / Profitabilität
- Mitarbeiter / Bildung

**Wenn Sie je BSC-Kriterium drei Ziele definieren, sind es gemeinsam zwölf Ziele**

Diese zwölf Ziele aus den vier Sichten der BSC sind die Prozessziele und unterstützen so prozessorientiert die Umsetzung der Strategie. Man sieht genau, wo und bei wem es "hapert"! Glauben Sie mir, Sie erleben eine neues Gefühl des Lenkens und Leitens eines Unternehmens, wenn Sie erkennen, was Sie managen.

**Die Komplexität des Unternehmens wird durch den Fokus "Strategieumsetzung" beherrscht**

Nutzen Sie Ihre BSC-Ziele als Prozessziele. Arbeiten Sie mit "best-practice"-Prozessen. Verbinden Sie Wissen von Verantwortung durch Prozessschritte und -rollen. Messen und Wiegen Sie die Prozessziele und sichern Sie damit die kontinuierliche Verbesserung.

**Framework EFQM**

Im Jahr 1988 wurde die EFQM - Organisation von vierzehn großen europäischen Firmen mit Unterstützung der "Europäischen Union" gegründet. Anlass war der Erfolg des "Malcolm Baldrige Model" in den USA and der "Deming Preis" in Japan. "EFQM launched the European Quality Award in 1991 to recognise companies showing a high level of commitment to Quality." Der "Europäische Qualitätspreis" wurde im Jahr 1992 erstmals vergeben. Der Gewinner war "Rank Xerox Limited". Seit mehr als zehn Jahren trägt die EFQM dazu bei, dass europäische Unternehmen bessere Produkte und bessere Services durch effektive managementgeführte Praktiken erzielen. Im EFQM Modell werden die "Befähiger" und die "Ergebnisse" der Umsetzung bewertet. Man kann an mehreren Wettbewerben teilnehmen. Alle bisherigen Gewinner sind darüber begeistert, was das Framework für Ihr Unternehmen "erbracht" hat. Die EFQM ist eine nicht-profitorientierte Organisation. Die Informationen zum EFQM-Modell sowie Wettbewerbsunterlagen und andere Informationen sind unter www.EfQM.org zu finden.

**Das EFQM hat eine andere Sichtweise als die BSC**

Das EFQM – Modell ist ein Framework mit neun Sichtweisen. Es geht primär um bessere Produkte und Services. "Das EFQM Modell ist die Abbildung des gesunden Menschenverstandes und eine Richtschnur für eine managementgeführte Vorgehensweise", sagt ein erfahrener Assessor. "Aber ohne die ethische Einstellung des TOP Managements, bei sich selbst anzufangen und ohne Herzblut sind Erfolge nicht möglich". Das EFQM-Modell unterscheidet zwischen der Sichtweise der "Befähiger" und der "Ergebnisse". Die Bewertung erfolgt durch externe / interne Assessoren. Die Bewertungsskala liegt zwischen 1 und 1000 Punkten. Die "Befähiger" entsprechen in der Tendenz den Kriterien der BSC. In den "Ergebnissen" werden "Windfall wins" schnell transparent. Hier gilt: Was nicht gesät wird, kann man auch nicht ernten.

**Wie viele Unternehmen gibt es in der europäischen Union ? Wie viele nutzen EFQM?**

Millionen von mittleren und großen Unternehmen gibt es in der EU. Im Jahr 2002 hatte die EFQM - Organisation ca. 800 Mitglieder, aber ca. 20000 Unternehmen nutzen das Framework in Europa. "The EFQM Excellence Model is the most widely used organisational Framework in Europe," lässt die EFQM Organisation verlauten. EFQM is a management system that works, sagen begeisterte Anwender nach Ihrer 5 -7 jährigen Reise zum ersehnten EFQM Award.

**Es gibt 2 Stufen im EFQM vor den Wettbewerben**

| Level 1 | Committed to Excellence | Basis |
|---------|-------------------------|-------|
| Level 2 | Recognised for Excellence | well managed Organisation |

Im Level 1 kann das Label der EFQM und im Level 2 das Recognised for Excellence Label der EFQM verwendet werden. Den Level 2 haben ca. 50 Unternehmen in Europa erlangt. Die Ursache für diese geringe Anzahl liegt in den bestehenden mentalen Sichtweisen, den Methoden und Verfahren der hierarchischen Führungseliten, die mit der Frameworksicht nicht vertraut sind, obwohl es Top-Beispiele für den Erfolg gibt.

**Die Preise**

In jeden Land, indem die EFQM vertreten ist, gibt es einen "EFQM-Landes-Award".
Der "europäische Qualitätspreis" ist das große Ziel auf der langen Reise zur "Excellence".

**Das EFQM Modell ist gleich geblieben, aber der Fokus hat sich mit den Jahren verändert**

| EFQM 2000 Istanbul | Managing Diversity | a bridge to excellence |
|---|---|---|
| EFQM 2001 Luzern | Stakeholder Value | the path to sustainable Excellence |
| EFQM 2002 Barcelona | Succeeding in a dynamic world | Case to win in a fast evolution environment |
| EFQM 2003 Helsinki | Inspired people drive success | Take Action |

Das nächste EFQM Meeting findet 2004 in Berlin statt.
Das Motto lautet "The European Leadership Challenge".

**Das EFQM-Modell:**

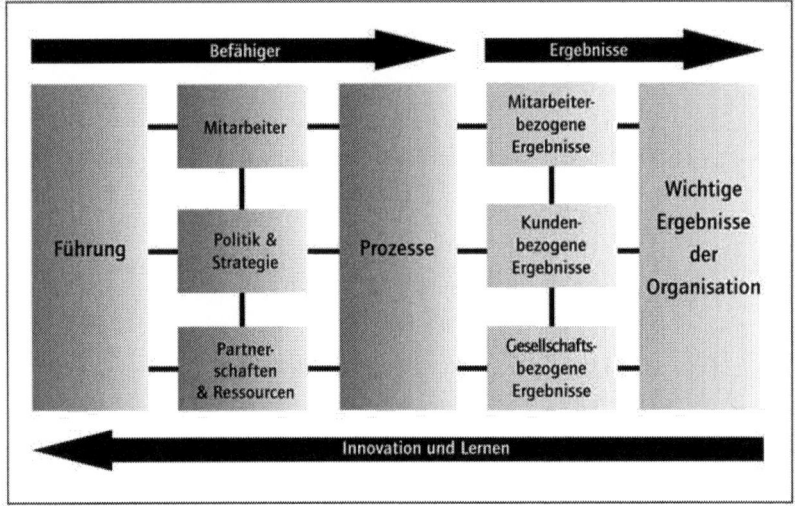

**Sie sehen, dass die Prozesse ein Bestandteil der fünf Befähiger sind.**
Deshalb funktioniert das EFQM - Modell nicht ohne Prozessorientierung.
Hierbei wird der Strategiefokus "Qualität" mit den Sichtweisen

- Führung
- Mitarbeiter
- Politik & Strategie
- Partnerschaften & Ressourcen

in die Prozesse zur Umsetzung operationalisiert. Die Bewertung des
Erfolges erfolgt bei den "Ergebnissen".

**Wenn sie je EFQM-Kriterium 3 Ziele definieren, sind es gemeinsam
zwölf Ziele**
Die zwölf Ziele aus den vier Sichten der EFQM - Befähiger gehen wie bei
BSC mit dem Fokus der besseren Produkte und Services in die
Prozessziele ein und unterstützen so prozessorientiert die Umsetzung der
produkt- / servicefokussierten Strategie.

Wie schon zuvor bei BSC geäußert:
Man sieht genau, wo und bei wem es "hapert"! Glauben Sie mir, Sie gewinnen ein neues Gefühl des Lenkens und des Leitens eines Unternehmens.

**Die Komplexität des Unternehmens wird durch den gemeinsamen Fokus "Qualität" beherrschter**
Nutzen Sie Ihre Ziele als Prozessziele. Arbeiten Sie mit "best practice" - Prozessen. Verbinden Sie Wissen und Verantwortung durch Prozessschritte und -Rollen. Messen und Wiegen Sie die Prozessziele und sichern Sie damit die kontinuierliche Verbesserung.

## 2.6    Strategiefokussierte Organisation

**Die Welt hat sich in einem Punkt bis heute nicht verändert**
Als Beispiel eine Äußerung von Jacques Delors 1988 bei der Gründung der EFQM: "The battle for quality is one of the prerequisites for the success of your companies and for our competitive success".

**Was tun die Unternehmen heute, um bei der zunehmenden "Komplexität" die Qualität sicherzustellen?**
Herr Delors konnte damals nicht ahnen, was die Unternehmen 2003 "anstellen" würden, um angesichts der extremen Unternehmenskomplexität die Kosten zu reduzieren und gleichzeitig die Qualität sicherzustellen zu wollen. Worin besteht heute die "The battle for Quality ..."? Die "Produktionskosten der Qualität" steigen ungebremst und kosten viele Milliarden. Statt anzupacken und nach vorne zu schauen wird immer noch zuviel gejammert. Das Ergebnis und die Qualität müssen stattdessen der Strategiefokus sein!

**Portfoliesteuerung ist die Grundlage der strategiefokussierten Organisation**
Ein großer Schritt zurück ist notwendig:
Bisher war der Erfolg eines "Change" abhängig vom unklaren Status des "Gesamtsystems", den divergierenden Zielen der "handelnden Personen", sowie deren "Aktivitäten und Interaktionen", die die wirkliche Tiefe des "Change" entscheidend beeinflussten. Was dabei herauskam ist Ihnen bekannt. Deshalb:

## "Weg von der Administration des Unternehmens hin zur operativen Führung"

Neu ist das Vorgehen einer "systemorientierten Anpassung" bei gemeinsamen Zielen der handelnden Personen unter Einbeziehung von "frischem Wissen" entsprechend des "Denken in Prozessen" durch die Kongruenz von Kompetenz und Verantwortung. Die Erneuerung wird durch den Menschen getragen, da die Umsetzung oder die Durchführung in "Prozessen" oder in "Organisationsaufgaben" strategiefokussiert stattfindet.

**Die Neuen Ziele des gemeinsamen Vorgehens sind:**

* nach außen, wieder näher am Kunden sein.
* nach innen, wieder mit Performanceorientierung Profit- und Mitarbeiterfokussiert.

Der entscheidende Schritt ist der Wechsel von der Geschäftssteuerung zur Portfoliosteuerung. Es wird viel über die Portfoliosteuerung gesprochen, wobei der entscheidende Vorteil in Form der direkten Verantwortung der Wertschöpfungskette im TOP-Management der kritische Punkt ist. Doch der Übergang von der Geschäfts- zur Portfoliosteuerung findet selten statt. Weshalb? Welcher Manager aus der Geschäftssteuerung verzichtet freiwillig auf die Macht und den Status? Die Frage muss aber lauten: Geht es nur um Macht oder um wirtschaftliches Denken? Einer Chance, sich bei neuen Aufgaben in der Portfoliosteuerung neu zu bewähren, sollte sich eigentlich niemand entziehen. "Make sure that your expertise is up – to – date and meets the requirements of the present and the future", ist deshalb eine der großen Managerherausforderungen in der Dienstleistungsgesellschaft. Wir müssen endlich lernen, gemeinsam ein Ziel anzuerkennen und anzugehen. Setzen Sie sich neu in Szene, ziehen Sie das durch! Nur so entsteht die direkte Verantwortung der Wertschöpfungskette im TOP Management. Führen Sie Ihr Team mit Portfoliosteuerung zum gemeinsamen Erfolg:

## "Der Tradition entsprechend muss bei uns wieder das Preis – Leistungsverhältnis stimmen"

Es ist eine Charaktersache. Entwickeln Sie das "Corporate Program" für Ihr Unternehmen. Die Mitarbeiter müssen wieder zum Unternehmen passen und sich mit ihm identifizieren können, um wirtschaftlich den

Wettbewerbern nachhaltig auf Dauer Paroli zu bieten. Die wirkliche Synchronisation der Umsetzung der Strategie erfolgt innerhalb eines Jahres im Rahmen ihres "Service with Excellence Management Systems".

**Die strategiefokussierte Organisation nutzt das Framework der BSC mit den vier Sichtweisen zum Führen.**
Die strategiefokussierte Organisation ist eine Weiterentwicklung der "Balanced Scorecard".
Auf Basis der BSC ist die qualitätsorientierte Umsetzung der Strategie das Maß aller Dinge. Die Neustrukturierung des Unternehmens durch Kunden- und Strategiefokussierung vermindert extrem die Komplexität des Unternehmens. Nicht divergierende Ziele, sondern gemeinsame Strategieziele müssen im Unternehmen den Ton angeben.

**Der Wille zur Umsetzung der strategiefokussierten Organisation ist schon der mentale Wechsel !**
Kaplan und Norton erkannten ein Umsetzungsproblem der BSC. Sie räumten in ihrem Buch der Umsetzung in Mittel- und Großunternehmen wenig Chancen ein, da sich kaum Top- Performer der hierarchischen Führungseliten mit den tatsächlichen Chancen der "Framework-Sicht" beschäftigten würden und zudem nur wenige Top-Berater vorhanden waren. Ursache? Die Grundvoraussetzung der "Strategiefokussierten Organisation" im Sinne des Buches besteht in der Abschaffung der Hierarchie durch das Top-Management.

**"Service with Excellence Management System" macht die strategie-fokussierte Organisation umsetzbar**
Es geht um die Umsetzung der Strategie mittels Prozessschritten und Prozessrollen.

- Strategie
    - BSC-Ziel
        - Prozess-Ziele
            - Prozess-Ergebnisse
            - Bewertung Prozess-Ziele
        - Bewertung BSC-Ziel
- Bewertung Strategieumsetzung

**Worum geht es ?**
Es geht um Macht versus zu bewältigender Komplexität. Es geht dabei aber um das "Unternehmens-Ergebnis" und die "Produkt / Service-Qualität". Es geht um Prozesse als "Mittel" gegen die "Reibungen" und gegen die "Produktionskosten der Qualität" unter Strategiefokussierung.

**Also gibt es zwei Wege zum Umgang mit Komplexität:**

*   "Zahlen_minded",
    Mit "Macht", das "Unternehmensergebnis" und die
    "Produkt/Service Qualität" durchsetzen

*   "Durchsatz-minded",
    Mit "Prozessorientierung", (Unternehmensergebnis-
    fokussiert) gegen Reibung oder Organisationskosten,
    gegen "Produktionskosten der Qualität" und der Produkt-/
    Service-Qualität ertragssteigend anzugehen.

**Wenn die Komplexität des Unternehmens nicht beherrscht wird, ist das Chaos nicht weit**
Eines steht fest: Je komplexer die Organisation, desto prozessorientierter muss vorgegangen werden, um die "Komplexität" zu beherrschen.

**Ohne Prozess-Rollen funktioniert die Umsetzung der strategiefokus-sierten Organisation nicht**
Das meinten Kaplan und Norten mit "Umsetzungsproblem". Prozessorientierung heißt das Zauberwort. Sie erfolgt durch die Verbindung von Kompetenz und Verantwortung sowie der Wechselwirkung der Prozesse. Die Hierarchie wird nicht aufgelöst, sondern in Prozess - Rollen zum Lenken und Leiten der Prozesslandschaft transformiert.

2.7     **Qualitätsmanagement, Prozessorganisation und Prozessmanagement haben keinen Selbstzweck**

**Verantwortung ist nicht delegierbar!**
Verantwortung delegieren klappt meistens nicht, weil für die Umsetzung die notwendige Kompetenz fehlt. Das zeigt sich deutlich im Qualitäts-

management. "Bottom up" ist zur Verbesserung der Fehlerquoten geeignet zur Veränderung der "Menschen" zur Prozessorientierung ist es dagegen absolut ungeeignet. "Wessen Brot ich esse", gibt es sogar bei den Abteilungsmitarbeitern - das ist der Tod jedes Qualitätsmanagements.

Gleiches gilt für die Prozessorganisation. Wenn kein TOP-Commitment deutlich wird, fehlt die Wahrnehmung der Rollen durch die Führungskräfte - ebenfalls der Tod jeder Prozessorganisation.

Prozessmanagement kann eine maximale Transparenz schaffen. Wenn das nicht möglich ist, fehlt auch hierbei das TOP - Commitment. Der endgültige Tod eines jeden Prozess - Managements.

**Fragen Sie sich: Was kostet Ihr Tun? Was müssen Sie ändern?**
Was können Sie ohne Top- Commitment erreichen? Wieviel Reibung entsteht dabei? Wie hoch sind die "Produktionskosten der Qualität" bei den divergierenden Zielen in tiefverschachtelten Unternehmen?

Es geht um die mentalen Methoden und Rhythmen des "Empowern". Ohne bevollmächtigen, ermächtigen etwas zu tun, hat der Mitarbeiter keine Chance die "Produktionskosten der Qualität" zu reduzieren.


## 2.8 Das webbasierte personalisierte "Enterprise Portal" kann beim Prozessredesign zum Quantensprung verhelfen

Bei zunehmendem Kostendruck professionell mit kreativen Ideen die Steigerung von Prozesseffektivität und Effizienz anzugehen, ist mit dem webbasierten "Enterprise Portale" machbar. Seit 1998 sind Portale ein Weg um die Optimierung der Geschäftsprozesse anzugehen. Es handelt sich um eine Art "Workflow", die auf einer gemeinsamen Plattform in verteilten Unternehmen vorliegt. Damit können cross oder ausgelagerte Prozesse transparent und beherrschbar gemacht werden.

Es werden 2 verschiedene Fokusse unterschieden :

- der Kundenfokus (B2B Kundenportal)

- die Vernetzung von Geschäftsprozessen (personalisierte Portals)

Beim Kundenfokus findet der Kunde über das Portal zum Firmenangebot. Beim Fokus der Vernetzung der Geschäftsprozesse erfolgt die Personalisierung entsprechend der definierten Prozessschritte und Prozessrollen. Durch die User-Berechtigungen sind die "virtuellen Geschäftsprozesse" für das Prozessteam transparent, für Unbefugte aber abgeschirmt. Beim Redesign von Geschäftsprozessen beinhalten "personalisierte Enterprise Portale" eine Möglichkeit, einen Quantensprung der Prozesseffizienz vorzunehmen.

**3.   Warum benötigen Sie Ihr "Service with Excellence Management System?"**

Seit einigen Jahren formieren sich immer mehr Unternehmen zu Netzwerken, in denen jedes beteiligte Unternehmen sein know - how einbringt und verantwortet. Das Zusammenspiel der Geschäftsprozesse wird "Networking" oder "Partnering" genannt. Wichtig ist dabei, dass alle Partner die vereinbarten Spielregeln einhalten. Ohne Offenheit, Vertauen und schnelle Kommunikation funktionieren die "Schnittstellen" nicht. In Zeiten weltweiter Vernetzung sind die Unternehmen genötigt, Ihre Beziehungen zu Geschäftspartnern und Mitarbeitern auf eine neue Basis zu stellen.

**Das "Networking" ohne hohe "Produktionskosten der Qualität" abzubilden ist eine "taffe" Aufgabe**
Es ist hierbei gleich, ob man Schnittstellen im oder außerhalb des Unternehmens "kostengünstig" zu bedienen hat. Wie gelingt die notwendige Veränderung der Organisation um die "Produktionskosten der Qualität" reduzieren zu können? Hierzu ist es sinnvoll, nochmals auf die Veränderungen des Management seit den 90-iger Jahren einzugehen.

**Die in der DIN ISO Norm 9000 veränderten Anforderungen an "Made in Germany" als Beispiel**
Nach Jahren der Umsetzung verschiedener Managementsysteme, z.B. der Qualitätsmanagement Systeme seit 1987, des Re-engineerings, der Man-

agementberatungen durch zahllose "potente Berater" und somit vielen "Teil-Verbesserungsmaßnahmen" sowie vielen rechtlichen und gesellschaftlichen Veränderungen ist es nun an der Zeit, neue Wege zu gehen, denn alle Bemühungen blieben weitgehend ohne den gewünschten Erfolg.

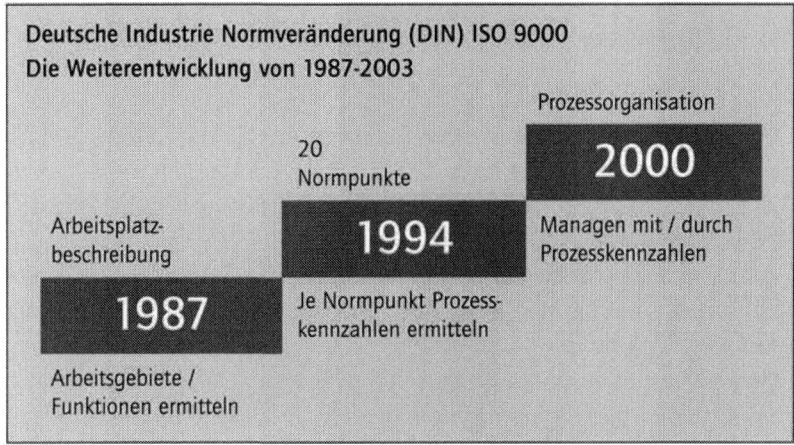

Deutsche Industrie Normveränderung (DIN) ISO 9000
Die Weiterentwicklung von 1987-2003

Prozessorganisation

20 Normpunkte

2000

Arbeitsplatzbeschreibung

1994

Managen mit / durch Prozesskennzahlen

1987

Je Normpunkt Prozesskennzahlen ermitteln

Arbeitsgebiete / Funktionen ermitteln

Wenn ein Unternehmen den Stellenwert der "Norm" erkannt hat, konnte es in fünfzehn Jahren Schritt für Schritt die hierarchische Organisationsform zu einer kollegialen, reformorientierten Prozessorganisation verändern. Wer demgegenüber an der hierarchischen Organisationsform festgehalten hat, hat während dieses Zeitraums die "Produktionskosten der Qualität" extrem gesteigert. Die Weiterentwicklungen der hierarchischen Organisationsform zu "Matrix-" oder "tiefgeschachtelten" Organisationsformen mit divergierenden Zielen sollten gleichzeitig durch die Prozesse abgebildet werden. Das hat jedoch mit einer Prozessorientierung nichts zu tun. Zum Erfolg fehlte die gemeinsame Zielfokussierung. Die Umsetzung der gesellschaftlichen Anforderungen ist nachweislich bei den wenigsten zertifizierten Unternehmen erfolgt. Wenn sie ihr aktuelles Managementsystem nicht entsprechend der Auswirkungen von gesellschaftlichen Überlegungen zum Mindeststandard, festgelegt auf dem kleinsten gemeinsamen Nenner wie Norm oder Flächentarifvertrag, kontinuierlich abgebildet haben, müssen sie jetzt diese Übernahme des "best practice" nachholen. Basis hierfür muss der "gesellschaftliche Mindeststandard" (z.B. die Norm) sein, dessen verknüpfte, kontinuierliche Weiterentwicklung entsprechend den gesellschaftlichen Interessen abgesichert wird. Mit ITIL, Normenreihe ISO 9000 ff oder BS7799 gibt es "best practice" zum abkupfern.

**Die Veränderungen des "gesellschaftlichen Mindeststandards" sind kontinuierlich im Managementsystem abzubilden**

Auf Basis des "gesellschaftlichen Standards" sowie Ihrer gewonnenen Erfahrungen ist es das aktuelle Ziel, "ihr" "Managementsystem mit einem ausgeprägten Kundenfokus" unter Verknüpfung der "best practice" Managementabläufe (BSC, EFQM) und der operativen Prozesse zu etablieren.

**Das Engagement der Mitarbeiter für ihren Job lässt auf Grund der ständigen Veränderungen nach**

Sie sind es leid, jedes mal neue Vorgesetzte zu bekommen und immer der Verlierer zu sein.

Auf die alten Loyalitäten ist ebenso wenig Verlass wie auf die bewährten Regeln und Gesetzmäßigkeiten. Die Balance zwischen Vertrauen und Kontrolle ist verschwommen und die ständig wechselnden Prämissen geben allen den Rest. Die Kommunikation bleibt als erstes auf der Strecke. In den neuen Organisationen gibt es zu viele "Solitäre", die dann gemeinsam im Orchester klangvoll die "Melodien" spielen sollen. Das funktioniert nicht! Ohne "einzeln zu üben" und damit eine kontinuierliche Verbesserung zu erzielen und ohne gemeinsames Klären der Übergänge (Schnittstellen) ist der Klang beim gemeinsamen Auftritt nicht berauschend. Die Eigenverantwortung muss wieder einen hohen Stellenwert erlangen. Dann werden aus den Schnittstellen wieder Nahtstellen.

**Der Markt hat sich ebenfalls verändert**

Mit der Zunahme des Wettbewerbs ist die Loyalität der Kunden immer wichtiger für den Vertrieb. Die angebotenen Produkte und Dienstleistungen müssen immer mehr den Anforderungen der individuellen Kunden entsprechen. Das erfordert ein umfassenderes Wissen des Kundendenkens und entsprechend eine komplette Reorganisation der Prozesse. Strategiewechsel dürfen keine drei Jahre dauern, sonst ist der Markt verloren.

**Kundenfokus bedeutet: Eigener Profit bei guter Qualität und gutem Preis / Leistungsverhältnis**

Was die Effektivität und die Effizienz mit Profit zu tun hat, ist oft beschrieben worden und bekannt! Was (schlechte) Effektivität und Effizienz mit den Kosten der "Produktion der Qualität" zu tun hat, ist meistens in den Unternehmen nicht bekannt. Es ist erwiesen, dass, falls die Kosten für die "Produktion der Qualität" hoch sind, sich das natürlich negativ in der Effektivität und Effizienz widerspiegelt. Oft sind große Teile der Kosten für die "Produktion der Qualität" in den Produktionskosten versteckt. "Adlerauge sei wachsam", ansonsten kann man sich schnell aus dem Markt kegeln.

Die Ergebnisse der Kundenzufriedenheitsbefragung als Bewertung für die Kundenorientierung zu werten ist ebenso falsch, als wenn der erreichte Profit als Indikator für die Nachfrage gälte.

Wenn der Preis deutlich über dem des Wettbewerbers liegt, sollten Sie Ihre Kosten für die "Produktion der Qualität" überprüfen. Wenn die Innovation nachlässt, gilt gleiches.

Top-Margen und Gewinne sind nicht die Ursachen, sondern die Folge und das Ergebnis unternehmerischer Arbeit. Die unternehmerische Arbeit besteht heute aus einem "ausgeprägten" Komplexitätsmanagement, um die "Reibung" im Unternehmen zu vermindern.

**Was ist neu? Nichts, die Komplexität muss angefasst werden!**
Die Komplexität ist durch die Veränderung zur Dienstleistungsgesellschaft mit der für das Management ungewohnten Aufgabenstellung der Balance zwischen "tangible" und "intangible" Assets entstanden. In tiefgeschachtelten hierarchischen Strukturen mit den divergierenden Zielen ist nur noch die "Hack- und Pick- Ordnung" intakt. Die Informationslinien sind folgerichtig verkümmert. Matrixorganisationen, Spin - Off´s, Auslagerungen von Betriebsteilen, Teilverkäufe etc. erhöhen die Komplexität über die Maßen. Haben Sie Prozess-Berichtswesen? Reagieren Sie – und wie - auf Eskalationen?

# Die Komplexität des Unternehmens entsteht durch viele Faktoren

| Organisation | Geschäftsmodell |
|---|---|
| Service - offering - Portfolio | Produktvielfalt |
| Struktur der Wertschöpfungskette | divergierende Ziele |
| Womit verdient das Unternehmen das Geld ? | Asset - Anteil (tangible / intangible) |
| Arbeitsteilung / Arbeitsverbindung | Mitarbeiter Blickwinkel eng oder weit |
| Human Kapital ein Softfakt oder Powerakt | Reibungsverluste / Trägheitsgesetz |
| Qualität "bottom up" oder Strategiefokussiert | Qualitäts- / Prozessorganisation alt / Neu |

**Qualität fällt nicht vom Himmel! "Quality before Profit", eine englische Regel**

Die Kosten für den Aufwand, die im Unternehmen als "Produktionskosten der Qualitätsanforderungen" anfallen, werden Qualitätskosten genannt. Kosten für die "Qualität" fallen an, das ist bekannt, aber welchen Stellenwert sie heute haben, ist selten transparent.

**Was ist Qualität? Wo liegt das Problem mit Qualität? Kostet Qualität etwas?**

Mit der Qualität ist es wie mit der Gerechtigkeit, jeder will sie haben, aber keiner weiß genau, was sie ist. Darin liegt das Problem. Es geht um die subjektive Beurteilung des Zusammenspieles "Menschen, Prozesse und Technologien" durch den "einzelnen Kunden".

Wirklich, jeder Kunde sieht es anders.

Als Hinweis die Aussagen der DIN ISO 8402

• Realisierte Beschaffenheit einer Einheit bzgl. Qualitätsanforderungen

- Gesamtheit von Merkmalen einer Einheit bzgl. ihrer Eignung, festgelegte und vorausgesetzte Erfordernisse zu erfüllen.

Wo liegt das Problem mit der Qualität?

- die Qualitätsforderungen eines Kunden an ein Produkt bzw. an eine Dienstleistung präzise und exakt zu erkennen und zu definieren
- das Produkt bzw. die Dienstleistung gemäß diesen Anforderungen zu erzeugen
- dies dem Kunden auch auf (Verlangen) nachzuweisen.

Daraus resultiert in unserer Dienstleistungsgesellschaft der folgende Satz: Die Ansprüche und Erwartungen des Kunden zu berücksichtigen und zu erfüllen, ist oberstes Gebot, koste es was es wolle. Ausgehend von der allgemeinen Kundenerwartung bezüglich Preis, Innovation und Funktion sind verschiedene Maßnahmen in den Unternehmen durchgeführt worden. Die Fachspezialisierung erfolgte weiter und weiter, die Komplexität der Organisation nahm zu, die Schnittstellen wurden mehr und mehr, die Ziele wurden divergierender, statt kundenfokussierten Ziele entstanden OLA´s (Objektiv Level Agreement) die dann zusammen die SLA´s (Service Level Agreement) ergeben sollten. Egal was es kostet!

Die Teilverbesserungen in den "vielen" OLA Bereichen betrafen das "Auspolstern der Schnittstellen". Dadurch wurden oftmals die Ziele irgendwie erreicht, aber die wirklichen Ursachen des Erfolges wurden nicht transparent. Zudem waren die Kosten für "Schnittstellenpolster", als "Produktionskosten der Qualität", schon geplant.

**Die "Produktionskosten der Qualität" steigen in tief verschachtelten Unternehmen unbegrenzt**

Es geht auch anders:

Um die Ansprüche und Erwartungen des Kunden permanent zu verifizieren, muss an der Kundenbeziehung gearbeitet werden. Um aber Kundenbeziehungen lebendig zu halten, müssen sie kontinuierlich gepflegt werden. Das kreative Eindenken in die Kundenperspektive muss die Basis sein, dem Kunden an allen Kontaktpunkten mit den Leistungspaketen zu begegnen, die auf seine Bedürfnisse zugeschnitten sind. Das ist der Pfad der "Strategie- und Kundenfokussierten Prozessorganisation".

**Was sind die "Produktionskosten der Qualität"?**
Es sind die Kosten, die zur Sicherstellung der "Kundenzufriedenheit" aufgewendet werden.

Beispiel Lufthansa: Wegen der Unpünktlichkeit der Abflüge gab es schlechte Kundenzufriedenheit.

| | |
|---|---|
| Aktion: | Softwaretool für zwei Millionen Euro eingesetzt, um die Ursachen für die Unpünklich keiten herauszufinden und um Transparenz zu schaffen; eine Hotline wurde eingerichtet; Eintragungen ins System; Maßnahmen Triggern, etc. |

Das sind "Produktionskosten der Qualität" zur Sicherstellung der Kundenzufriedenheit beim Abflug. In diesem Fall wurden parallel die Produktionskosten um ca. 300 Millionen Euro reduziert.

**Ein Ergebnis einer Kundenzufriedenheitsbefragung kann auf Produktionsprobleme hinweisen**
Innovation entsteht aus Wissen und Kreativität - entweder durch Entspannung oder durch Not. Wie viele Teams der Lufthansa mit divergierenden Zielen an den Problembereichen "Abflugzeit" gearbeitet haben, kann man anhand der Komplexität des Sachverhalts erahnen.
Mit Kreativität wurde die " Abflugzeit" als "kundenorientierter Zielfokus" aufgebaut, dessen Zielbereiche alle Teams kannten. Sie wussten, wo und wie sie das Ziel unterstützen konnten und konnten auch die Fortschritte zur Zielerreichung verfolgen

**Je weniger Aufwand für "die Produktion der Qualität" desto höher der Profit**
Je weniger Reibung bei der Leistungserbringung entsteht, desto weniger muss für das "Ausbügeln" von Reibungsverlusten aufgewendet werden.

Je verschachtelter und je tiefer die Matrixorganisation, je spezialisierter die Arbeitsschritte, je mehr Schnittstellen in der Leistungserbringung, je divergierender die Ziele, desto höher sind die Reibungsverluste die als "Produktionskosten der Qualität" immer stärker "nicht" zu Buche schlagen; weil sie für das "Zahlen_minded" - Management unsichtbar bleiben.

**Die Kosten der "Produktion der Qualität" entscheiden über die Höhe des Profits!**
Je höher die "Produktionskosten der Qualität" sind, desto mehr Einschnitte im Profit. Wenn da nichts geschieht, kegelt man sich schnell wegen ausbleibender Innovationen- und Preisursachen aus dem Markt.

**Was muss getan werden, um die "Produktionskosten der Qualität" in den "Griff zu bekommen"?**
Die vorhandenen Normen umsetzen! Viele Firmen sind seit Jahren nach ISO 9000 Normen zertifiziert. Die Automobilunternehmen haben eine eigene Norm entwickelt, in die Ausführung der EFQM - Methoden wurde ebenfalls investiert. Mit der Überarbeitung der Norm zum ISO 9000: 2000 sind die Anforderungen zwar inhaltlich weitgehend beibehalten worden, hinsichtlich der Methoden bestehen aber Unterschiede.
Die in den Methoden / Normen festgelegten Vorgehensweisen orientieren sich an der "best practice" und sind deshalb als Basis mit der Möglichkeit der Vergleichbarkeit weiterhin zu empfehlen. Jede "Eigenentwicklung" ist viel teurer und mit vielen "trial and error" belastet.

Normen und Methoden beinhalten jedoch nur die Regeln und das Vorgehen für ein Qualitätsmanagementsystem (QMS).

**Die Intensität der Umsetzung des QMS hängt von der mentalen Unterstützung des TOP-Managements ab**
Ist das Leiten und Lenken als Unterstützung nicht gegeben, vegetiert das QMS spätestens ein Jahr nach der Zertifizierung und dem Assessment dahin. Vor einem Begutachtungsaudit und während des Assessments geht es gewöhnlich hoch her, nach dem Termin ist die (scheinbare) Wirksamkeit meistens jedoch schnell verloren. Grundsatz: Was nicht "Arbeitsmaterial" ist, lebt nicht. Wenn sich nicht die "denke", sondern nur die Prozesse verändern, ist kein Prozessleben möglich.

**Delegation der Verantwortung geht bei "Kernthemen" schnell "in die Hose". Qualität ist Chefsache!**

Ist die Ursache für "ihre" schlechte Meinung über das Managementsystem jetzt klar?

**Wo stehen "Sie" denn heute?**

Wenn über Jahre keine Weiterentwicklung erfolgt, wird das QMS nach dem Trägheitsgesetz. sogar wirkungsloser. Ursache sind die Organisationsänderungen, die zwischenzeitlich durchgeführt wurden. Bedenken sie, dass sie in tief verschachtelten hierarchischen Unternehmen unterschiedliche Stadien des QMS in den verschiedenen Abteilungen des Unternehmens vorfinden können. Das ist eine Ursache, weshalb die "Zusammenarbeit" im Unternehmen nicht "mehr" funktioniert. Das sind die "Produktionskosten der Qualität".

Führen sie die Bewertung Ihres Managementsystems deshalb mit Ihren Führungskräften gemeinsam durch.

**Die Bewertung "Ihres" Managementsystems erfolgt über die "Wirkung" und die "Produktionskosten der Qualität"**

**Frage 1:** Wie ist "unser" Eindruck über die Wirkung des Managementsystems? (Innenwirkung)

**Frage 2:** Welchen Eindruck haben die Kunden über "uns?" (Außenwirkung)?

**Frage 3:** Was sind die Anforderungen in der "Dienstleistungsgesellschaft"?

**Frage 4:** Wie hoch sind die "Produktionskosten der Qualität" in unserem Unternehmen?

**Nur eine reine Bewertung der Innenwirkung spiegelt falsche "Werte" wieder**

**Abfrage 1:** Die Kriterien

| Checkliste ISO 9001:2000 | Bewertung |
|---|---|
| **4** | |
| 4.1     Allgemeine | |
| 4.1-1   Hat die Organisation ein QM-System aufgebaut und dokumentiert, das den Anforderungen der ISO 9001:2000 entspricht? | |
| 4.1-2   Verwirklicht die Organisation dieses QM-System, erhält sie es aufrecht und verbessert sie ständig seine Wirksamkeit? | |
| 4.1-3   Erkennt die Organisation die für das QM-System erforderlichen Prozesse und ihre Anwendung in der gesamten Organisation? | |
| 4.1-4   Legt die Organisation die Abfolge und Wechselwirkung dieser Prozesse fest? | |
| 4.1-5   Legt die Organisation die erforderlichen Kriterien und Methoden fest, um das wirksame Durchführen und Lenken dieser Prozesse sicherzustellen? | |
| 4.1-6   Stellt die Organisation die Verfügbarkeit von Ressourcen und Informationen sicher, die zur Durchführung und Überwachung dieser Prozesse benötigt werden? | |
| 4.1-7   Werden diese Prozesse überwacht, gemessen und analysiert? | |
| 4.1-8   Werden die erforderlichen Maßnahmen getroffen, um die geplanten Ergebnisse sowie eine ständige Verbesserung dieser Prozesse zu erreichen? | |
| 4.1-9   Leitet und lenkt die Organisation diese Prozesse in Übereinstimmung mit den Anforderungen der ISO 9001:2000? | |
| 4.1-10  Stellt die Organisation die Lenkung solcher Prozesse sicher, die sie ggf. ausgliedert, sofern diese Prozesse die Produktkonformität mit den Anforderungen beeinflussen? | |
| 4.1-11  Ist die Lenkung derartiger ausgegliederter Prozesse im QM-System erkennbar? | |
| Bewertungsschlüssel: 1=nicht ausgeführt, 2=Aktion reaktiv, 3=aktives Handeln, 4=permanent sauber am Laufen; | **Summe:** |

## Bewertung der "Innensicht" Ihres Managementsystems

Addition der Wertungen: 11 Fragen = "Ihre Bewertung der Innenwirkung".

**Ihre Betätigungsfelder aus der Innenwirkung sind Ihnen jetzt bekannt, oder?**

Ist die Bewertung schlechter 3, erfahren Sie, wie schwierig der Aufbau eines Managementsystems ist. Ist sie besser als 3, viel Erfolg bei der Verbesserung durch Ihr "Service with Excellence Managementsystem"!

**Abfrage 2:**
Haben sie eine kontinuierliche Kundenzufriedenheitsbefragung?
Der WERT der Kundenzufriedenheitsbefragung ist die "Bewertung der Aussenwirkung"

Wie ist der Zielwert der Kundenzufriedenheitsbefragung?
SOLL-Wert / IST-Wert

Sind Ihnen die Betätigungsfelder aus der "Außenwirkung" bekannt ?

**Abfrage 3:**
Bewertung von Methoden zur Erfüllung der Marktanforderungen
Wo stehen Sie, wo steht der Mitbewerber?
Wo stehen Sie bezüglich der Marktanforderungen?
Wird deutlich, mit welchen Methoden man welchen Status erreichen kann?
Wo steht der Wettbewerber ?
Wo stehen Sie? = Wie ist der "Status der Innovationsgeschwindigkeit"?

| 9 | Bewiesene Weltklasse | Performance Management |
|---|---|---|
| 8 | Best-Practice | Balanced Scorecard |
| 7 | Innovation Quantensprünge | |
| 6 | Verbesserung | Assessment |
| 5 | Erfolgsmessung | (Self)-Assessment nach Deming, |
| 4 | Meßindikatoren | Baldridge, EFQM... |
| 3 | Konformität | Konformitätsbewertung |
| 2 | Nicht-kritische Abweichungen | ISO9000, ISO14001, EMAS2, |
| 1 | Kritische Abweichungen | BS7799, VDA6 |

**Hier liegen ggf. die Gründe für die Dauer der Umsetzung Ihrer Strategieänderungen.**

**Können Sie die Ursache dafür erkennen?**

**Abfrage 4:**

**Der Apfel fällt nicht weit vom Stamm!**
Wie schon gesagt, der Fisch fängt am Kopf an zu stinken. Dummer Spruch, aber dagegen kann man was tun! Gehen Sie die folgende Beispielliste der "Produktionskosten der Qualität" mit Ihrem Führungskräften durch. Es handelt sich um Themenvorschläge aus der Praxis. Erweitern sie diese als Basis entsprechend "Ihrer" Insider Kenntnisse. Ich bin mir sicher, Sie werden über den Verlauf und das Ergebnis sehr überrascht sein.

**Was sind die "Produktionskosten der Qualität" in Ihrem Unternehmen?**
Unter dem "Blickwinkel der Sicherung des Durchsatzes" ermitteln Sie die "Produktionskosten der Qualität". Die Aufwendungen sollten in Euro geschätzt werden.

**"Produktionskosten der Qualität" / Organisationskosten im Unternehmen**

Themenvorschläge:

1) Kosten der Unternehmensorganisation (Matrix, tiefverschachtelt)
2) Reibungskosten (Schnittstellen)
4) Kosten für Qualitätsmanagement und Prozessmanagement
5) Pönale Kosten
6) Ausschusskosten
7) Kosten aller "Feuerwehrmänner", aller "Interimsmanager"
8) Anzahl "Schnittstellenübergangswächter" von Schnittstelle zu Schnittstelle.
9) Kosten aller nicht bedienten Eskalationen der operativen Abläufe und Prozesse
10) Kosten nicht genutztes "Gänseflugmodell"

**Gesamtsumme der "Produktionskosten der Qualität" = EUR:**

Die ermittelte Summe der "Produktionskosten der Qualität" wird von der Gesamtsumme der "Produktionskosten" abgezogen und als Prozentsatz ermittelt. Das Ergebnis ist die schnellste Schätzung der Wertvernichtung durch Reibung im Unternehmen! Dieser Prozentsatz kann je Abteilung des Unternehmens unterschiedlich sein und sollte gegebenenfalls verifiziert werden.

**Abfrage 5**
"Tangible" und "intangible" Kosten im Unternehmen in %

Geschäftsanteile des Unternehmens
Tangible Asset   (%):
Intangible Asset  (%):

---

**Ergebnis der Statusabfrage "Produktionskosten der Qualität"**

WERT aus Frage 1: "Ihre Bewertung der Innenwirkung".................................

WERT aus Frage 2: "Kundenbewertung der Außenwirkung"..............................

WERT aus Frage 3: Wo stehen Sie, wo steht der Mitbewerber?.........................

WERT aus Frage 4: Anteil "Produktionskosten der Qualität"...........................

WERT aus Frage 5: Geschäftsanteile "tangible / Intangible" ...........................

---

**Sind Sie mit dem Ergebnis der Statusabfrage der "Produktionskosten der Qualität" unzufrieden?**
Wenn ja, haben Sie jetzt aber auch die Ursachen erkannt? Die Komplexität Ihres Unternehmens ist mit den hierarchischen Strukturen und dem Fokus "Zahlen_minded" nicht "profitfördernd". Die divergierenden Ziele der Abteilungen müssen durch die strategiefokussierten Ziele für alle Beschäftigten im Unternehmen ersetzt werden.

**Wertigkeit "Human Kapital":**
Bei hohem Anteil "intangible Asset" ist die primäre Stellschraube das "Human Kapital"!

**Jetzt und hier entscheidet sich Ihr Anspruch an Ihr "Service with Excellence Management System".**
Wo wollen Sie hin, welchen Zeitrahmen stellen Sie sich vor, mit welcher Prozesslandschaft, mit welchen Prozessen und Rollen wollen Sie die "notwendigen" Veränderungen angehen?

Die "Zielfokussierte" Anwendung der "uralten" Methode E V A (Eingabe/Verarbeitung/Ausgabe) gepaart mit dem Wissen und der Kreativität der Mitarbeiter ist zur Entwicklung der Geschäftsprozesse zwar ein "steiniger", dennoch erfolgreicher Weg. Der größte Aufwand beinhaltet die Zeit für die Konzeption der Veränderungen und die Motivation der Mitarbeiter.

**Achtung: Wahrnehmung erfordert Einsatz**
Sie sind der Chef: Nur Sie können die Mitarbeiter motivieren und die Blickwinkel weiten.

**Change the rules of engagement - Practice your smile!**


## 3.1 Auswirkungen der Veränderungen in der Organisation und das Thema Führung.

Die Ursachen für die "Höhe" der "Produktionskosten der Qualität" sind die Aufwände der Reibung. Daher muss die Veränderung der Organisation mit dem Fokus auf die Reduzierung der Reibungsverluste ansetzen. Zur Zeit sind in den "tief verwurzelten" "hierarchischen" Unternehmen die Reibungsverluste extrem hoch. Die Kosten der "Produktion der Qualität" nehmen mit der Komplexität der Organisation sogar noch zu. Wenn dabei die Abläufe (Prozesse) in diesen Strukturen nicht rund laufen, wird das "Gold vergraben".

**Was ist zu tun, um die "goldenen Reibungsverluste" anzugehen?**
Die Beherrschung der Komplexität ist die einzige Möglichkeit, die Reibungsverluste anzugehen. Verwenden sie ein Managementsystem, welches die Auswirkungen von gesellschaftlichen Überlegungen wie der Norm - Revidierung von ISO 9001 : 1994 zu ISO 9001 : 2000 (Prozess Orientierung) kontinuierlich abbildet? Wenn nicht, liegt die Ursache der Reibungsverluste in der Umsetzung der Organisationsform.

**Können gesellschaftliche "Grundregeln" (Normen) helfen, die Reibung zu reduzieren?**
Ich glaube ja, denn die "best practice" Prozesse einer Norm stellen einen Weg dar.

Sind diese gesellschaftlichen Veränderungen zur Prozessorientierung wirklich in Ihr Managementsystem eingeflossen? Haben Sie den Wert der konsequenten, kontinuierlichen Anpassung des "Grundstandards" richtig eingeschätzt? Falls nein, kennen Sie jetzt eine Ursache der Komplexität Ihres Unternehmens.

## Seit Balanced Scorecard und EFQM ist das "Muss" der Managementprozesse bekannt

Spätestens mit den Diskussionen ab der Mitte der 90iger Jahre über EFQM und der Balanced Scorecard ist bekannt, dass das Zusammenspiel der Managementabläufe und der operativen Prozesse extrem wichtig ist, um die zunehmend dynamischeren Märkte mit Hilfe "komplexerer Unternehmensorganisationen" zu bedienen. Haben Sie seitdem reagiert?

Wenn nicht, dann spiegelt sich bei Ihnen die Situation ab, dass mit der zunehmenden Komplexität des Unternehmens die stetig anwachsende Reibung mit den aktuellen Controlling-Methoden nicht mehr transparent und steuerbar ist. Die Mitarbeitermotivation ist von dieser "Wirtschaftslage" bedingt, da der "Ton der Zusammenarbeit" durch die vielen Schnittstellen in den Arbeitsabläufen sehr stark leidet. Es ist schwierig, zwei Herren zu dienen, sagt ein altes Sprichwort. Wie verhält es sich dann bei "15" Verantwortlichen in den Bereichen, die über Schnittstellen, nicht aber über gemeinsame Ziele verbunden sind? Die mentalen Modelle, besonders die Verhaltensmuster der hierarchischen Organisation, müssen zum Verhaltensmuster "Bewegen mit Eigenantrieb" in der Prozessorganisation verändert werden. Der Eigenantrieb verändert die eigene Situation zum Positiven, wenn die Regeln es zulassen.

### Falsch besetzte Führungspositionen können teuer werden

Die Führungsveränderungen beim Wechsel vom "Leben in Hierarchien" zum "Leben in Prozessen" müssen erkannt und angegangen werden.

### Was "triggert" die Führungskräfte bei hierarchischen Regeln in Deutschland und in Amerika?

Kernsatz:    Der Manager sieht sich in der klassischen Rolle mit den bekannten Ausprägungen: Delegieren, Kontrollieren und minutiös auf Einhaltung der Stellenbeschreibungen achten. Die Führung erfolgt auf der Sachebene mit dem Zielfokus "Zahl". Die Beziehungsebene ist meistens verwaist.

Problem:     In den tiefgeschachtelten Unternehmen gibt es wesentlich weniger "feste" Arbeitsabläufe, die zudem schneller als früher Änderungen unterworfen sind. Die Prozessebene, also die Arbeitsabläufe, sind nicht der Fokus der hierarchischen Führung, sondern die Ebene der "Zahlen-Ziele".

Daher resultieren die "Kollisionen" auf der Sachebene ursächlich aus den divergierenden Zielen und erzeugen "starke Reibungen" auf der "Beziehungsebene". Leider wird die Beziehungsebene in den verschachtelten Strukturen meistens ignoriert, da sich wegen der vielen Schnittstellen und der verschiedenen Regeln keine Führungskraft für die Probleme der Mitarbeiter auf der Sachebene verantwortlich fühlt.

Chance:     Das Unternehmen wird in der Not auf die Regeln der 70iger Jahre zurückversetzt, um die angestaute Komplexität zu bewältigen.

**Die Macht der Führung in hierarchischen Strukturen**
- Zahlen_minded
- Das Recht auf die Priorisierung der Aufgaben entsprechend der Bereichszahlenziele.
- Das Recht auf die Delegation von Aufgaben.
- Die Macht des "Rechthabers durch Funktion" im Bereich.
- Die Anerkennung erfolgt auf Basis der Zahlenziele des Bereiches.

**Teamarbeit und Hierarchie widersprechen sich meistens**
Hierarchische Vorgesetzte suchen sich gerne bequeme Mitarbeiter, die Ihrem eigenen Vorgehen ähneln, weil sie glauben, mit denen ein leichtes Spiel zu haben. Mit dem Ansatz des "Gleichdenkens" sind komplexe Themen heute nicht mehr optimal zu bearbeiten.

## Was "triggert" die Führungskräfte bei prozessorientierten Rollen?

Kernsatz : Der Manager erkennt die Ergebnisse des Prozessmanagement als Führungsinstrument an.

Problem : Keine hierarchische Führungskraft sieht Vorteile in
der Prozessorganisation.

Chance: Die Prozesslandschaft bildet die Organisation ab. Die
Prozesse schaffen in den Prozessschritten "feste"
Arbeitsabläufe mit den Regelungen der Verantwort-
lichkeiten in Rollen. Mit dieser Methode ist die Sach-
ebene (Arbeitsabläufe) als Basis der sachlichen
Führung wieder gesichert. Durch gemeinsame Ziele
(Indikatoren / Zahlen) sind die Kollisionen in den
Prozessrollen in der Regel auf der Sachebene disku-
tierbar. Nie gedachte Synergien treten auf. Gemein-
same Ziele fördern das "miteinander arbeiten" in den
Prozessabläufen / Schnittstellen und verbessern die
Beziehungsebenen in den unterschiedlichen Rollen.

## Die Macht der Führung in der Prozessorientierung

- Das Führen durch Rollen ist das Führungsinstrument im
  Prozessmanagement.
- Kongruenz von Kompetenz und Verantwortung durch
  gemeinsamen Zielfokus.
- Die Prozessindikatoren und die Durchsatzzahlen geben den
  Ton an.
- Der Status der Prozesse im Verantwortungsbereich regelt die
  Aufgaben durch Rollenzuordnung.
- Die Aufgaben und Verantwortlichkeiten sind in den
  Prozessrollen definiert.
- Die Prozesse haben messbare Ziele für den gesamten
  Organisationsdurchlauf.
- Die Zustände der Indikatoren und der Durchsatzzahlen sind
  Basis für das "Rechthaben".
- Die Anerkennung erfolgt auf Basis der Zahlenziele der Prozesse.

**Teamarbeit und Prozessorganisation unterstützen sich gegenseitig.**
Ein gutes Team sieht die Aufgabenstellung in verschiedenen Facetten. In heterogenen Teams arbeiten "Zahlen_minded" und "Durchsatz_minded" orientierte Mitarbeiter gemeinsamen an der Zielerreichung.
Mit der Teamorientierung können auch widersprüchliche Temperamente zu Höchstleistungen geführt werden. Jedes Prozessteam benötigt Praktiker und Strategen, die ihre jeweiligen Argumente austauschen und nach gemeinsamen Lösungen suchen. Dies ist wichtig, denn in Prozessen werden starke Teams gebraucht, um die Prozessschritte optimal auszuprägen und abzustimmen. Wenn nicht jeder wie der andere tickt, sowie bei unterschiedlichen Charakteren, ist die Erfolgsquote bei gemeinsamen Zielen sehr hoch, besonders wenn die Aufgabe sehr komplex ist. Die Zielorientierung der Aufgabenstellung fördert den Gemeinschaftssinn.

**Die Grundregeln der Teamorganisation besagen: Je heterogener das Team, desto besser ist das Ergebnis.**

**Es geht nicht um Hierarchie oder Rollen im Prozess, sondern nur noch um das wie**
Die Führungskompetenz ist die Schlüsselkompetenz in der heutigen Zeit. Kann der "kollegiale Führungsstil" die notwendige Brücke sein? Wie wird "Empowerment" gelebt?

Mit der Strategiefokussierung und der Kundenorientierung kann ein "kollegialer Führungsstil" die Ziele auf Basis der Indikatoren und Durchsatzzahlen prozessorientiert angehen.

Wie sieht es heute in Ihrem Unternehmen aus? Wie wird die Führungskompetenz gelebt?

**Hierarchie ist "Zahlen_minded"!**

Wie sieht es denn konkret mit der "Richtigkeit der Zahlen" des Controlling aus? Die Controlling-Transparenz der "Kosten" ist in Bezug auf produzierende Unternehmen mit hohem "tangible" (messbarem Kapital) Anteil und Dienstleistungsunternehmen mit hohem "intangible" (Humankapital) Anteil unterschiedlich. Beide Unternehmenstypen haben hinsichtlich der "Balance of Assets" viele weiße Flecken.

**Tangible Assets / intangible Assets / Balance of Assets.**

"Management by Objectivs" ist "Zahlen_minded" und wird im Controlling seit Jahren gleichbehandelt. Dagegen gibt es für die "intangible Assets" noch keine gängigen Controllingmethoden. Hauptursache dafür ist, dass das Management weiterhin primär "Zahlen_minded" operiert. Für die"Balance of Assets" ist zum Beispiel die Kenngröße "Durchlaufzeiten" ein wichtiger Indikator für die Bewertung der Effektivität und Effizienz in der Dienstleistungserstellung. In den Produktionskosten werden die "Durchlaufzeiten" unbewertet abgebildet. Welchen Aufwand die Organisation für die "Qualität" betreibt, bleibt im Dunkeln.

### Durch Komplexität entstehen die Reibungsverluste

Das Beispiel Deutsche Lufthansa:

Unpünktlichkeit kostet 300 Millionen Euro im Jahr.
Durch die Entwicklung und Implementierung eines Tools, der stringenten Umsetzung, der daraus entstandenen Transparenz sowie der Durchführung vieler KVP's (kontinuierlicher Verbesserungsprozess) wurden die "Produktionskosten der Qualität" extrem reduziert und die Mitarbeiter- und Kundenzufriedenheit extrem gesteigert. Diese "Produktionskosten der Qualität" konnten nur unter Einbeziehung vieler Quellen und mit festgelegten Bewertungsmöglichkeiten der "Balance of Assets" erfolgen.

### Es gib noch etwas anderes als Zahlen zum Steuern

Ist die Berechnung des Unternehmenserfolges zutreffend, wenn nur die Zahlen genommen werden? Das "Unternehmensergebnis" spiegelt die Produktionskosten ohne eine Darstellung der Kosten für die "Produktion der Qualität" und deren Folgen wieder. In der Profitberechnung werden die "Produktionskosten" entsprechend der Kostenstellenergebnisse dargestellt. Was hinter den Zahlen passiert, und das ist bei der "Balance of Assets" sehr viel, wird nicht gemessen. Ob die "Produktionskosten der Qualität" hoch oder niedrig sind, ob die Effektivität und Effizienz hoch oder niedrig ist, wird nicht transparent und kann deshalb nicht bewertet werden. Alternativen zu dem nur"Zahlen_minded" Management und zu den divergierenden Zielen sind gefordert.

### Es lohnt sich, sich um die "Balance of Assets" zu kümmern

Das haben einige Unternehmen erkannt und erste Aktivitäten zur "Balance of Assets" gestartet. Noch einmal das Beispiel Lufthansa: Die Flugzeuge und Maschinen als "tangible" Assets und die Menschen als "intangible" Asset. Wo glauben Sie, waren die Einsparungen ?

## Erhöhung des Profits und der Zufriedenheit durch die "Balance of Assets"

Im Jahr 2001 hat M. Kaplan in seinem Buch die "Strategiefokussierte Organisation" den Weg zum "Balance of Assets" sehr interessant beschrieben. Die Umsetzung sollte mit dem Ersatz der Hierarchie durch das Prozessing erfolgen. Für den europäischen Raum ist dies wegen der gewachsenen mentalen Methoden nach heutigem Stand nur "mit langem Atem" umsetzbar.

## "Neue Managementsysteme" zum "Balance of Assets" gesucht!

Die Transformation der "strategischen und operativen Unternehmensziele" in "qualitative und quantitative" Ziele, die Verzahnung der "Managementprozesse" mit den "operativen Prozessen" und das "Lenken der Wechselwirkung der Prozesse in der Organisation" sind die Voraussetzungen für die kundenfokussierte Umsetzung der Strategie. Diese Managementprozesse sind wichtige Bestandteile Ihres "Service with Excellence Managementsystem". Das Management muss in der Lage sein, die "tangible" und "intangible" Assets zu lenken und zu leiten. Führen nach "Zahlen" zeigt nur auf, ob das Ziel erreicht wurde oder nicht. Die Effizienz und die Effektivität der Leistung muss darüber hinaus mittels Indikatoren in den Prozessen transparent gemacht werden. Die Effektivität und Effizienz im "Durchlauf" der Leistungserbringung hat extreme Auswirkungen auf das Unternehmensergebnis. Im Gegensatz zu den Abläufen in den tiefverschachtelten Unternehmen, wo die divergierenden Ziele jeden Fokus und jede Innovation zerstören, können in Prozessen die Effektivität und Effizienz im Zusammenspiel der beiden Assets mittels Indikatoren bewertet werden. Wissen und Kreativität der Einzelnen sind die Voraussetzung für die Innovationen in den Prozessen.

Das "Kunden- und Strategiefokussierte-Managementsystem" beinhaltet als roten Faden die Managementprozesse "Strategie und Planung", "Führen durch (kundenfokussierte) Ziele"; "Ergebnis und Kostensteuerung"," Leiten der Prozesslandschaft" und "Sicherstellung des KVP". Statt hierarchischer Führung werden "Rollen in den Prozessen" wahrgenommen.

**Managen von Zahlen (Finanz) und Indikatoren (Balance of Assets)**
Management des "Service with Excellence" zur "Balance of Assets" erfordert Führen und Lenken ("need to be in demand and encouraged", "gefordert und gefördert werden").
Kundenorientierung, präzises Wissen und Kreativität auf allen Ebenen sind die zukünftigen entscheidenden Erfolgsfaktoren. Kreativität und Chancenmentalität sind gefragt. Das Zusammenspiel der Zahlen und der Indikatoren ermöglicht erfolgreiches Prozessmanagement.

**Neue Managementmethoden bewertet nach Zahlen und Indikatoren**
Das "Kunden- und strategiefokussierte Management" bewertet hinsichtlich der "Balance of Assets" neben den "Zahlen" auch die "Indikatoren". Die Priorisierung der Entwicklung der "Indikatoren" erfolgt aus den Strategien und die Umsetzung mittels Prozessen, womit der Ablauf transparent und steuerbar wird. Die neuen Managementmethoden bedeuten die Abkehr von den bürokratischen und ineffektiven Strukturen der "tangible Assets" zu der strategiefokussierten Organisation der "Balanced Assets" auf Basis der BSC mit der Umsetzung der strategischen und operativen Unternehmensziele in qualitative und quantitative Ziele. In der Regel heißt das, von der funktional-hierarchisch ausgerichteten Organisation zu der strategischen Sichtweise mit "kurzen Wegen" und "kurzen Reaktionszeiten". Innovation und Kreativität sichern das Wachstum.

**Führung ist "Be_wirken", damit Visionen und Ideen zum "Business" werden**
Hier wird die Kongruenz von Kompetenz und Verantwortung im "Denken in Prozessen sichtbar. Führung ist "Be_wirken", dass "Arbeit zu Leistung" und "Leistung zu WERT" wird. Führung ist "Be_wirken", dass "WERT" zu Business wird. Die aktuelle Führungsaufgabe besteht also darin, die Kreativität zu nutzen, um Visionen und Ideen zu Businessthemen zu machen.

**Präzises Wissen und Kreativität sind die zukünftig entscheidenden Erfolgsfaktoren**
Auf Wissen und Kreativität basierende innovative Abläufe werden strategiefokussiert und abteilungsübergreifend in Prozessen mit der Festlegung der Verantwortlichkeiten durch Rollenzuordnung abgebildet.

**Strategiefokussierte Prozesse leben unabhängig von hierarchischen Strukturen**

Ziel der Prozessorientierung ist die Reduzierung der "Reibung" in den tiefgeschachtelten, hierarchischen Strukturen. In den Prozessen werden alle zusammenhängenden Aktivitäten einer Leistungserbringung abteilungsübergreifend in Prozessschritten festgelegt und in "Flow Charts" dokumentiert. Die "Indikatoren" und "Zahlen" werden als Prozesskennzahlen festgelegt und berichtet.

**Warum sind "15" Führungskräfte für "ihren jeweiligen Profit" und die Auftragseffizienz verantwortlich?**

Die verschlungenen Wege zur Angebotserstellung sind voller Reibungsverluste. Da bietet sich ein stringenter Prozess mit ca. 15 Schnittstellen und effektiven "Indikatoren" an. Das Prozessziel wird vom Top-Management festgelegt und mittels Indikatoren gemessen und bewertet. Die 15 Führungskräfte sind für "einzelne Prozessschritte" und die "Schnittstellen-Übergänge" verantwortlich. Sie glauben nicht, dass 15 Abteilungen an einem Angebot arbeiten? Fragen Sie einmal in Ihrem Unternehmen nach.

Durch konsequente Prozessorientierung werden alle Unternehmen transparent.

Durch die konsequente Prozessorientierung werden auch tief verschachtelte hierarchische Unternehmen schrittweise transparent und steuerbar.

**In der Prozessorientierung gibt es unterschiedliche Prozesstypen mit unterschiedlichen Einflussgrößen:**

* **"eigene Prozesse"**
  (eine Abteilung/Gruppe arbeitet alleine im Prozess)

* **"Cross Prozesse"**
  (mehrere / viele Abteilungen arbeiten an einem Prozess)

* **"Ausgelagerte Prozesse"**
  (der Prozess wird außerhalb der Unit durchgeführt)

Vom Prozesstyp ist der Management Einfluss extrem abhängig. Je mehr Manager in einem Cross Prozess als Linien-Verantwortliche teilverantwortlich sind, ist die Gesamtverantwortlichkeit unklar. Es muss das Leben des Prozesses in den Abteilungen durch Prozesskenngrößen wie "Indikatoren und Kennzahlen" transparent gemacht werden. Wer hat den schwarzen Peter ?

**Beispiel Lufthansa**: Unpünktlichkeit kostet 300 Millionen Euro im Jahr.

Wer für die Kosten verantwortlich war, wurde erst durch die stringente Eintragung in einem Tool deutlich. Mit viel Management - Attention wurden die vielen unterschiedlichen Verursacher erfolgreich zur "Reduzierung der Reibung", d.h. zur Reduzierung der "Kosten der Qualität" motiviert. Unabhängig von den hierarchischen Strukturen ist die Effektivität und Effizienz der implementierten Leistungs-Prozesse über die gesamte Wertschöpfungskette transparent und steuerbar. Die Transparenz erfolgt über die Messung der "Indikatoren", die "Steuerung" durch die Bewertung und Maßnahmenfestlegung des Managements. Präzises Wissen und Kreativität entscheiden über die Reibungsverluste an den Abteilungs- / Unit-Prozess-Schnittstellen.

**In den "Schnittstellen" liegt das verschollene "Gold" der "Reibungsverluste"**
Wie kommt man an das "Gold" heran?

Die Prozesse müssen beauftragt, geschrieben, mit "Indikatoren" belegt, freigegeben, implementiert und gelebt werden. Beim Leben der Prozesse wird die Goldgrube transparent. Für die Zielerreichung der "Reibungsreduzierung durch Prozesse" unterstützt das "Prozessschreiben" nur 20%, die "Einbindung in die Organisation" 20%", das "Messen, Wiegen und Festlegen der Maßnahmen" (10 %). Mit 50 % beansprucht das "prozessorientierte Leben" den Löwenanteil zur Verbesserung der Effektivität und Effizienz. Erst durch die Verzahnung der "Managementprozesse" mit den "operativen Prozessen" und das "Lenken der Wechselwirkung der Prozesse" wird die Umsetzung der Ziele gesamtheitlich angegangen. Das ist ein schwieriger, aber erfolgreicher Weg.

**Das Leben der Managementprozesse ist der Weg zum Erfolg**
"Der Fisch fängt am Kopf an zu stinken. "Wie der Herr, so das Gescherr!"
"Dessen Brot ich esse, ...!", sind Sprichworte im Volksmund, die auch in
den Unternehmen ihre Gültigkeit haben. Was der TOP Manager sagt und
tut ist der Richtungszeiger. Wenn bei der Prozessentwicklung nicht sofort
die "richtigen Indikatoren" festgelegt werden, ist eine Führung entsprechend der Indikatoren nicht möglich. Präzises Wissen und Kreativität sind
gefragt, um die Reibungsverluste zu minimieren.

**Führung durch Wahrnehmung der Rollen in den Prozessen**
In allen Prozessen gibt es operative Rollen und Management-Rollen. Der
Managementprozess ist der Steuerprozess des "Service with Excellence
Managementsystems". Wird dieser innovativ geschrieben und gelebt, ist
die halbe Miete schon eingefahren.

**Managementprozesse:**
Aus der BSC erfolgt die Festlegung der Prozesslandschaft und die
Benennung und Beauftragung der Prozessverantwortlichen. Die Lienen-
führung muss das "Prozessleben" sicherstellen. Die Lenkung und
Steuerung der Prozesslandschaft erfolgt gemeinsam mit den PVs.

**Eine der stärksten Veränderungen in der Organisation ist die Pro-
zessverantwortung des Managements**
Der Aufwand für den "Nutzen" und das "Leben" der Prozesse wird oft
gegen die Prozessorganisation angeführt. Doch das Gegenteil ist richtig.
Mit der wirklichen "Prozessorganisation" ist die Komplexität des Unternehmens aufgelöst. Auch eine Lösung kostet Geld und Kraft!

**Life-Cycle der Prozesse**

| Prozess Phase : | % Anteil | Rollenverantwortung |
|---|---|---|
| Prozess-Initiierung | Start | Management |
| Prozess schreiben,Indikatoren festlegen | 20% | Prozessverantwortlich(PV) |
| Einbindung des Prozesses in die Organisation | 20 % | Management |
| Messen, Wiegen und Festlegen der Maßnahmen | 10 % | PV / Management |
| Prozessorientiertes Leben | 50 % | Management / PV / MA |

**Wichtig ist die Ursache und nicht die Wirkung anzugehen!**
Ein Prozess ist nur ein Werttreiber, wenn der Prozess in der gesamten Organisation gelebt wird.

### 3.1.1 Rollen mit Prozessverantwortung versus Rollen in Hierarchien

Die im zurückliegenden Jahrhundert gelebten mentalen Methoden widersprechen eigentlich prinzipiell der Prozessorganisation. Zum einen liegt es an der fehlenden durchgängigen Kundenorientierung der Manager, zum anderen an den gering entwickelten mentalen Methoden zum Leben in der Dienstleistungsgesellschaft. Die von den Wertkonservativen "gestützte" Hierarchie versucht die "Veränderungen" zur dynamischen Dienstleistungsgesellschaft "hinterherlaufend" abzubilden. Das kann nicht gut gehen, denn daraus resultieren die divergierenden Ziele der Unternehmen und die Ausblendung der Fokussierung auf den Durchsatz.

**Nichts Neues! Der Qualitätsbeauftragte ist für "Qualität" und das Management für den "Ablauf" verantwortlich. Wer steuert denn heute den Ablauf?**
Wenn das Unternehmen "Zahlen_minded" geführt wird, wird das "schlechte" Gewissen durch die Delegation der "Zuständigkeit für Qualität" beruhigt. Seit 1987 gibt es deshalb in zunehmendem Ausmaß in vielen Unternehmungen entsprechend den ISO-Normen und vielen Beraterkonzepten einen "Qualitätsbeauftragten". Was der im Unternehmen "macht", weiß explizit keiner! Der Qualitätsbeauftragte ist "halt" für die Qualität verantwortlich. Alle Jahre wieder wird ein Audit und Assessment terminiert, wobei die Managementabläufe mit den operativen Prozessen verknüpft dargestellt werden müssen. Ein show case für den Auditor.

**Es entsteht viel Reibung in den verschachtelten Unternehmen.**
Viele Manager führen weiter nach Zahlenzielen ohne Berücksichtigung des "Durchsatzes". Unter diesen Bedingungen erhalten sich Strukturen, die nur die Aufgabe haben, die unterstützenden Maßnahmen zur Aufrechterhaltung der "Hierarchie" durchzuführen. Was ist jedoch mit dem "Durchsatz?" Was ist mit dem Profit? Was ist mit den "anfallenden" Kosten? Ist die hierarchische Führung mittlerweile nur noch eine "Hack-

und Pick-Ordnung", ohne durchgängige, transparente Ziele, ohne durchgängige Kundenorientierung und ohne Gesamtfokus auf den "Durchsatz" Profit?

Der "Durchsatz der Organisation" ist in den tief verschachtelten hierarchischen Unternehmen mit den vielen Abteilungsübergängen und damit Schnittstellen nicht mehr direkt fühlbar und somit transparent. Die Kosten der "Produktionskosten der Qualität" steigen mit jeder nicht beherrschten Schnittstelle "überproportional" an. In welchem Zustand sich die Hierarchie befindet, erkennen Sie an einem Zitat aus den 70iger Jahren:

**Wenn Sie glauben, dass ein Abteilungsleiter eine Abteilung leitet, dann glauben Sie auch, dass ein Zitronenfalter Zitronen faltet**
Was muss sich ändern, damit die Abläufe auch im "Durchsatz" transparent und steuerbar sind?

**Die Organisation ändern? Nein: Die Umorientierung muss beim Management beginnen!**
Die Entwicklung einer durchgängigen Prozesslandschaft mit entsprechenden Managementprozessen und operativen Prozessen ist die Basis des "Service with Excellence Managementsystem". Die "durchgereichten" Ziele müssen als Führungsmedium zum "en_abel" aller Mitarbeiter genutzt werden. Durch Strategiefokussierung aller Prozesse und einer "etablierten Kundenorientierung" in der Organisation können alle Mitarbeiter in festgelegten Rollen an der "Reduzierung der Reibungsverluste" erfolgversprechend mitarbeiten. "Administrative Abläufe und funktionale Hierarchie" sowie "schnelle, innovative Prozesslandschaften und die Prozessorganisation" gehören zusammen.

**Auf zu schnellen, innovativen Prozessen! Aber: Ohne klare Regeln kein "Change of rules"**

**Regel 1:**
Das "Service with Excellence Management System" besteht aus Management- und operativen Prozessen. Alle Funktionen im Prozessmangement werden in Rollen abgebildet. Eine Person kann mehrere Rollen übernehmen. Sie muss sie jedoch kennen und wahrnehmen. Die Managementabläufe zur Umsetzung der Strategie bis zum Lenken der

Prozesslandschaft sind Bestandteil der Managementprozesse des Managementsystems.

**Die Strategie-, Kunden-, - Kosten und Ergebnismanagement-Abläufe werden in Rollen abgebildet**

**Regel 2:**
"Sagen, was man tut und tun, was man sagt", sollte jedermann Ziel im Leben sein. Ob das so ist, wird in Prozessen schnell durch "gut gesetzte Indikatoren" transparent.

**Die Rollen machen die originären Aufgaben von "Lenken und Leiten" transparent und umsetzbar**
Die Rollen des Managements im Life-Cycle des Managementsystems:

- Das TOP- Management ist für die Prozesslandschaft, die Freigabe, die Überprüfung mittels "Indikatoren", Maßnahmenfestlegung und Wirksamkeitsprüfung sowie insgesamt für die Lenkung der Wechselwirkung der Prozesse verantwortlich.

- Die Linienführung (LF) ist für das "Leben" aller Prozesse in ihrem Bereich des Unternehmens verantwortlich.

- Als "Prozessverantwortlicher (PV)" für die Management-prozesse ist ein Top-Manager zu benennen.

**Nicht Rollen versus Hierarchie sondern Managementrollen im Managementsystem**
Eine "Top down" - Implementierung der Prozessorganisation ist der "Königsweg". Benennen Sie eine Führungskraft aus dem engsten Führungskreis zum Verantwortlichen des "Service with Excellence Management Systems". Die für die Ziel- und Kundenfokusierung wichtigen Managementabläufe werden in Prozessen mit der Festlegung der Verantwortlichkeiten durch Rollen abgebildet. Die Zielfokussierung der Prozesslandschaft erfolgt durch die Managementprozesse "Strategie und Planung", "Führen durch Ziele" und der "Ergebnisorientierung".

**Schnelle, innovative Prozesse und die Prozessorganisation gehören zusammen**

Die Themen und die Zielvorgaben der Prozesslandschaft kommen vom TOP Management. Die Prozessabläufe werden vom Wissen und der Kreativität aller Mitarbeiter partizipieren. Prozesse mit klaren Zielen führen kurzfristig zu klaren Abläufen.

**Das Wechselspiel der Managementprozesse und der operativen Prozesse ist der Königsweg**

Die Prozessinitiierung, die Prozessfreigabe, Reaktionen bei Eskalationen und die Festlegung von Maßnahmen bei Prozessabweichungen sind "Rollen des Managements" in operativen Prozessen.

**Der Q-Beauftragte ist bisher immer das fünfte Rad am Wagen. Lenken Sie als Manager die Qualität und den "Durchsatz"**

Kurz vor und kurz nach den Zertifizierungen über Audit / Assessment sind die Abläufe "Normkonform", scheinbar "egal", was das bedeutet. Danach wird wieder zur Tagesordnung zurückgekehrt und"Zahlen_minded" weitergearbeitet. Daraufhin, bei den ersten Eskalationen aus den Prozessen ohne vereinbarte Reaktionen des Managements, schwindet die Prozessorientierung der Mitarbeiter wieder. Die nächste Audit - Vorbereitung ist dann als Show case immer schwieriger.

**Bei ISO-Normen oder EFQM Assessment ist ohne Management - Attention keine Kontinuität zu erzielen**

Wenn Sie einen "Qualitätsbeauftragten der obersten Leitung" entsprechend der ISO 9000-Normen etabliert haben, ist dessen Mitarbeit zum Aufbau der Prozessorganisation sehr zu empfehlen. Er kennt die "Benefits and Concerns" der operativen Prozesse im gesamten Unternehmen. Jedoch ohne etablierte Managementprozesse ist er vom "Wohlwollen der Führung" bei der Maßnahmen-Festlegung der Prozesse abhängig und scheitert meistens kläglich. Gewiss "voll motivierend" für die Belegschaft! Viele etablierte Abläufe sind primär zu Abbildung der Firmenstruktur ohne Rücksicht auf den "Durchsatz" in der Organisation entstanden. Die Unklarheit der Verantwortung zur Maßnahmendefinition in der komplexen Organisation gibt dem Projekt den "Rest".

Nochmals klar und deutlich: Die Verantwortung des "Service with Excellence" mitsamt dem "Lenken und Leiten" der Managementprozesse und operativen Prozessen muss bei einer Führungskraft aus dem engsten Führungskreis liegen.

**Die Umsetzung der Aufgaben erfolgt über die Rollenzuordnung in den Prozessen**

**Die Verantwortung des "Service with Excellence" liegt im engsten Führungskreis**

Rollen - Gremien der Prozessorganisation:

1) Regelmeeting: TOP-Management mit den Rollen in den Managementprozessen und operativen Prozesse.
   - Rollen in den Managementprozessen
   - Rollen beim Initiieren der Zielfokussierung der Prozesse
   - Rollen bei der Festlegung der Zielgrößen der Indikatoren und Zahlen
   - Rollen der Eskalationen aus den operativen Prozessen.

2) Regelmeeting: "Business Verantwortliche" des Teilunternehmens / der Unit mit den Rollen in den Prozessen.
   - Rolle, dass alle Prozesse im jeweiligen Verantwortungsbereich implementiert, angewandt und verbessert werden.
   - Rolle im Prozessmanagement ist das Führungsinstrument.

3) Regelmeeting: Die Prozessverantwortlichen im Unternehmen mit den Rollen in den Prozessen.
   - Rollen der Designverantwortung, Implementierung und Durchführung des KVP.
   - Rollen für Konsolidierung und einheitliche Bewertung der Kennzahlen.
   - Rollen für die Eskalation der Zielgrößen beim Top-Management.
   - Kontrollierter Status der Maßnahmen bei Abweichung.

4) Regelmeeting: Prozessverantwortliche im Teil-Unternehmen
   mit den Rollen in den Prozessen
   - Rollen für Abstimmung der Prozesse, Implementierung
     und Durchführung KVP in dem Teilunternehmen.
   - Festlegung und Überprüfung der Zielgrößen der Kenn-
     zahlen, Messung der Einhaltung des Prozesses.
   - Rollen für die Eskalation der Zielgrößen beim Teil-
     Unternehmen-Management.

Bei der Implementierung sind weitere Gremien, die die Sensiblisierung für
die notwendigen Maßnahmen unterstützen, notwendig.

### 3.1.2    "Top down"-Commitment

Ohne dauerhaftes "Top down" - Commitment  ist eine "lebende
Prozessorientierung" nicht zu erzielen. Sprechen Sie stellvertretend für ein
stolzes und entschlossenes Unternehmen. Sie beherrschen die guten, alten
Regeln der Unternehmensführung. Die Kultur der Prozessorientierung
steht uns gut, denn unserem Kernsatz, "die Zufriedenheit unserer Kunden
pflegen wir ganz besonders gründlich zu beachten", entspricht "unserem"
Programm:

**"Mit "Qualität ohne Reibung" für die Erhöhung der Wettbewerbs-
fähigkeit und des Profits"**
Wir haben das Ziel, die "Produktionskosten der Qualität" zu senken und
die "Innovationen" zu stärken. Damit erreichen wir eine "hohe
Mitarbeiterzufriedenheit" und ebenso eine hohe "Kundenzufriedenheit".

**Wie erreicht man die Synergieeffekte der "Reduktion der Reibung"?**
Die Energie, die für den Zusammenhalt und die gemeinsame Erfüllung von
Aufgaben zur Verfügung steht, nennt man Synergie. Neben Synergie spielt
die Selbstorganisation eine entscheidende Rolle. Sie spiegelt sich im
Gändseflugmodell wieder. Synergieeffekte sind die positiven Wirkungen,
die sich aus der Zusammenarbeit in Prozessen verschiedener Ab-
teilungen/Einheiten ergeben.

**Persönliche Grenzen überwinden lernen geht nur über den Weg des persönlichen Erfolges**

"Der Führungskraft zittern die Knie, die Hände verkrampfen, der Schweiß rinnt über das Gesicht". Grund ist, dass die Top-Management-Führung durch Gruppendynamik und Teamorientierung ersetzt wird; kurzgefasst, im Unternehmen wird Prozessorientierung eingeführt. Die Führungskraft wacht auf, zum Glück ist es nur ein "Alptraum".

Aber klare Frage: Wie stählt man das Nervenkostüm? Wie bekämpft man die Ängste und tankt Selbstvertrauen? Die Absicherung im zielorientierten Prozessteam hilft da wenig. Stattdessen müssen die Prozessaufgaben der "Führungskraft" in Rollen abgebildet werden. Gerade die Leitbildfunktion ist in unserem Kulturkreis von hoher Bedeutung. Da müssen Sie ran!

**Ihre Leitbildfunktion entscheidet über den Erfolg der Prozessorientierung**

Springen Sie über Ihren Schatten, erkennen Sie Normen und Methoden als "best practice" an, auf die man aufbauen muss. Sichern Sie die Ihrem Managementsystem den Mindestpulsschlag der Gesellschaft. Ihre Schlagzahl soll aber niemals niedriger als die der Konkurrenz sein, denn auch der Wettbewerber kennt den Mindestpulsschlag und will natürlich auch der "Beste" sein.

**Ohne Commitment des "Mindestpulsschlags" und dem "Pulsschlagziel" Ihres Managementsystems geht nichts!**

Der Ist-Status und die Soll-Ziele müssen allen Mitarbeitern und Führungskräften "klar" sein. Klar sein heißt, dass auch der Weg zum Ziel nachvollziehbar ist und Vertauen aufgebaut wird.

Damit beschreiten Sie die verschlungenen Wege, auf denen es "solange braucht", um ihre Strategie "wie auch immer", umzusetzen. Man muss hierbei Abschied nehmen von der "Administration der Teilaufgaben" in den Gruppen / Abteilungen und sich auf das Lenken und Leiten des Gesamtablaufes im Unternehmen konzentrieren.

**Es geht um die Umsetzung Ihrer "Business Prozesse"**

Hierbei entscheidet sich, welche Zeitspanne die Umsetzung Ihrer Strategieveränderungen in Anspruch nehmen werden. Was muss wo und wie durchgeführt und koordiniert werden? Eines sollte hierbei beachtet werden: Mit der großen Dusche geht es nicht. Bei der Prozessorientierung muss das Top-Management uneingeschränkt "dahinter_stehen" und das Prozess Management als Führungsinstrument "vor_leben" und "anerkennen". Die Ziele müssen transparent und nachvollziehbar sein. Die Anforderungen an das "Commitment" der Führungskräfte und Mitarbeiter sind unterschiedlich. Bei "beiden Gruppen" geht es jedoch um Wege zur Reduktion der "Reibung".

**Reibung entsteht für die Mitarbeiter bei der Arbeit und bei den Führungskräften bei der Führung**
Die Anforderungen an die Mitarbeiter und die Führungskräfte haben sich durch die vielen Schnittstellen in der Organisation verändert. Durch die extreme Spezialisierung entstanden viele Schnittstellen, so dass kaum noch ein Mitarbeiter diese im Rahmen seiner Aufgaben und Möglichkeiten bedienen kann. Führung heute hat kaum noch Einfluß auf die Zielerreichung, da viele Einheiten über Schnittstellen nur an ihren Zielen arbeiten. Das Resultat sind divergierende Ziele. Ist das noch voll motivierend?

Die Veränderung zur Dienstleistunggesellschaft im Zusammenhang mit den Anforderungen durch die Globalisierung müssen mit einem ausgeprägtem Komplexitätsmanagement angegangen werden. Es geht um Menschen, deren mentale Methoden verändert werden sollen, sowie um die Verbesserung der "Umsetzungsgeschwindigkeit" von der Strategie in Werte. Die Globalisierung hat den "glokalen" Markt − lokal und global zugleich - "schnell, preiswert und sicher" eröffnet.

Schon heute die Lösungen für die Anforderungen vom morgen bereitstellen, das ist die komplexe Herausforderung der nächsten Jahre. Die Vernetzung der Welt wird weiter zunehmen, die Anforderungen müssen in allen Organisationen gemeistert werden. Bei diesen Anforderungen kegeln sich komplexe Unternehmen "schnell" und "Preiswert" aufgrund der verschachtelten Strukturen und den "Kosten für die Produktion der Qualität" aus dem Markt.

**Vom "Denken in Hierarchien" zum "Denken in Prozessen" ist eine der größten Herausforderungen der Globalisierung**
Ausgehend von einer hierarchischen Struktur sind die mentalen Methoden der Führungskräfte und der Mitarbeiter vom "Denken in Hierarchien" zum

"Denken in Prozessen" zu transferieren. Leicht gesagt! Die Verlagerung der Umsetzungsverantwortung von der Hierarchie in die Prozessrollen und das dazu notwendige Rollenverständnis sind Grundvoraussetzung für jedes Unternehmen, um gleichzeitig die Verbesserung des "Durchsatzes" anzugehen. Diese mentalen "Innovationen" sind nur über den "Selbstantrieb aller Prozessteilnehmer" zu erzielen. Das ist das Denken in Selbstorganisation!

**Bei Prozessorientierung werden die "Organisationskosten" gesenkt und der "Durchsatz" verbessert**
Heute versteht kaum noch ein Mitarbeiter die Ziele des Unternehmens, die er beeinflussen kann oder soll. Aber in seinem "Arbeitsumfeld" kennt er "Benefits" und "Concerns" wie seine Westentasche. Wenn die Ziele des Unternehmens kaskadenförmig bis zur Arbeitsgruppe des Mitarbeiters heruntergebrochen werden, kann er sein praktisches Wissen über die Abläufe einbringen.

**Der Mitarbeiter weiß, ob die Arbeitsabläufe innovativ und kreativ sind**
Er kennt für "seine Aufgaben" seinen Input und den Inputgeber. Er weiß, ob "seine Verarbeitung" mit dem Input problematisch oder unproblematisch abläuft, ob die Koordination der Umsetzung ein "Gau" oder "keinen Gau" verursacht, wie und an wen er den "Output" liefert und an wen er was in welchem Falle eskaliert. Hat Innovation und Kreativität hierbei einen Stellenwert, oder muss der jetzt geschaffen werden?

**Über "Top down" der Ziele und "Bottom up" der "Ablaufüberprüfung" zur Prozessentwicklung**
Wenn jeder seinen Input, seine Verarbeitung und seinen Output analysiert, der den nächsten Takt zum Input hat, dann werden Verbesserungsmöglichkeiten transparent. Die Transparenz der einzelnen Schritte wird in der "Gruppe" diskutiert, Maßnahmen werden definiert und auf Abteilungsebene besprochen.

**Das Controlling muss die Prozesskosten und die "Produktionskosten der Qualität" ermitteln**
Beim "TOP down" der Ziele sind auch die Messmethoden festzulegen. Gegenwärtig hat das Controlling wenig Möglichkeiten, den "Durchsatz"

und die "Produktionskosten der Qualität" transparent darzustellen. Das Controlling muss die Prozesskosten ermitteln können. Das ist ein ganz neues Aufgabenfeld.

**Wie ist der Selbstantrieb aller Prozessteilnehmer zu erzielen?**
Ein Prozessteam hat ein gemeinsames Ziel. Die Messmethoden der "Prozess-Erfolgs-Messung" sind bekannt. Die Verantwortung für die Zielfokussierung des Prozesses hat der "Durchführende" des Prozessschrittes. In den Rollen sind nicht nur die Arbeitsinhalte sondern auch die Verantwortlichkeiten festgelegt. Wenn die Reibung bei der Zusammenarbeit der Mitarbeiter reduziert wird, ist die Mitarbeiterzufriedenheit nur noch eine Frage der Zeit und damit ein wichtiger Schritt zum "Heben des Goldschatzes" !

**Die Führungskraft muss loslassen können und das Prozessmanagement als Führungsmanagement nutzen**
Die Rollen in den Prozessen verändern die Anforderungen an die mentalen Methoden der Führungskräfte extrem. Der Manager ist für das "Leben" aller Prozesse in seinem Verantwortungsbereich verantwortlich und wird auch daran gemessen. Bei der Wechselwirkung der Prozesse ist er für die Effektivität der Prozessschritte in seinem Geltungsbereich und damit auch für den Erfolg der "Durchsatzverbesserung" durch die "Prozess-Landschaft" mit verantwortlich.

**Wenn alle Rollen ordnungsgemäß wahrgenommen werden, wird der "Selbstantrieb" schnell erzielt**
Glauben Sie mir, der "Gänseflug" macht allen Beteiligten viel Spass, da er erfolgreich ist.

**Der "Selbstantrieb" in den "Globalen Unternehmen" in der Triade**
Die globale Dienstleistungsgesellschaft hat unterschiedliche Rahmenbedingungen und trifft auf verschiedene mentale Methoden in der Triade. In jedem Land müssen aus dem jeweiligen landesüblichen Kulturkreis Sender / Empfänger für das "Denken in Prozessen" zwecks Funktionalität des Globalisierungsnetzwerk entwickelt werden. Die Frage der mentalen Methoden zum Management globaler Dienstleistungsunternehmen ist somit nicht in einem, sondern in allen Kulturkreisen zur Aufgabe geworden. Bei Mitarbeitern ist die Veränderung der mentalen Methoden inner-

halb des Kulturgutes über den "Selbstantrieb" möglich. Bei globalen Prozessen sind die unterschiedlichen Grundlagen zu bedenken.

**Ohne Rollenverantwortlichkeiten ist kein "Glokaler Prozess" wirtschaftlich lebbar!**

**Komplexitätsmanagement und "Denken in Prozessen" als Commitment des TOP-Managements**

Sechs Phasen zur Entwicklung der mentalen Methoden zum "Denken in Prozessen" im Unternehmen:

**Start:** Commitment zum Lenken und Leiten des Komplexitätsmanagement "Denken in Prozessen". Proklamation "Mindestpulsschlag" und "Pulsschlagzahl Ihres Managementsystems"."Staffing" und Meilensteinplanung des Komplexitätsmanagement "Denken in Prozessen". Was sind die mentalen Methoden der Prozessorientierung? Was triggert wen?

**Konzept:**

Phase 1 Entwicklung der "mentalen Methode" des Unternehmens Prozessrollen als Führungsinstrument, Struktur und Zielvereinbarungen Aufbau der Controllingfunktionen zur Erfolgsmessung.

Phase 2 Analysieren / Optimieren des Leadership's für die mentale Methode "Denken in Prozessen". Prozesslandschaft, Prozessverantwortung, Prozessrollen als Leadership.

Phase 3 "TOP down" - Kaskadierung der Ziele und "Bottom up" der Prozessentwicklung. Strategiefokussierung aller Prozesse.

122

**Umsetzung :**

Phase 4    Realisieren einer geschäftsfeldübergreifenden "Prozesslandschaft".Synergien, Innovation und Kreativität sicherstellen. Benennung der Prozessverantwortlichen und Freigabe der Prozesse durch das "Top Management".

Phase 5    Bündelung der Aktivitäten zur Implementierung der Prozesslandschaft."Roll out Planung".

Phase 6    "Umsetzung" und "Leben" der Prozesslandschaft und der Prozesse.

Wichtig ist die offene und gleichberechtigte Kommunikation mittels der Kommunikationskaskade vom Start über die Phasen 1 - 6. Bloßes informieren reicht nicht aus um das Vertrauen aller Beteiligten sichzustellen. Die Transformation wird im Verlauf des Buches später nochmals behandelt.

**Ein derartiges Komplexitätsmanagement kann ein, zwei oder drei Jahre benötigen**

Ein anzustrebendes Ziel ist ein Jahr mit dem "Service with Excellence Management System".
Die Erfolge sind schon in den "Umsetzungsphasen" transparent.

**3.2    Was muss Ihr "Service with Excellence Management" als roten Faden sicherstellen**

**Eine Metapher aus der Reformation:**
Der Reformator Martin Luther (1483 - 1546) wollte der Heiligenverehrung ein Ende setzen. Der Heiligenverehrung ein Ende zu setzen, ist eine Sache, den erwartungsfrohen Kindern aber zu erklären, das es aus theologischen Gründen keinen Nikolaus und damit fatalerweise auch keine Geschenke mehr geben sollte, ist eine ganz und gar andere Sache.

**Die Lösung des komplexen Problems durch Martin Luther: Das Christkind wurde "entwickelt"**
Was sagt Ihnen die Metapher?

**Die Lösung für "Ihre" komplexen Probleme: Entwicklung Ihres "Service with Excellence Management System"!**
Das Unternehmen benötigt keine Führungskräfte, die Zahlen_minded die "Produktionskosten der Qualität" außer Acht lassen und nur ihren "kleinen Part" sehen. Es geht um den konsequenten Versuch, die Durchlaufzeiten zu reduzieren und die Aufwendungen rund um die Schnittstellen zu minimieren. Die Prozessorientierung sichert den "Gesamtfokus" auf die Dienstleistungserstellung.

**Ihr Commitment ist die Voraussetzung zur Neuorientierung**
Das Commitment des TOP- Managements zur Prozess-Orientierung und der Anerkennung des Prozessmanagement als alleiniges Führungs-instrument ist die Grundlage des "Service with Excellence Management Systems" zur Steuerung der "Blackbox der Leistungserbringung".
"Wasche mich, aber mache mich nicht naß?", klappt bei der Prozessorientierung (wie wir leidlich erfahren mussten) nicht. Ein Weg, um in Erfahrung zu bringen, wie sich "Ihr Commitment" im Unternehmen auswirkt, ist der direkte Kontakt zur übernächsten Ebene, um zu "erleben", was dort ankommt.

**Nicht die Leitbildfunktion alleine entscheidet über den Erfolg der Prozessorientierung, sondern auch der permanente Regelkreis von "Top down" und "Bottom up"**
Das Managementsystem funktioniert nicht "Bottom up", sondern im permanenten Regelkreis von "Top down" und "Bottom up" mit der Steuerung der "tangible und intangible Assets". "Top down" erfolgen die Zieldefinition und die kontinuierliche Zielüberprüfung der Indikatoren und der Zahlen. "Bottom up" sind die Prozessschritte entsprechend der Zieldefinition zu entwickeln und zu dokumentieren.

**Wichtig ist, dass der gemeinsame Erfolg gemessen und vom Management bewertet wird**
Die Freigabe der Prozesse führt das Management durch. Das Leben der Prozesse erfolgt dann gemeinsam in den Rollen. Der Pfad der Prozesse und

die gemeinsamen Ziele sind damit transparent und bekannt.

**Geben Sie nicht auf, es geht um die Hebung des "Goldschatzes" in Ihrem Unternehmen**
Mit der Festlegung des "Pulsschlages Ihres Managementsystems" werden die anstehenden Organisationsänderungen definiert. Der Zielfokus muss in die Prozessorganisation transparent übertragen werden. Das Top-Management muss sich die Kompetenzen aufbauen, um die Wechselwirkung der Prozesse durch "starke" Prozessverantwortliche lenken und leiten zu können. Die "Kaskadierung" der Ziele "TOP down" sichern den Input für die Prozesse.

**Das Leben der Prozesslandschaft durch Managementattention sicherstellen**
Sie müssen die zielfokussierte Anwendung der uralten Methode E V A (Eingabe / Verarbeitung / Ausgabe) in den Geschäftsprozessen, Gruppen / Abteilungen übergreifend, sicherstellen.

**Alles wieder einfach machen! Practice your smile!**

Kaskade von der Strategie zum kontinuierlichen Verbesserungsprozess und zurück zur Strategieüberprüfung.

• Strategie
  • Ziele
    • Prozesse
      • Kennzahlen
        • Kontinuierlicher Verbesserungsprozess

Der Weg von der Strategie zur Kennzahl und zurück muss vom TOP-Management mittels Regelungen der Verknüpfung der Managementprozesse und operativen Prozesse auf Basis der "best practice" festgelegt werden. Die Überprüfungen der Prozessziele sind im TOP-Management kontinuierlich durchzuführen.

**Willkommen in der Wirklichkeit - Sie sind bei den richtigen Einsichten angekommen!**

**Als permanente Kernaufgabe ist die mentale Methode "Führung im Prozessmanagement" zu definieren und zu überprüfen**

Sie brauchen eine Allianz für die Erneuerung Ihres Unternehmens. Die müssen Sie in umfassenden Organisationsänderungen auf den Weg bringen, um Ihre Spitzenposition im globalen Wettbewerb zu sichern. Alle Führungskräfte und Mitarbeiter müssen sich den Prozesszielen unterwerfen. Deshalb muss eine...

**Allianz zur Prozessorientierung muss im Unternehmen gebildet und gefördert werden.**

Die Allianz wird aus dem TOP-Management, den Führungskräften, den Prozessverantwortlichen und den Mitarbeitern gebildet und permanent überprüft.

**Ohne "Mindestpulsschlag" aus Normen und Gesetzen haben Sie keine "gesellschaftliche" Basis**

Sie müssen sicherstellen, dass Sie den "Mindestpulsschlag" aus Normen und Gesetzen kontinuierlich überprüfen und ggf. Veränderungen durchführen. Sonst sind Ihre "Zielerreichungswege" schnell wieder ohne "best practice"-Basis. Und dann sind Sie wieder dort, wo Sie schon waren.

**Ohne Sicherstellung des Zielfokus Ihres "Service with Excellence Management System" ist die Unternehmensführung eine "ruderlose" Reise**

Klare Aufgaben sind der Abbau des bürokratischen Ballastes, die Eliminierung der "Reibung in der Organisation" und der Aufbau der Kostenerfassung der "Produktionskosten der Qualität" im Controlling. Es geht aber nicht darum, die Hierarchien kaltzustellen oder zu eliminieren, sondern die kundenorientierten Managementaufgaben in die Prozessrollen zu überführen. Dabei wird das Mittelmanagement von den Hierarchie unterstützenden Aufgaben entrümpelt.

**Ohne wirkliche Prozessorganisation gibt es keine Änderung**

Je heterogener das Prozessteam, desto besser das Ergebnis. Alle Beteiligten an einem Prozessablauf vom Controller bis zum Techniker haben ein Ziel.

**Keine Wirkung ohne den Aufbau der Controlling-Funktionen entsprechend des Durchsatzziels**

Die Abbildung in "Kostenstellen" und "Prozesskostenstellen" sind die Voraussetzung.

**Ein Prozess kann neben Indikatoren auch Zahlen zum Ziel haben**

In den Prozessen werden die Methoden und Verfahren für das Unternehmen festgelegt. Wichtiger Bestandteil ist die "Transparenz" der "Produktionskosten der Qualität" und des "Durchsatzes". Jeder Prozess hat ein meßbares Prozessziel des TOP-Managements. Der Prozessverantwortliche verantwortet das Design, die Implementierung in den Units und die Durchführung des KVPs des Prozesses. Er berichtet dem Topmanagement kontinuierlich über den Erreichungsgrad des Prozesszieles und den Status der Maßnahmen bei Zielabweichungen. Die Termine der Berichte sind stringent einzuhalten.

**Beispiel Lufthansa: Unpünklichkeit kostet 300 Millionen Euro im Jahr**

Kontinuierliche Berichte über die Zielerreichung der Erhöhung des Durchsatzes und der Kostensenkung sind der Schlüssel zur Erreichung gemeinsamer Prozessziele.

**Der kreative Fokus der Prozesse ist schwierig zu managen**

In Prozessen können verschiedene Ziele angegangen und gemessen werden. Daher ist die Übertragung der Strategie in die BSC kein formaler Akt, sondern die Darstellung der "Zahlen_minded" - Ziele in verschiedene Ansichten. Die "Ausgestaltung der Sichtweisen" ermöglicht die Umsetzung in die Ziele für die Organisation.

**Der letzte, aber wichtige Hinweis für Ihren roten Faden**

Setzen Sie nie etwas außer Kraft, bis das "Neue" implementiert und freigegeben ist. Dabei sind die Regeln "Nie grüne Wiese" und "Kontinuität des Mindestpulsschlag" einzuhalten:

Versuchen Sie nie auf einer "grünen Wiese" zu bauen! Nutzen und bewerten Sie zielgerichtet alle Erfahrungen im Unternehmen, um die möglichen Synergien zu heben und kontinuierlich weiterzuentwickeln.

### 3.2.1 Umsetzen von Vision und Strategie mittels BSC in Ziele und Meßgrößen

**Strategien der "OLD Economy" und der "NEW Dienstleistungsgesellschaft" im Vergleich**

Nochmals zurück zur "Old Economy". Die Frage damals war, wie steigere ich durch möglichst niedrige Preise mein Produktionsvolumen. Das gute Ergebnis wurde durch zunehmende Erblindung gegenüber möglichst allen Stufen der Wertschöpfungskette erzielt und durch Rationalisierungsmaßnahmen permanent verbessert. Die Ergebnisverbesserungen wurden durch die Rationalisierungen erreicht. Die Veränderungszyklen betrugen 5 bis 7 Jahre.

**Der Unternehmenserfolg wird sich in Zukunft nicht "nur" auf Rationalisierungen stützen können**

Wie steht es heute? Die Dienstleistungsgesellschaft hat mit der Informations- und Telekommunikationstechnik die klassischen Organisationsformen der "Old Economy" mindestens in Frage gestellt. E-Business Themen wie E-Commerce, E-Procurement und ITC-Outsourcing zeigen, dass ein Unternehmen nicht mehr möglichst viele Stufen der Wertschöpfungskette selbst abdecken muss. Die Partner stehen weltweit über das Netz zur Verfügung. Der Veränderungszyklus kann täglich erfolgen.

**Mission: Mit neuen Organisationsformen die "Reibungsverluste an den Schnittstellen" zu "Gold" machen**

Nur das Zusammenspiel der "tangible" und "intangible" Assets sichert den Unternehmenserfolg. Nur wer Mensch, Maschine und Technologie optimal verknüpft, hat in der Dienstleistungsgesellschaft dauerhafte Marktchancen.

**Die "Produktionskosten der Qualität" haben den gleichen Stellenwert im Unternehmen wie zuvor die Rationalisierungen**

In Zeiten der weltweiten Vernetzung müssen die "Produktionskosten der Qualität" den gleichen Stellenwert im Unternehmen einnehmen wie zuvor die Rationalisierungen der "Old Economy". Die vielen Schnittstellen müssen zu "Nahtstellen" werden, sonst sind die Reibungen zu hoch. Hinter den "Produktionskosten der Qualität" verbergen sich viele Aufwendungen, die an den Übergängen von Arbeitsabläufen in den komplexen Organisationen durch "Reibung" entstehen.

**Beratungsgesellschaften helfen bei der "Strategieumsetzung" in das "Service with Excellence Management System" wenig**

Denken Sie immer daran, dass Sie "Ihr" Managementsystem entwickeln wollen. Sie wollen das "Time based Management" in der Organisation, um den "schlechten Durchsatz" anzugehen. Die Zielfokussierung ist eine TOP-Management Aufgabe. Bei der Umsetzung ist eventuell Coaching und Moderation als Unterstützung dienlich.

**Eine Strategie ist nur eine gute Strategie, wenn sie auch umgesetzt wird**

Viele Strategien sind gescheitert, weil sie nicht in dem geplanten Zeitrahmen umgesetzt werden konnten. Auch funktioniert das altbekannte Verhältnis zwischen Auftragnehmer und Auftraggeber nicht mehr. Wer heute erfolgreich sein will, braucht Expertenteams mit Selbstverantwortung. Ob diese aus dem "Netz" oder "intern" vorhanden sind, ist zwar Ihre Entscheidung, hat aber für die Strategieumsetzung keine besonderen Auswirkungen. Die "Klärung der Schnittstellen" der vernetzten Experten muss ebenso wie für die "internen" Experten erfolgen. Entscheidend ist, dass der Wandel schnell abgebildet werden kann. "Expertennetzwerke" mit zielfokussierten Prozessrollen können eine Organisationsform für die Umsetzung der Strategie sein, wenn die Mitarbeiter und Experten ihre Rollen verstehen, akzeptieren und leben.

**Der Status der Mitarbeiter erhält einen neuen Stellenwert**

Das Expertenwissen und die Kreativität der Mitarbeiter sind Basis der notwendigen Innovationen in den Bereichen Produktentwicklung, neue Dienstleistungen und den Arbeitsabläufen. Je schnellebiger die Zeit, desto wichtiger das "intangible" Asset, das "Humankapital". Das Netzwerk bzw. die Prozessorganisation muss die "aktuellen Reibungsverluste" in "Reibungsgewinne" verwandeln. In den Prozessteams sitzen viele Experten mit dem know how ihres Fachgebietes mit anderen Experten mit ihrem know how ihres Fachgebietes zusammen. Zwar werden verschiedene Ansatzpunkte in der Diskussion der Prozess Schritte eingebracht, aber alle Kräfte müssen auf die Erreichung des Prozessziels ausgerichtet sein.

**Die Strategie und das Geschäftsmodell in der BSC**

Die Strategie des Unternehmens kann bei der zuvor schon vorgestellten BSC in vier Kriterien abgebildet werden, aber nur das von Ihnen gewählte

Geschäftsmodell führt zu den entsprechenden Abhängigkeiten in den Kriterien der Balanced Scorecard. Bei der Entwicklung der Strategie sollten Sie deshalb die BSC-Kriterien als Steuerungsgrößen mit einbeziehen.

**Vorschläge der Balanced Scorecard Kriterien Ihres "Service with Excellence Management System":**
* Kriterium "Finanzen / Ergebnis"
* Kriterium "Produktivität / Prozesse"
* Kriterium "Marktposition / Kundenbindung"
* Kriterium "Innovation / Mitarbeiter"

Bei dieser Auslegung der BSC-Kriterien ist die Umsetzung in der Organisation schon deutlich vorgezeichnet. Dennoch geht die Ausfüllung der Kriterien als Basis für die Umsetzung viel tiefer als nur "Zahlen_minded". Die Prozessindikatoren und die Prozesszahlen spiegeln den "Durchsatz" wieder. Sie müssen die Chancen und Risiken der Prozesse bewerten und die Messzahlen und die Indikatoren festlegen, um die Vorteile der Prozessorganisation nutzen zu können.

**Das Kriterium "Finanzen / Ergebnis" ergibt sich im Dienstleistungsunternehmen primär aus den Kriterien**
* Produktivität / Prozesse
* Markt / Kundenbindung
* Innovation / Mitarbeiter

Wenn die Kosten aufgrund der Prozesse und der guten Ausbildung der Mitarbeiter um 10 % reduziert wurden, dies einen Großauftrag ermöglichte und sich dadurch das Ergebnis um 15 % verbesserte, wird die sinnvolle Verbindung der BSC-Kriterien im Ertrag drastisch deutlich.

**Die kreative Strategieübertragung in die BSC ist das "Change Management"**
Bei der Strategieübertragung in die BSC geht es um Kreativität und Innovation, also um "Change". Die Verbindungen aus den vier Kriterien ergeben "fokussierte Chancen" zum angestrebten Profit. Wichtig ist, dass die Optionen auf die Zielerreichung auch gefordert und gefördert werden.

Sie wissen, ein komplexes Unternehmen arbeitet schnell 40% zu teuer. Das sind die Kosten für die "Reibungsverluste". Um die "Reibungsverluste" zu erkennen, müssen Sie alle Zahlen des Kriteriums "Finanzen / Ergebnis" mit den Kriterien "Produktivität / Prozesse" und "Innovation / Mitarbeiter" verbinden.

## Die Umsetzung der Strategie in die BSC erfolgt unter Einbeziehung der Prozessverantwortlichen

Setzen sich die Prozessteams früh zusammen, werden die "Produktionskosten der Qualität" schnell transparent und können entsprechend adäquat dargestellt werden. Ohne die Erkenntnisse des Prozessteams geht der "Blindflug" weiter. Bei der Prozessorientierung gibt es das Management und die operativen Prozesse. Die "Managementprozesse" sind für die Strategiefokussierung und das Ergebnis notwendig. Die "operativen Prozesse" haben den Fokus "Durchsatz" zum Ziel.

## Wenn die Prozessteams früh einbezogen werden, sind die "Produktionskosten der Qualität" transparent

Durch die Möglichkeit der Kalkulation und der Bewertung des "tangible" und "intangible" Assets ist die gesamte Wertschöpfungskette darstellbar.

Das Management und die operativen Prozesse helfen bei der "Strategieumsetzung" in die BSC.

## Die Managementprozesse und ihre Ziele

| | |
|---|---|
| • Strategie und Planung | Umsetzung der Strategie in die BSC |
| • Führen durch Ziele | Führen mit den "Strategiefokussierten" Zielen |
| • Ergebnis und Kostensteuerung | "Zahlen" und "Indikatoren" bewerten |
| • Leiten und Lenken der Prozesslandschaft | Führen der "intangible" Assets mit den PV´s |
| • Sicherstellung KVP | Sicherstellung des operativen "Durchsatzes" |

**In den Prozesszielen werden die Chancen definiert und die Risiken sichtbar**

Die strategiefokussierten Prozesse beinhalten die Chancen und Risiken zugleich. Die Einleitung der Maßnahmen in den Prozessen zeigt die Chancen auf. Die Risiken der Strategie sind damit auch abgrenzbarer. Nur wenn die Ziele der BSC die Prozessziele wirklich "triggern" und das Thema "Durchsatz" mit Vehemenz angegangen wird, können die Chancen genutzt werden.

**Aus den BSC-Kriterien werden die "gemeinsamen" Prozessziele und die Meßgrößen definiert**

Die Übertragung der Strategie in die BSC erfordert mehr als Weitblick und Kreativität. Das TOP-Management muss sich als Team für die Eintragungen und die Umsetzung insgesamt verantwortlich fühlen. Alle Mitarbeiter gemeinsam müssen die "Verbesserung des Durchsatzes" als Ziel Ihrer Aktivitäten angehen. Die Zielfokussierung der Prozesse ist durch die Akzeptanz der Rollen im Top - Management sicherzustellen. Durch die Bewertung der Indikatoren und Zahlen aus den Prozessen sind die Ergebnisziele im Zusammenspiel der "tangible" und "intangible" Assets kalkulierter und für jeden Mitarbeiter nachvollziehbar.

**Ohne wirkliche Prozessorientierung erfolgt die Strategieumsetzung weiterhin im "Blindflug"**

Der "Blindflug" hält an, nur weil man die Möglichkeiten der Prozessorientierung nicht genutzt hat. Solange man nur die "tangible" Assets wirklich bewerten kann, ist das "Zahlen_minded" - Management nur eine Teilsicht des Unternehmens, abhängig von wirklichen Anteil der "tangible und intangible Assets".

**Das Thema "Durchsatz" fehlt gänzlich. Können Sie sich das leisten?**

In der Prozessorientierung erfolgt die Strategieumsetzung mittels Festlegung der Prozess-Ziele, deren kontinuierlichen Bewertung und der Sicherstellung der kontinuierlichen Verbesserung. Die Strategiefokussierung zielt auf die Sicherstellung der Leistungserstellung im Unternehmen ohne Reibungsverluste durch das Leben der Prozesslandschaft. Brauchen Sie das nicht?

**Wer bei der Prozessorientierung nicht mitmachen will, hat den Zahn der Zeit nicht erkannt**

Kann ein Unternehmen sich solche Beschäftigten heute noch leisten ?

**Die Strategieumsetzung wird durch die "Lehmschichten" in der "Old Economy" behindert oder verhindert**
In der Dienstleistungsgesellschaft geht es dagegen um Schnelligkeit und Innovation. Das "Time based Management" ist die einzige mögliche Antwort. Das muss klar und deutlich sein. Wer den "Durchsatz" nicht transparent haben will", muss sich überlegen, ob er vielleicht im falschen Unternehmen ist.

**In der Strategie werden "strategiefokussierte" Prozesse zu Zielen mit Indikatoren und Zahlen**
In der Prozessorganisation sind die Kriterien der BSC abgebildet. Der **Input** der Prozesse erfolgt durch "Finanzen" und "Markt / Kunden-bindung", die **Verarbeitung** durch Prozesse / Produktivität sowie durch Innovation / Mitarbeiter, der **Output** durch Markt / Kundenbindung und "Ergebnis". Es besteht tatsächlich die Möglichkeit, alle Themen mit dem gleichen Zielfokus gemeinsam anzugehen.

**Es kann vertikale Prozesse, horizontale Prozesse und gemeinsame Prozesse geben**
Auf jeden Fall werden für jedes Prozessziel die Messgrößen und Messverfahren zwecks Verifizierung festgelegt. Die kontinuierliche Erhebung der Messwerte sichert die "objektive" Statusermittlung. Je nach Status müssen Maßnahmen definiert und durchgeführt werden.

**Diese Summe der Prozessergebnisse ist der Input für eine "Strategie-überprüfung"**
Die Strategie ist in die vier Kriterien der Balanced Scorecard umgesetzt worden. Aus der BSC werden sie in den strategiefokussierten Prozessen verankert. In den Prozessen ist die Reduzierung der "Reibung" das Hauptaugenmerk der Prozessverantwortlichen und des TOP-Managements. Also sind die Prozessergebnisse der Input der Strategie-überprüfung.

**Heute soll die Strategieüberprüfung 1/2-jährlich erfolgen, früher dauerte die Strategieumsetzung 2 Jahre.**
Die Überprüfung der Strategie sollte 1/2-jährlich erfolgen, um gegebenenfalls gegensteuern zu können. Ja, Sie können jetzt so schnell reagieren, weil Sie mit den Indikatoren tatsächlich den Durchsatz beeinflussen können! Ist das nichts?

### 3.2.2 Umsetzen der Ziele und Meßgrößen in die Prozesslandschaft und deren Prozesse.

Entsprechend den Ergebnissen der Strategieberatungen und der Umsetzung in die BSC ist die Strategiefokussierung der Prozesslandschaft sicherzustellen. Die "aktuelle" Prozesslandschaft und die dazugehörigen Prozesse müssen deshalb entsprechend der "Strategiefokussierung" auf ihre Wirksamkeit überprüft werden. Das Ziel ist die Erreichung der Strategieziele, der Weg ist das "Leben" einer "aktiven Prozesslandschaft".

**Sie müssen Ihre Prozesslandschaft entwickeln und zum Leben bringen**
Die Prozesslandschaft bauen Sie bitte nicht auf der grünen Wiese. In vielen Fachzeitschriften und Büchern sehen Sie verschiedene Modelle, aber es wird kaum eines für Sie passen. Der Grund ist, dass es viele "administrative Prozesslandschaften" zur Überwindung der hierarchischen Strukturen in komplexen Unternehmen gibt.

**Der "gesellschaftliche Mindeststandard" des Managementsystem darf nicht unterboten werden**
Die strategiefokussierte Prozesslandschaft muss einerseits über die "Pfade der Strategieumsetzung" durch die Managementprozesse und andererseits durch die operativen Prozesse angegangen werden. Das Zusammenspiel beider Prozesse beeinflusst die Minimierung der "Produktionskosten der Qualität" stark. Auf Basis des "gesellschaftlichen Standards" und Ihren gesammelten Erfahrungen ist Ihr "Managementsystem mit einem ausgeprägtem Kundenfokus" unter Verknüpfung der Managementprozesse und der operativen Prozesse zu etablieren.

## Die Prozesslandschaft muss "Durchsatz_minded" sein

Sie brauchen keine administrative, sondern eine "Durchsatz orientierte Prozesslandschaft". Der Fokus ist die Umsetzung der Strategie "ohne Reibung". Auch hier gibt es (k)ein "best practice". Sie wissen, dass die Managementprozesse die Prozesslandschaft leiten und lenken. Die operativen Prozesse bilden die "Verarbeitung" der Strategie ab. Somit kann "follow the order" ein Weg sein.

## Was ist "best practice?"

**Wie Sie wissen, gibt es mehrere Stufen der Umsetzung eines Managementsystems, hier die Hauptstufen:**

* Konformität zu einer Norm bestätigt oder gleichwertiges.
* Die Prozesse laufen stabil, die Assessments zeigen stetige Verbesserung.
* Die Prozesse werden wertorientiert durchgeführt, gefördert und gefordert.

## Welche Stufe hat Ihre "aktuelle Prozesslandschaft" erreicht und welche Stufe wird angestrebt?

Nach dem GAP von Ist und Soll richtet sich der Anspruch des "best practice", den Sie als Basis für Ihre Planungen zugrunde legen. Ein Hinweis: Versuchen Sie nicht, eine Stufe zu überspringen! Eine Möglichkeit ist damit gegeben, den Zeitrahmen der Umsetzung einer Stufe zu straffen und in die Meilensteinplanung Ihres "Service with Excellence Management Systems" abzubilden, wenn alle Ressourcen bereitgestellt werden.

## Über die Diskussionen in den Abteilungen zu den "Strategiefokussierten Prozessen"

"Best practice" heißt auch, eigene Ideen zu entwickeln und zu verifizieren. Wie Sie Ihre Prozesse bilden wollen, weiß ich nicht, doch die "Flow Chart Technik" ist als Ergebnisdarstellung der gruppen-/abteilungsübergreifende Prozesse durch die "heterogenen Prozessteams" bestens geeignet. Dabei sind Aktivitäten und die Rollen für jeden Prozess Schritt zu definieren, abzustimmen und festzulegen.

**Wundern Sie sich nicht, was da raus kommt...**
Ja, es ist das Wissen und die Kreativität der Mitarbeiter! Da sind einige Innovationen vorhanden. Glauben Sie, es befreit die Mitarbeiter, wenn die "Reibung" vermindert wird. Sie wollen "innovativ" arbeiten und nicht permanent "Reibungen" verkraften müssen.

**Kein Prozess ohne Ziel, sonst ist es ein Ablauf**
Ohne Ziel ist der Weg nicht klar. Wie erfolgt das Empowerment? Denn empower bedeutet das "Bevollmächtigen, ermächtigen etwas zu tun".

**Wenn ein Prozess kein Ziel hat, kann das Ziel auch nicht gemessen und bewertet werden**
Ohne Ziel kein Fokus! Ohne Fokus keine Richtung! Ohne Richtung keine Steuerung! Wenn Sie für einen Prozess wirklich kein messbares Ziel finden, konzentrieren Sie sich zumindest auf die Einhaltung der vereinbarten "Service Level Vereinbarung der Kundenverträge".
Wenn das auch nicht gemessen wird, stimmt der Prozessfokus nicht.

**Ermitteln Sie Prozessziele, die gruppen-/abteilungsübergreifend gelten**
Wie geht denn das? Ein Prozess besteht aus definierten Prozessschritten. Jeder Prozessschritt muss einen Verantwortlichen haben. Also sind mehrere "Prozessschritt-Verantwortliche" einerseits für den jeweiligen Teilschritt und andererseits gemeinsam für den Gesamtprozess verantwortlich.Das Prozessergebnis setzt sich aus allen Prozessschritt-Zielen zusammen. Je nachdem, wie die Prozessindikatoren und - zahlen gesetzt sind, besteht die Transparenz je Teilschritt. Das hilft am Anfang, das Prozessziel zu erkennen und zu erreichen.

**Eine Person kann Rollen in mehren Prozessen übernehmen.**
Das liegt in der Natur des Prozessgedankens. Damit ist er für diese Prozesse "mitverantwortlich". Es gibt "eigene Prozesse" mit denen nur die Gruppe / Abteilung arbeitet, es gibt "cross Prozesse" an denen mehrere Gruppen / Abteilungen beteiligt sind, und es gibt "ausgelagerte Prozesse", in denn die "Aufgabe ausgelagert" ist, aber die Schnittstellen zum und vom Prozess bedient werden müssen. Wenn die "Reibung" minimiert wird, werden Ressourcen für die hochwertige Durchführung und die notwendigen Innovationen wieder frei.

**Vom Wiegen wird das Schwein nicht fett**

Setzen Sie Prozesskennzahlen nur an, wenn es nötig ist. Kontrolle und Vertrauen müssen abgewogen werden. Die meisten Mitarbeiter wünschen Freiraum, klare Aufgaben und klare Ziele. Durch die Prozessabläufe ist das wieder möglich.

### 3.2.3    Lenken und Leiten des Prozess-life-cycle

Wie in vielen Unternehmen das Thema "Prozesse" angegangen wird, lässt beim Beobachter gelegentlich das "kalte Grausen" aufkommen. Nach der ad – hoc - Methode geht es los: Wir lassen schnell einen Prozess schreiben. Nach zwei Tagen dann die Frage: Warum wirkt der "neue Prozess" nicht? Ganz einfach: So gelingt es nicht! Für die Erreichung der Prozessziele unterstützt das "Prozessschreiben" den Prozess mit 20%, die "Einbindung in die Organisation" mit 20%", das Messen, Wiegen und Festlegen der Maßnahmen mit 10 %, jedoch das prozessorientierte Leben mit 50%. Das heißt, der Löwenanteil zur Verbesserung der Effektivität und Effizienz wird erst im "Prozessleben" erreicht.

**Die Erreichung eines Prozessziels wird von mehreren "Aufgaben" stark beeinflußt**

Ist die Prozesslandschaft strategiefokussiert? Ist der Prozess strategiefokussiert mit der Prozesslandschaft verknüpft? Hat der Prozess transparente und nachvollziehbare Ziele? Ist klar, wer mit welcher Aufgabe und welcher Verantwortlichkeit im Prozess mitarbeiten soll?
Sind alle Prozessschritte definiert, die Reihenfolgen festgelegt und die Schnitt-/Nahtstellen bekannt? Sind die Schnitt-/Nahtstellen mit "Indikatoren" als Kennzahlen definiert? Ist die Verantwortlichkeit des "Input", der "Verarbeitung" und des "Output" definiert? Sind die Mitarbeiter mit Ihrem Wissen und der "gemeinsamen" Kreativität einbezogen?

**Management und die operativen Prozesse zusammen sind  Basis der Prozessorientierung**

Die Strategiefokussierung der Prozesse sowie das Lenken und Leiten der Prozesslandschaft hängen von der Rollenakzeptanz des TOP-Management ab. Die Durchsatzverbesserung mit den operativen Prozessen lebt vom

Wissen und der Kreativität der Mitarbeiter. Zusammen ist wieder Platz für Innovationen.

**Schnelle Prozesse will der Markt:**

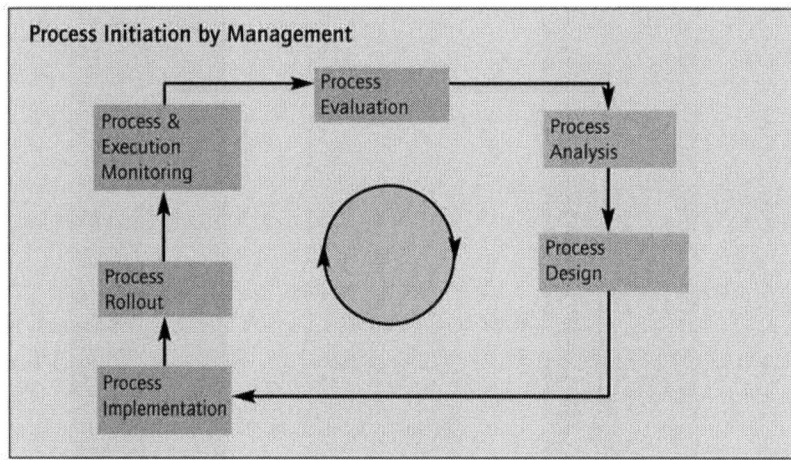

**Process Initiation by Management**

Die Komplexität des Ablauf des Prozess-Life-Cycle

**Wie geht man mit dem Process-Life-Cycle um?**
Der steinige Weg der Prozessgenerierung benötigt heutzutage in komplexen, verschachtelten Firmen bis zu zwei Jahre. Der Grund liegt darin, dass einerseits die Prozesse die Matrixorganisation oder die tiefgeschachtelte Organisationen abbilden sollen und andererseits für die Transparenz ein adäquates "Tool" benötigt wird. Je komplexer das Unternehmen, desto schwieriger aber das Tooldesign. Ohne Tool können keine Prozesse mehr initiiert werden.

**Die unterschiedlichen Prozess Typen erfordern unterschiedliche Vorgehensweisen**
- "Managementprozesse"
- "Operative Prozesse"
  - "Eigene Prozesse"
  - "Cross Prozesse"
  - "Ausgelagerte Prozesse"
- Prozesse zum Lenken und Leiten der Prozesslandschaft aus Managementprozess und operativen Prozessen

**Was ist bei den unterschiedlichen Prozesstypen zu beachten?**

Wichtig ist, dass klar ist, von wem die Prozesse initiiert und verantwortet werden.

- "**Management Prozesse**" vom Management.
- "**Operative Prozesse**" von den Leistungseinheiten.

Neben den 2 Prozesstypen gibt es 3 Prozessarten.

- "**Eigene Prozesse**" von den Mitarbeitern, die in der "Einheit" an den Prozess Schritten arbeiten.
- "**Cross Prozesse**" von den Mitarbeitern in den "Einheiten", die in den Prozessschritten und Prozessrollen arbeiten.
- "**Ausgelagerte Prozesse**" von den Mitarbeitern der abgebenden Gruppe / Abteilung (Input für die Verarbeitung) des "ausgelagerten Prozesses" und die Mitarbeiter, welche mit der "Wareneingangsprüfung" den Output des "ausgelagerten Prozesses" als ihren Input verifizieren.

Prozesse zum Lenken und Leiten der Prozesslandschaft aus Managementprozessen und operativen Prozessen werden vom TOP-Management und den Prozessverantwortlichen gemeinsam verantwortet.

**Zu den "Managementprozessen":**

- Strategie und Planung
- Führen durch Ziele
- Kosten und Ergebniserreichung
- Sicherstellung des KVP's

Diese Prozesse werden vom Management initiiert und beschrieben.

**Schnelle Prozesse sind zur Strategiefokussierung in den Gruppen / Abteilungen / Unternehmen erfolgsbestimmend.**

Bei den "operativen Prozessen" unterscheiden wir die 3 Prozessarten:

• Zu den **"Eigenen Prozessen"**:

> Bei den "eigenen" Prozessen liegen die "Prozesskosten
> der Qualität" in den divergierenden Zielen in der
> Abteilung. Es geht bei den Gruppen / Abteilungen
> noch nicht um die große Welt. Es muss geklärt werden,
> mit welchen Schritten der Teil - Kundenauftrag
> durchgeführt wird. Lieber den Prozess in kleiner
> Runde im Prozessteam skizzieren und grob designen
> und dann durch kontinuierliche Verbesserungen und
> Tooltransparenz das Prozessziel erreichen. Entschei-
> dend ist die Transparenz der Schnittstellenübergänge
> und deren Anforderungen. Wenn alle in dem Ablauf
> beschäftigten Gruppen ihre Schritte definiert haben,
> können die Synergien entwickelt werden.

• Zu den **"Cross Prozessen"**:

> Bei den "Cross-Prozessen" liegen die "Prozesskosten
> der Qualität" in den Schnittstellen" und den divergie-
> renden Zielen.

• Zu den **"ausgelagerten Prozessen"**:

> Bei den "ausgelagerten Prozessen" liegen die
> "Produktionskosten der Qualität" in den Schnittstellen
> und den "vereinbarten Produktionskosten" der
> Verarbeitung. Hierbei kann man wirklich Überraschun-
> gen erleben.

**Das "Lenken und Leiten der Prozesslandschaft" ist das Königsspiel**
Das Zusammenspiel der Managementprozesse und der operativen Prozesse
lebt von der Strategiefokussierung der Prozesse und der Prozessverantwortlichen. Hierfür sind die Zahlen und Indikatoren der Prozesse maß-
gebend.

140

**Erstellen Sie eine Auflistung der operativen Prozesse! Sie werden sich wundern!**

Bei Matrixorganisationen oder verschachtelter Organisation haben sie kaum "eigene Prozesse", sondern viele "cross" oder "ausgelagerte" Prozesse.

**Die Aufteilung der Prozesse ist für die Klärung der Verantwortlichkeiten wichtig.**

Prozessschritte und Prozessrollen klären die Verantwortlichkeiten auch bei "cross" oder "ausgelagerten" Prozessen. Die Diskussion wird Ihnen die "Goldgrube" andeuten.

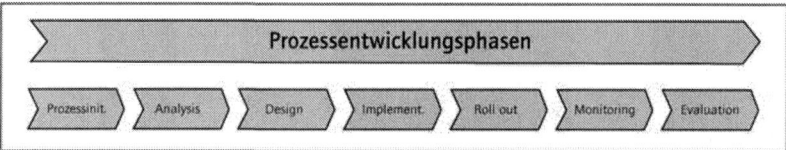

**Alle Prozesstypen werden nach dem gleichen Vorgehen entwickelt**
**Die Prozessentwicklungsphasen müssen mit einer Meilensteinplanung unterlegt und terminiert sein**

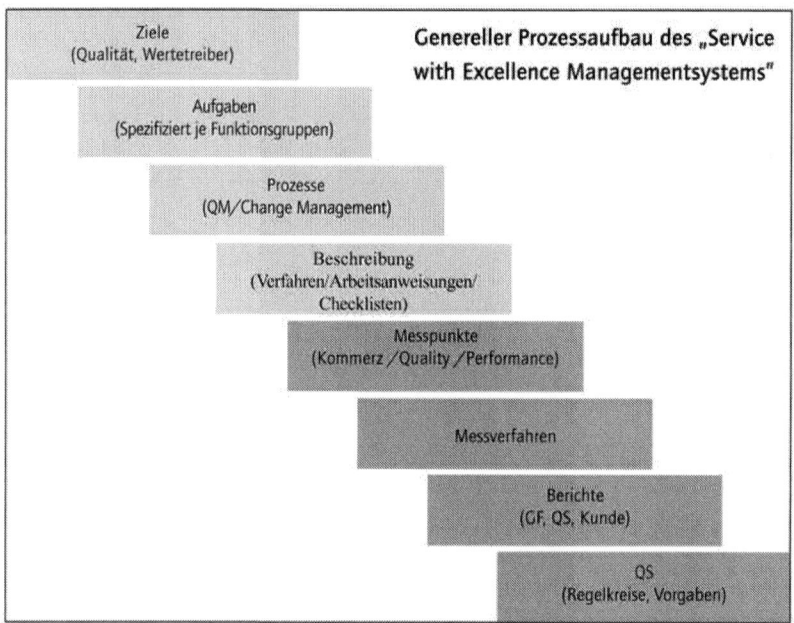

**Auf Weiterentwicklung muss der Fokus liegen. Prozesse wollen leben.**

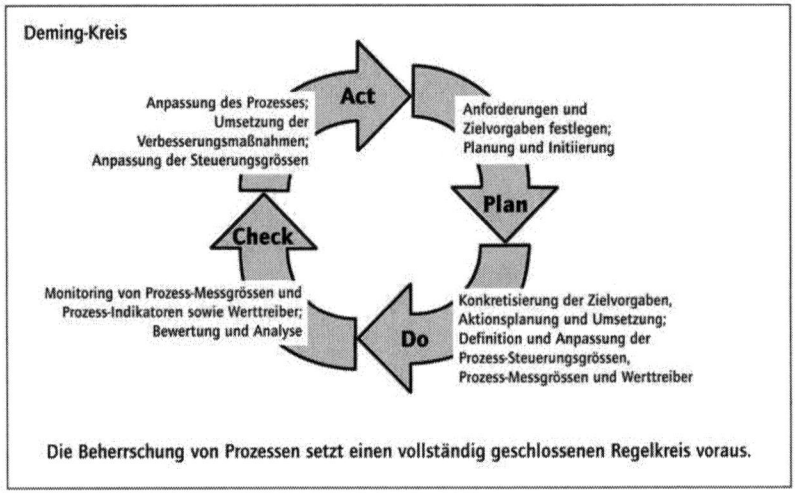

Deming-Kreis

Anpassung des Prozesses; Umsetzung der Verbesserungsmaßnahmen; Anpassung der Steuerungsgrössen

Act

Anforderungen und Zielvorgaben festlegen; Planung und Initiierung

Plan

Check

Monitoring von Prozess-Messgrössen und Prozess-Indikatoren sowie Werttreiber; Bewertung und Analyse

Do

Konkretisierung der Zielvorgaben, Aktionsplanung und Umsetzung; Definition und Anpassung der Prozess-Steuerungsgrössen, Prozess-Messgrössen und Werttreiber

Die Beherrschung von Prozessen setzt einen vollständig geschlossenen Regelkreis voraus.

**Für alle Prozesse gilt: Sobald Kennzahlen im Prozess generiert werden, ist die Transparenz gegeben.**
Die Indikatoren und Zahlen als Kennzahlen aus den Prozessen zeigen den Handlungsbedarf auf. Der Schluss lautet: Ohne Kennzahlen sind keine strategiefokussierten Maßnahmen möglich!

**Der Prozess-Life-Cycle aller Prozesse wird vom TOP-Management verantwortet.**
Das TOP-Management bestimmt den "Pulsschlag des Managementsystems". Die Prozessverantwortlichen werden benannt und vom Management gefordert und gefördert.

Die PV's sind für den "Prozess-Life-Cycle" verantwortlich. Der Status der Prozesse wird kontinuierlich im TOP-Management behandelt.

Beispiel: Gemeinsame Prozess-Status-Ermittlung aller Prozessverantwort-lichen.

**Vorgaben des „Service with Excellence Managementsystems"**

| Prozesse | Kontrolle erlangen | Schnelle Verbesserung | WOF |
|----------|--------------------|-----------------------|-----|
|          |                    |                       |     |
|          |                    |                       |     |
|          |                    |                       |     |
|          |                    |                       |     |
|          |                    |                       |     |
|          |                    |                       |     |
|          |                    |                       |     |
|          |                    |                       |     |

**Wenn dieser Status ermittelt worden ist, haben Sie die erste Hürde des Lebens des Prozesses geschafft**

Jetzt heißt es dran bleiben. Nutzen Sie die Transparenz als Basis für das Management der Prozesslandschaft. Jetzt können Sie auf der Sachebene argumentieren. Es geht um die Transparenz der "Black Box der Leistungs-erbringung / Strategieumsetzung".

**Danken Sie den PVs für Ihren Einsatz zum Wandel zum "Denken in Prozessen"**

Klären Sie "Benefits & Concerns" der Prozessverantwortlichen? Klären Sie, was Sie verantworten und was die Kompetenz der PV´s betrifft.
Setzen Sie gemeinsam neue Prozess Ziele
Setzen Sie einen neuen Termin zur Umsetzung

**Empowern Sie die PVs und teilen Sie den Status der Prozesse allen Beschäftigten mit**

Eine ernsthafte interaktive Kommunikation ist ein unerlässlicher Produktionsfaktor der Wertschöpfung durch Prozessorientierung. Eine reine Information schafft kein Vertrauen.

### 3.2.4 Sicherstellen des Manager-Strategie-Transfers

**Change "your" view for a new organisation....**
Das Ziel des Manager-Strategie-Transfer ist das Empowerment der Führungskräfte im Unternehmen, damit durch motivierte Führungskräfte die Mitarbeiter prozessorientiert gefordert und gefördert werden.

**Die Aufgabe des Manager-Strategie-Transfers ist das Empowerment des gesamten Unternehmens**
Ziel: Das Unternehmen hat eine Prozesslandschaft mit Prozessen, die von allen Führungskräften und von allen Mitarbeitern wirklich gelebt wird.

**Die Strategie und Kundenfokussierung zeigt allen die Zielrichtung und den Weg, das Ziel zu erreichen**

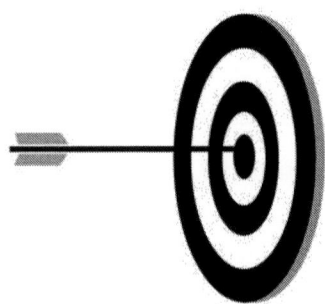

**Die Ursache für die Prozessorganisation sind die Veränderungen der Rahmenbedingungen der Unternehmung**
Faktoren wie die immer komplexer werdende Technik, begleitet von immensen gesellschaftlichen Veränderungen, die von Vielen kaum noch bewältigt werden können, haben eine "besorgniserregende" Orientierungslosigkeit zur Folge. Da greift der Selbsterhaltungstrieb des Menschen ganz automatisch zu den "festen Strukturen" und besinnt sich auf die "alten" Werte. Doch wer glaubt, die Lösung der Probleme liegt im Abschotten der "hierarchischen Strukturen" und somit in einer Form der Verdrängung, der verhält sich passiv und schadet mittelfristig nicht nur sich selbst. Je komplexer die Rahmenbedingungen desto komplexer das Unternehmen. Wird dies nicht bewältigt, gilt:

Desto höher die "Produktionskosten der Qualität" mit der Folge "sinkender Profite" ist eine Gefährdung des Unternehmens.

**Wie wird gegen die Auswirkungen der veränderten Rahmenbedingungen angegangen?**

Mit den in den letzen Jahren in vielen Unternehmen implementierten Prozessen wurde die Prozessorientierung auf den Kopf gestellt; denn es wird nicht der "Durchsatz" im Gesamtunternehmen angegangen, sondern stattdessen die Schnittstellen in den "hierarchischen Strukturen" gepolstert und gefestigt.

Es fehlt in vielen Unternehmen die nötige Management - Attention zur wirklichen Prozessorientierung.

**Stellen Sie sich den Veränderungen! Die "tangible" und "intangible" Assets sind jetzt die Wertetreiber!**

Durch die primäre Bewertung "der "Zahlen_minded Controlling-Zahlen" werden die "Produktionskosten der Qualität" in der "komplexen Organisation" nicht transparent. Das Thema "Durchsatz" im Gesamtunternehmen fehlt gänzlich in diesen Controlling-Ansätzen. Ist das wirklich allen bewußt?

**Fokus ist der Wertetreiberansatz der "tangible" und "intangible" Assets**

Nach vielen Jahren des "Zahlen_minded" Managements hat die Veränderung zur Dienstleitungsgesellschaft die "Durchsatz-minded" Prozessorganisation bewirkt.

Was ist geschehen? In den komplexen Organisationsformen sind die "Produktionskosten der Qualität" aufgrund der Auspolsterung aller Schnittstellen "explodiert". In einem Produktionsablauf kostet "die Reibung" an jeder Schnittstelle des Ablaufs in den Gruppen und Abteilungen ca. 25 % der Produktionskosten. Reibung macht keinen Spaß, weder den Führungskräften noch den Mitarbeitern.

**Die "Produktionskosten der Qualität" sind nicht transparent, deshalb reduzieren sie unmerklich den Profit und die Innovationsmöglichkeiten**

Zur Transparenz der "Produktionskosten der Qualität" wird die Prozessorientierung und die Bewertung der "intangible Assets" eingeführt, zugleich wird der Kundenfokus in den strategiefokussierten Prozessen abgebildet.

**Durch "Transparenz des Durchsatzes" die "Reibung" reduzieren**

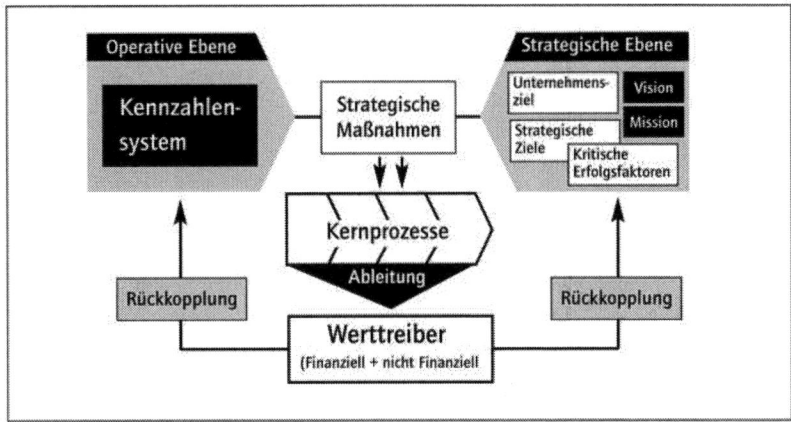

**Das Kennzahlensystem der "intangible" Assets besteht aus Indikatoren und Zahlen**
Er wird zwischen "Früh-Indikatoren" und "Spät-Indikatoren" unterschieden. "Früh-Indikatoren" sind meistens "Tools", die permanent den "Status" der Prozesse darstellen. Zahlen sind in der Regel "Spät-Indikatoren", die erst nach Ablaufende ermittelt werden.

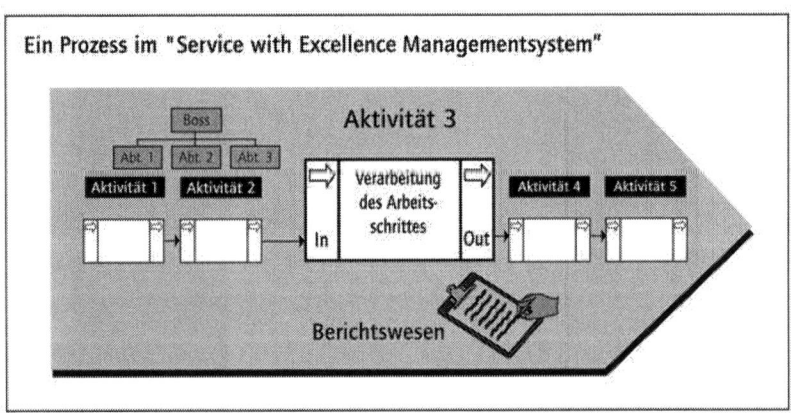

## Arbeitsorganisation

Die Prozesse beschreiben Ablauf- und nicht Aufbauorganisationen

**Prozesse und Prozessschritte:**

Die Prozessaktivitäten werden in Prozessschritten (Arbeitsschritte) dargestellt, in denen die Aufgaben in Prozessschritten beschrieben und die
Verantwortlichkeiten in Rollen festgelegt werden. Jeder Prozessschritt hat
eine "Eingabe", eine "Verarbeitung" und eine "Ausgabe".

Je komplexer die Aufgabe, desto "kniffliger" der Prozess. Falls es viele
"ungepflegte" Schnittstellen gibt, sind die "Produktionskosten der
Qualität" sogar im Prozess "hoch".

Der Prozessverantwortliche ermittelt die Durchsatz - Transparenz und
berichtet an das Top-Management. Diese Durchsatz - Transparenz wird mit
"Zahlen" und "Indikatoren", den Prozesskennzahlen, ermittelt. Beim
Management erfolgt die Bewertung und die Festlegung der Maßnahmen
sowie die Einleitung des kontinuierlichen Verbesserungsprozesses und
dessen Verfolgung.

**Das Controlling muss Methoden entwickeln, die den "neuen
Sachverhalten" Rechnung tragen.**

Ohne den Fokus des "Prozess-Durchsatzes" sind die Prozesse nicht transparent. Erst die Transparenz des gesamten Prozessdurchlaufs zeigt alle
"Höhen und Tiefen" durch die Kennzahlen auf. Aus dieser Transparenz ist
der prozessfokussierte KVP zu initiieren.

**Prozesse sind die Basis der Aufbauorganisation**

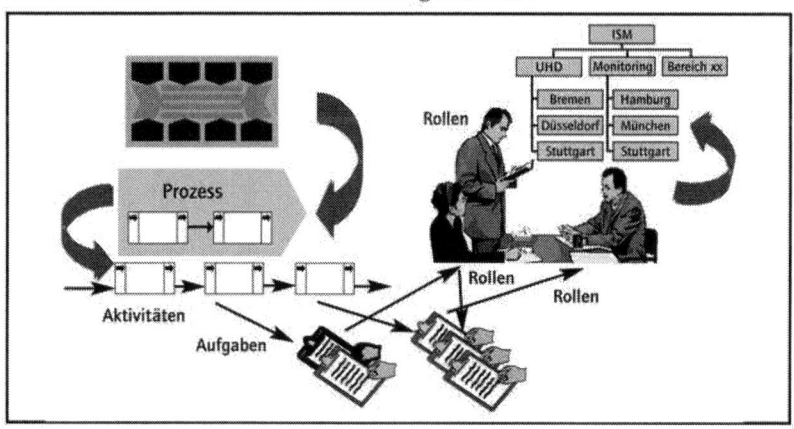

Wenn die Prozesse aus Organisationsgründen (Matrix-Organisation) viele (ungepflegte) Schnittstellen haben, ist mindestens der "Input" mit der "Eingangsprüfung" abzustimmen. Die Führungskraft übernimmt die Verantwortung für die "Produktionskosten der Qualität" in der Gruppe / Abteilung. Der Prozessverantwortliche ist derjenige, der den "Gesamt-Prozess-Durchsatz" triggert und über den jeweiligen Status im Management berichtet.

**Die Prozessorganisation schafft mit der Transparenz aller Prozesse eine Kennzahl des "Durchsatzes"**
Die Summe aller Prozesskennzahlen im Vergleich mit der Planung der Wertetreiber zeigt die Prozesswirksamkeit. Die Differenz der Kennzahl "Durchsatz" in Bezug auf die geplanten Werttreiber ist zwischen "wirklicher" und "gespielter" Prozessorientierung unglaublich. Das ist die "Goldgrube"!

**Wenn der "Durchsatz" verbessert wird, steigt die Energie und die Zeit für Innovationen**
Eine nicht geringer Teil der "Zeit und Kosten der Reibung" können für die aus Wissen und Kreativität hervorgehende Innovation in den jeweiligen Prozess Schritten genutzt werden.

**Die Innovation ist die Basis für dauerhaften Profit**
Wenn das "Produkt" und die "Fertigungsmethoden" nicht "best practice" sind, gibt es keinen Markt dafür.

**Führungskräfte und Mitarbeiter haben gemeinsame Ziele und Rollen zur Zielerreichung**
Auch in verschiedenen Rollen ändert sich die Zielrichtung nicht. Alle "Arbeiten", die keine "Arbeitsschritte" entsprechend der Strategie und kundenfokussierten Prozesse sind, müssen überprüft werden. Entweder stimmt der Prozess nicht, oder die Arbeitsanleitung ist falsch.

**Das Commitment des Managements wird durch das Leben der Managementprozesse bestätigt**
Das Commitment zur"gewollten" Prozessorientierung wird durch das "Leben" der Managementprozesse vom TOP-Management vorgelebt. Das kaskadenmäßige Herunterbrechen der Managementprozesse, unter ande-

rem des Managementprozesses zur Sicherstellung der KVP´s, sichert die direkte Verbindung des Managements zu den operativen Prozessen. Der "Prozess-Durchsatz" wird durch den Prozessverantwortlichen transparent gemacht. Die Maßnahmenfestlegung erfolgt im Management und die Umsetzung in den Prozessteams.

**Wie erfolgt der Wechsel der mentalen Methoden?**

Der "freiwillige" Wechsel der mentalen Methoden der Führungskräfte wird über den Erfolg der Reduktion der "Produktionskosten der Qualität" und der "Reibung" unterstützt.

**Planen Sie im Detail die Einbeziehung aller Führungskräfte in die Prozesse**

Den konkreten mentalen Wechsel der mentalen Methoden der Führungskräfte zu planen, einzuleiten und zu begleiten, ist die Aufgabe des TOP-Managements in ihren Prozessrollen. Es kann sein, dass Sie "harte Gespräche" führen müssen. Wer nicht mitmachen will, muss Konsequenzen ziehen. Jede Aufweichung der Prozessorganisation steigert die "Produktionskosten der Qualität." Alle Mitarbeiter müssen die gemeinsamen Ziele verfolgen.

**Strategiefokussierte Ziele erhöhen den Zielfokus aller Beteiligten**

Die strategiefokussierten Ziele vermeiden die divergierenden Ziele in der Organisation. Alle Prozessmitarbeiter haben einen Zielkorridor. Auch bei Rollen in mehren Prozessen ist der "Zielkorridor" gleich. Die Ursache und die treibende Kraft für die konsequente Zielorientierung ist die Kundenorientierung.

**Auswirkungen der Prozessorganisation im Unternehmen**

•Welche Risiken und Chancen bestehen in der Prozessorganisation?

- **Risiken**
  Alles bleibt so "intransparent" wie es ist und die "Produktionskosten der Qualität" steigen weiter.
- **Chancen**
  Aufbau einer organischen Infrastruktur aufgrund der Nutzung des Wissens und der Kreativität der Mitarbeiter.

**Die Implementierung einer Prozessorganisation ist wie ein "Marathonlauf"**

Nach dem Start ist "man" guten Mutes; dann, nach kurzer Anlaufzeit, ist es mal leicht ,mal schwer, mal fehlt einem dieses und dann jenes, dann läuft es wieder gut. Schluss machen? Jetzt noch nicht ...

**Am Ende ist immer der persönliche Erfolg der "Wertetreiber"**

**Die "Mantras" der Prozessorganisation**

- Welche Änderungen gibt es für die Arbeitsabläufe?
- Was ist die Prozessorganisation?

- Welche Rolle hat die Führungskraft in der Prozessorganisation?

- Welche Rolle hat der Teamleiter in der Prozessorganisation?

- Welche Rolle hat der Mitarbeiter in der Prozessorganisation?

- Was heißt Lenken und Leiten der Prozesse - Management / PVs mit Indikatoren und Zahlen.

**Sensibilisierungsworkshop:**

- Was und für wen?
- Muss ein Manager wirklich sensibilisiert werden, die "Blackbox der Leistungserbringung" transparent zu gestalten?
- Ursache und Vorteile der Prozessorganisation müssen "interactive" kommuniziert werden. Kommunikation besteht aus Vertrauen und Emotion.

**Manager, die den Sinn der Prozessorganisation nicht erkennen wollen, erkennen ihn auch nicht!**

Struktur und Prozess sind die klassischen "Organsisations Alternativen". Wer die Alternative Prozess nicht will, muss sich Unternehmen mit der anderen Alternative suchen. Wasch mich, aber mach mich nicht nass, kostet das Unternehmen viel "Profit".

### 3.2.5 Leben der Prozessorientierung im Unternehmen

**Prozessleben heißt, permanent das "Commitment des TOP-Managements" zu beachten und zu leben**
Leben heißt, das "Komplexitätsprojekt" entsprechend der Meilensteinplanung permanent zu unterstützen. Fordern und Fördern ist der Erfolgspfad.

**Überholen Sie sich bitte nicht selber. Das Chaos ist dann nicht zu vermeiden**
Jede Veränderung in Richtung Prozessorientierung gleicht einem "Erdbeben im Unternehmen". Alle Schrauben (besonders die aus der tiefverschachtelten Organisation) werden gelockert und die meisten (die mit Verantwortlichkeiten und Rollen) müssen wieder angezogen werden.

Prozessleben heißt
- Die Prozessorganisation akzeptieren und tatkräftig unterstützen.
- Die Kontrolle und Verantwortung zur Generierung von mehr Innovation und Profit anders gewichten.
- Mit Lenken und Leiten zur strategiefokussierten und kundenorientierten Zielerreichung.

**Vorgehensweise zur Erkennung der "Lehmschichten" in der Organisation**
Das TOP-Management will die Prozessorientierung haben! Klar, oder gibt es noch Fragen?
Wenn jeder Manager, zwei Ebenen unter der seinigen, sich direkt von seinem "Gefühl" leiten lässt, die Erkenntnisse zusammengetragen werden und gegebenenfalls entsprechende Maßnahmen entwickelt und terminiert werden, können alle "Lehmschichten" erkannt und gezielt mit Aktionen durchbrochen werden.

**Wie viele Sensiblisierungsworkshops wollen Sie noch mitmachen? Oder klemmt da was?**

Die permanente Statusüberprüfung ist der einzige Weg, das "Leben der Prozessorientierung im Unternehmen" sicherzustellen. Nutzen Sie die Möglichkeiten von "Mitarbeiterbefragungen" oder "Feedback-Runden der Führungskräfte mit dem TOP-Management" während des gesamten Implementierungsverlaufs. Nutzen Sie die Möglichkeiten von Intensiv-interviews anstelle von Fragebögen, um interaktive Kommunikations-möglichkeiten nutzen zu können. Stellen Sie sicher, dass die Meilensteine eingehalten werden! Bei Verzögerungen ist Kommunikation und nicht reine Informationen extrem wichtig.

### 3.3 Verifizierung und Zertifizierung des "Service with Excellence Management System"

Seitdem mit der Globalisierung die Grenzen für Waren und Dienst-leistungen durchlässig geworden sind, sehen sich die Unternehmen zuneh-mend einer Konkurrenz ausgesetzt, die zu bestehen immer schwerer fällt. Mit den bestehenden komplexen Organisationen wird angesichts dieser Herausforderung eine künstliche Aura geschaffen, ein Ausnahmezustand, in der Hoffnung, damit alle Wettbewerber abzuwehren und alle alltäglichen Konflikte bewältigen zu können. Das kann nicht länger gut gehen!

**Das magische Dreieck "Ergebnis, Produktionspreis und Qualität" muss der Fokus der Verifizierung sein**

- "Assessment & Review"      bedeutet  "Bewertung und Überprüfung".
- "Capability & Feasibilty"   bedeutet  "Fähigkeit und Machbarkeit".
- "Effectivity" & Efficiency" bedeutet  "Sinnvoll und gut".

**Die Verifizierung und Zertifizierung des Management Systems hat einen neuen Fokus**

Ursache für den neuen Fokus ist, dass viele Kunden heute nicht mehr bereit sind, für technische Innovationen uneingeschränkt mehr Geld auszugeben. Produktoffensive versus Produktivität lautete lange eine Regel. Heute ist das "reibungslose" Zusammenspiel zwischen Zulieferern und Herstellern in der gesamten Prozesskette notwendig, um die Wertschöpfung optimal wirksam zu gestalten.

**Ein neues Rollenverständnis muss geweckt und gepflegt werden.**

Qualität wird immer noch weitgehend entsprechend den Hinweisen auf dem Beipackzettel verstanden. Mit der Versicherung, dass diese Ware "aus den besten ...hergestellte Qualität.... vor dem Verpacken eingehend geprüft wurde. Sollten Sie dennoch irgendeine Beanstandung haben, senden Sie bitte zur Kontrolle diesen Zettel mit", ist die gängige Qualitätsverifizierung beschrieben. Wie hoch die "Produktionskosten der Qualität" sind, zeigt sich im "Produktpreis" und im "Unternehmensergebnis". Hier muss gepflügt werden, um das säen zu können, was geerntet werden soll.

Das "Service with Excellence Management System" unterstützt die Führung des Unternehmens mittels strategiefokussierten Prozessen zum "mehr_machen" mit weniger "Aufwand". Der Fokus liegt auf der Beweglichkeit, Effizienz und dem optimalen Durchsatz. Das Ziel lautet: "Create Order from Chaos" zum nachhaltigen Wettbewerbsvorteil.

**Primäre Managementaufgabe ist das "Triggern" und die konsequente Verifizierung der Prozesse.**

Diese Ausrichtung der "Managementprozesse" erweitert die Relevanz und den WERT der Führung und resultiert in substantielle Effizienz- und Qualitätsverbesserung. Die fundierte Einschätzung der Leistungsfähigkeit aller Prozesse wird durch eine systematische Bewertung des Vorgehens und der erzielten Ergebnisse ermöglicht.

Abraham Lincoln sagte:

"Ihr könnt den Menschen nie auf Dauer helfen, wenn Ihr für sie tut, was sie selber für sich tun sollten und könnten".

**Das umzusetzen heißt heute:**
Das Management ist für die Qualität und das Unternehmensergebnis verantwortlich. Ein Prozess kann durch "Indikatoren und Zahlen" den Prozessstatus des "Wegs" und des "Ziels" darstellen. Mit der Verknüpfung der Managementprozesse und der operativen Prozesse sind die Verantwortlichkeiten für die "Qualität" und den "Durchsatz" transparent.

**Der Managementfokus fordert und fördert die richtige Information, zur richtigen Person und zur richtigen Zeit**
Grundsätzliche notwendig ist, dass das "sagen was man tut" und "tun was man sagt" eine klare Regel im Unternehmen ist. Unmißverständliche Vereinbarungen zum Umfang der "Leistung" helfen "Aufwand" zum Thema Qualität sparen:

- Wissen, durch wen die Abnahme und mit welchen Kriterien die "vereinbarten Leistungen" erfolgen.
- Wissen, ob die Abnahmekriterien bekannt und meßbar sind.
- Wissen, wann und in welcher Höhe Schadenersatzansprüche gestellt werden können.
- Wissen, welcher "Durchsatz" der Prozesskette geplant ist. Soll / Ist.
- Wissen, wer für was und wann in der Prozesskette verantwortlich ist, hilft "Aufwand" zu sparen.

**Wer "etwas" bewertet, muss wissen, was er sucht. Geht es um "Qualität" oder den "Durchsatz"?**
Ohne zu wissen, was man will, wird man nicht finden, was man sucht. Pauschales Misstrauen ist nicht angebracht. Was eine Unternehmensorganisation taugt, entscheidet sich eben nicht in der "Qualität" und dem "Ergebnis", sondern im Zusammenspiel der "Einheiten" in der komplexen Organisation. Hier wird der optimale "Durchsatz" erreicht oder verfehlt. Zwar hat man aufwändige Kriterienkataloge und allerlei komplizierte Verfahren entwickelt, um die "Qualität" zu messen. Dies erfolgt empirisch, gegebenenfalls objektiv und gerichtsfest. Aber was ist mit dem Durchsatz? Was ist mit den "Produktionskosten der Qualität?" Es gibt keine "Qualitätsregel", die die Produktionskosten zum Fokus hat? Es gibt weder notwendige noch hinreichende Bedingungen zur Transparenz der

"Produktionskosten der Qualität". Diese Kriterien müssen im "Service with Exzellenz Management System" entwickelt und gepflegt werden.

**Die konsequente Verifizierung der "Qualität" und des "Durchsatzes" ist deshalb gefordert und muss gefördert werden.**
Die Verfahren zur "Qualitätsverifizierung" müssen gegebenenfalls überprüft und überarbeitet werden, während die Verfahren zur "Durchsatz-Verifizierung" neu entwickelt und implementiert werden müssen. Für beide Verfahren gilt es u.a. Schnittstellen zu bewerten, die zu Nahtstellen werden sollen.

**"Seattles Delivery" ist das Schlagwort.**
Der Weg dorthin ist extrem steinig. Meckern gilt nicht, es muss etwas gewagt werden. Jede Nahtstelle muss ermittelt, der "Übergang" überprüft, der Durchsatz gemessen und bewertet werden.

**Bei Prozessorientierung ist das Verhältnis von Kontrolle und Vertrauen abzuwägen.**
Es geht um eine andere "Denke" und dadurch um einen andere Sichtweise. Durchsatz_minded ist der Fokus der Prozessorganisation. "Interact", das Zauberwort im "Denken in Prozessen", veranlasst "das aufeinander sachlich einwirken". Mit der Eigenverantwortung in den Prozessschritten und den Prozessrollen fällt die Kontrollnotwendigkeit und somit die hierarchischen Organisationskosten in den Prozessschritten weg. Die Kontrollkosten der Ablauf Organisation entstehen durch die Arbeitsteilung von Wissen und Management in der Hierarchie. Hier entstehen die Transaktionskosten, die im Gänseflugmodell des "Denken in Prozessen" nicht anfallen, da die Kongruenz von Kompetenz und Verantwortung das Ziel ist. Mit den Toolgesteuerten Früh – Indikatoren und den Berichtswesen ist die Transparenz der Prozess Orientierung im Unternehmen sichergestellt. Prozesse die Leben sparen Kosten. Prozesse die nicht Leben erzeugen Kosten.

Neue "Denke"! In der "flexiblen", durch Beweglichkeit, Wendigkeit und zeitnaher Kommunikation gekennzeichneten Organisation, unterstützen die "up to date"- Informationen die Transparenz der Zielerreichung der Geschäftsziele. "Up to date"- Informationen sind die "Steuerungsdaten" im Managementsystem. Sie beinhalten den Auftrag und die Zielerreichung.

Genau derart ist Kontrolle mit Vertrauen prozessorientiert anzugehen.

**Einfach und klar ist Kostenmindernd**

Je "klarer" der Auftrag und das Ziel, desto weniger ist Verifizierungs-aufwand einzuplanen.

Bei komplexen Organisationen ist die Messungsgrundlage primär der "Durchsatz je Einheit" im Gesamtprozess. Je klarer die Definition der Prozessschritte, desto klarer die Definition der "Schnittstellen" und "Verantwortlichkeiten". Je transparenter die Prozessschritte und die Festlegung der Verantwortlichkeiten, desto weniger ist Kontrolle gefordert, stattdessen Vertrauen in das Rollenverständnis aller Prozessbeteiligten. Hier ist die Selbstorganisation und das Gänseflugmodell gefragt. Eigen-verantwortung für die "eigenen Aufgaben" zu übernehmen, ist dann keine Herausforderung mehr.

**Was bewirkt eine Zertifizierung oder ein Assessment?**

Es wird der gesellschaftliche Standard und der Implementierungsgrad im Unternehmen in einer Stichprobe entsprechend zuvor festgelegter Kriterien verglichen und bewertet. Wenn das Ergebnis unter dem gesell-schaftlichen Standard ermittelt wird, gibt es "Abweichungen" oder "Hinweise". Die notwendigen Maßnahmen verhelfen maximal zum gesell-schaftlichen Standard. Entspricht das Ihren Ansprüchen?

**Existiert für den "Durchsatz" bzw. die "Produktionskosten der Qualität" ein gesellschaftlicher Standard?**

Nein! Es gibt "Branchenwerte", die einmal Teil der Managementabläufe waren. Nur durch das Zusammenspiel und die Wechselwirkung der Managementprozesse und der operativen Prozesse in einem "Service with Excellence Management System" besteht über die Prozesskennzahlen "Indikatoren und Zahlen" (problemlos) viel mehr Transparenz.

### 3.3.1 Interne und externe Leistungsbewertung

Es liegt an der Unternehmenskultur, welche Folgen die Ergebnisse einer Leistungsbewertung haben. Der Überbringer schlechter Nachrichten wird heute nicht mehr dem Tode zugeführt. Das machten die alten Römer, die lebten mit "Devide et Impera", also "teile und herrsche".

Die Zeit der Römer ist seit 2000 Jahren vorbei, aber mit den Folgen der Arbeitsteilung in den hierarchischen Strukturen, der Administration des Feindes "Kunde" und der Fehlnutzung des Produktionsfaktors Humankapital als "Softfakt" sind die alten Regeln der Römer heute noch lebendig. Welcher Druck im Jahr 2003 mit Veränderungen, Entlassungen und Insolvenzen auf das Humankapital erfolgte, ist Thema in allen Medien und an allen Stammtischen.

Im "Service with Excellence Management System" ist das "Verbinden und Führen" die neue Regel im "Denken in Prozessen". Die Prozesskennzahlen und der kontinuierliche Verbesserungsprozess sind "Durchsatz_minded" und betreffen das heterogene Prozessteam.

**Die Leistungsbewertung entspricht dem strategiefokussierten Zielen**
Die Prozesslandschaft und die strategiefokussierten Prozesse sind der Pfad zur Umsetzung der Strategie. Die interne Leistungsbewertung hat die Fokusse "Qualität" und "Durchsatz".

Die Leistungsbewertung hat 2 Fokusse:

- "Durchsatz", die Reduzierung der "Produktionskosten der Qualität"
- "Qualität", die Verbesserung des Produktes / der Dienstleistung.

Die Kennzahlen, mit Früh- und Spätindikatoren sind die Basis der Leistungsbewertung. Die externe Leistungsbewertung kann generell nur auf den Fokus "Vergleich" mit anderen Abteilungen oder Unternehmen mit der Zielrichtung "best practice" ausgerichtet sein.

**Die Leistungsbewertung erfolgt über den Prozessstatus**
Wenn die Strategieumsetzung über die Prozesslandschaft und die Prozesse erfolgt, ist der Status aller Prozesse und deren Wechselspiel die Leistungsbewertung. Durch die Verbindung von Kompetenz und Verantwortung in Prozessen ergeben sich zwei Sichtweisen.

**Leistungsbewertung der Management- und der Operativen Prozesse**

- Die Prozessrolle "Management" ist für die Prozessinitiierung, den Prozessstatus, die Bewertung und die
  Maßnahmenfestlegung und Umsetzung verantwortlich.

- Die Prozessrolle "Prozessverantwortlicher" ist für den
  Status der Prozessimplementierung entsprechend der
  Zielvorgaben des Managements sowie für die Transparenz "seiner" Prozesse mittels Kennzahlen verantwortlich. Er lenkt und leitet die Prozessumsetzung in
  der Unit. Entsprechend der festgelegten Kennzahlen
  werden die "Indikatoren" und "Zahlen" monatlich
  berichtet und in den Prozessrollen behandelt.

**Interne Leistungsbewertung erfolgt bei "Kompetenz" und bei "Ver-
antwortung"**

Die interne Leistungsbewertung erfolgt einerseits mittels Prozesskennzahlen in Form von "Indikatoren" und der "Zahlen" im Rahmen der
jeweiligen Prozessverantwortung und andererseits im Rahmen der Prozessrollen des Managements.

Die Leistungsbewertung des Leben des Zusammenspiels der Managementprozesse und der operativen Prozesse zeigt ein Indiz dafür, dass die
Verbesserungsquote schnell eine steile Kurve nach oben macht oder stag-
niert. Der "Durchsatz" Fokus der strategiefokussierten Prozesse mit den
gemeinsamen Prozesszielen, die durch "Denken in Prozessen" auch in tief
verschachtelten Unternehmensorganisationen mittels "künstlicher Aura der
Prozessorientierung" zu einer leistungsstarken Autobahn werden können,
ist ein Fokus der internen Leistungsbewertung.

**Das Lenken und Leiten der Prozesslandschaft erfolgt in der Ver-
kettung mehrerer Gremienmeetings**

Meetings im Gesamtunternehmen:

- Das monatliche Meeting des Unternehmensmanagement
- Das monatliche Meeting des Prozessmanagement Teams
  unternehmensweit
- Das quartalsweise "Management Review" des
  Unternehmensmanagements

Meetings in der Unit:

- Das monatliche Meeting des Unit- Management
- Das monatliche Meeting des Prozessmanagement-Teams der Unit
- Das quartalsweise "Management Review" des Unit-Managements

**Die akkurate Führung der "Action Item List" (AIL) ist eine wichtige Dokumentation im Managementsystem**
In allen Gremienmeetings werden die vereinbarten Aktionen in einer AIL eingetragen und dokumentiert. Die Verifizierung erfolgt spätestens im Folgemeeting. Alle Aktionen, die in 3 Meetings (maximal 3 Monate) nicht erledigt zurückgemeldet wurden, werden an das nächsthöhere Gremium eskaliert und bei dessen folgender Sitzung in die AIL des höheren Gremiums aufgenommen. Dann gibt es für eine Aktion einerseits den Verweis auf die Übergabe an das höhere Gremium in der einen AIL und andererseits die übernommene Aktion in der anderen AIL. Somit ist auch hier eine Transparenz des Aktionsstatus gegeben.

**In der Prozessorientierung ist auch der Weg zum strategiefokussierten Prozessziel zu beachten**
Zur Leistungsbewertung gehört auch eine Transparenz der "Gremien / Meeting-Kultur". Prozessorientierung beinhaltet heterogen besetzte Teams, die mit verschiedenen Sichtweisen das Prozessziel angehen. Es besteht nicht (mehr) nur die (hierarchische) Führung, sondern (auch) die Lenkung und Leitung der Prozesse durch die Prozessverantwortlichen. Hier gibt es Zündstoff, der jedoch nicht sein muss.

**"Benefit & Concern" (B & C) bedeutet "Nutzen & Anliegen" in der Aura des Prozessmanagements**
Eine kurze Abfrage aller Gremien / Meeting-Teilnehmer des (B & C) in Form eines "Schnappschusses" zum Ende jedes Meetings sichert eine transparente Einschätzung des Meetings. Es erfolgt eine Außen- und Innensicht, d.h. was jeder Teilnehmer über das Meeting denkt und die Einschätzung aller anderen werden erkennbar."Schnappschuss" heißt zwei bis drei kurze Sätze. Durch die Protokollierung wird der Weg zum Ziel für alle Protokoll-Empfänger deutlich.

**Was man angehen muss, damit die Stimmung besser wird, ist der Pfad zur Goldgrube**

Reibung im Umgang der Menschen untereinander sind ebenfalls "Produktionskosten der Qualität". Jedes Meeting hat so viele Folgewirkungen, die - gut vorbereitet - wenig Reibung ergeben. Querdenker sind wichtig in der Diskussion, dürfen aber nicht nur immer alles in Frage stellen, sondern sollen mit konkreten Vorschlägen zur Erreichung der strategiefokussierten Ziele beitragen.

**Die interne Leistungsbewertung muss den Ablauf (Pfad) und die Umsetzung (Mensch) fokussieren**

Das ist wieder eine Neuerung im "Service with Excellence Management System". In den Meetings wird auch der Weg zum gemeinsamen Ziel transparent.

**Das Lenken und Leiten der Wechselwirkung der Prozesse erfolgt im Prozessmanagement-Team**

Die Steuerung und Abstimmung der Wechselwirkung der Prozesse erfolgen im Prozessmanagement-Team. Ohne harte Diskussionen, aber orientiert an den Prozesskennzahlen auf sachlicher Basis, geht es hier selten ab. Es geht um den Prozessstatus je Prozess und den Gesamtstatus aller Prozesse. Hier wird die Wechselwirkung der Prozesse deutlich, Wert bar und transparent.

**Ziel des Prozess-Management-Team-Meetings ist die Sicherstellung der Wechselwirkung der Prozesse**

1. Begrüßung                                      Managements

2. Prozess Design
   - Implementierungsplanung              n.n

3. Dokumentenlenkung
   - Änderung der Dokumente               n.n
   - Neue Organisationn.n

4. Prozesse
- Zuordnung Prozesse "Eigen, Cross & Ausgelagert"   Management
  - Status des Prozesses
  - Aktivitätenplanung                                           alle PV's
  - Darstellung des Prozessaufwands je PV          alle PV's
- Aktuelles Prozeßberichtswesen                          alle PV's
- Aktuelle Stufen je Prozeß (Ziele/Meßfelder/Meßgrößen) alle PV's
- Prozeßschulungen                                              alle PV's
- Termine, Teilnehmer, Teilnehmerlisten               alle PV's
- Update Gesamtprozessstatus                             Management

5. Qualitätsbilanz
- Welche Prozessketten werden gemessen?            n.n

6. Schulung
- Prozess - Workshop für neue Mitarbeiter            n.n

7. Sonstiges, AIL, B & C                                        alle  PV's

Die vierzehntägigen oder monatlichen Unit - Meetings stellen das Bindeglied zwischen der Prozessorganisation und dem Unit- Management
sicher. Hier erfolgt gemeinsam die Steuerung der Prozesslandschaft. Mit
dem Tagesordnungspunkt "Prozessstatus der Managementprozesse und der
operativen Prozesse" ist der direkte Unit - Leitungskontakt zur
Leistungserbringung und damit zur kontinuierlichen Bewertung des
"Durchsatzes" sicherzustellen.

Die vierzehntägigen oder monatlichen Unit - Meetings stellen das
Bindeglied zwischen der Prozessorganisation und dem Unit- Management
sicher. Hier erfolgt gemeinsam die Steuerung der Prozesslandschaft. Mit
dem Tagesordnungspunkt "Prozessstatus der Managementprozesse und der
operativen Prozesse" ist der direkte Unit - Leitungskontakt zur
Leistungserbringung und damit zur kontinuierlichen Bewertung des
"Durchsatzes" sicherzustellen.

**Ziel des Unit- Meetings ist die Reduktion der "Produktionskosten der Qualität"**

1.  Begrüßung                                                    Unit Leiter

2.  Aktuelles                                                    n.n.

3.  Ergebnisbericht der strategiefokussierten
    Prozessorganisation                                          n.n.

4.  Prozessstatus der Managementprozesse und
    der operativen Prozesse                                      n.n
    - Eigen, Cross, Ausgelagert

5.  AIL, B & C                                                   n.n.

Das Management-Review im "Service with Excellence Management System" ist die "Königsdisziplin" der internen Leistungsbewertung. Diese Bewertung sollte in den ersten Jahren je Quartal stattfinden. Teilnehmer sind das TOP-Management, der Managementverantwortliche des "Service with Excellence Management System" und ggf. Prozessverantwortliche zu bestimmten Tagesordnungspunkten.

**Ziel des Management - Review ist die Verbesserung des "Durchsatzes"**

## AGENDA

"Service with Excellence Management System" Management Review

Datum, Ort, Zeit

❏ Ziele
- ◆ Bewertung Ziele 2003      alle
- ◆ Definition Ziele 2004      alle

❏ Kundenzufriedenheit
- ◆ 2003      n.n.
- ◆ monatliche Befragung      n.n.
- ◆ 2003      n.n.

❏ Audit
- ◆ Zertifizierungs - Audit
- - Status der Maßnahmen      alle
- ◆ Audit / Assessment Planung      alle

❏ Prozessstatus
Status Prozessimplementierung      alle
Status Managementprozesse      alle
Status Prozesse
- - Eigen. Cross. Ausgelagert      alle
- - Prozessberichtswesen      alle

❏ Korrektur und Vorbeugungsmaßnahmen
- ◆ KVP      n.n.
- ◆ AIL      alle

❏ Veränderungen der Organisation mit Auswirkungen auf das "Service with Excellence Management System"
❏ B & C

**Ohne Verifizierung der Umsetzung der gesellschaftlichen Grundregeln gibt es keine Vergleichsmöglichkeit**

Die externe Leistungsbewertung hat den Fokus des Vergleiches der gesellschaftlichen Grundregeln auf Basis des "best practice". Diese Leistungsbewertung hat einen hohen Stellenwert, da hier die "Umsetzung der gesellschaftlichen Grundregeln" verifiziert werden. Bei Abweichungen besteht die Gefahr, die Mindestanforderungen zu unterschreiten und die "Produktionskosten der Qualität" unbeabsichtigt zu erhöhen.

### 3.3.2   Audit-/Assessment-Prozess als wertschöpfendes Instrument

Ohne wirkliches Commitment kann auch ein Audit oder Assessment kein wertschöpfendes Instrument sein. Wenn es (nur) um eine formale Überprüfung geht, ist die dafür aufgewendete Zeit heute viel zu schade.

**Der Fokus jedes Audit muss "Durchsatz" und "Qualität" sein**

Vorsicht! Audit - Ergebnisse sind Spätindikatoren. Wenn das Ergebnis bekannt wird, ist das Kind ggf. schon in den Brunnen gefallen.

Bei der Prozessorientierung liegt der Schwerpunkt auf Frühindikatoren. Die Kennzahlen, die während der "Leistungserbringung" Transparenz ermöglichen, sind Frühindikatoren. Diese "Indikatoren und Zahlen" werden mit Tools erstellt, aufbereitet und zeitnah berichtet. Ziel muss die Reduzierung der Spätindikatoren zugunsten der Frühindikatoren sein.

**Die Sicht auf "tangible Assets" mit dem Fokus auf "Humankapital" ist in Audits nur bedingt möglich**

Anders als in den Meetings mit dem "gemeinsamen" Schnappschuß bei der (B & C) Abfrage, ist das Audit nur eine "Tagesaktuelle Stichprobe". Das Audit - Ziel muss die Verifizierung des "Durchsatzes" und der "Qualität" beinhalten. Wirklich die Prozesskette Schritt für Schritt entlanggehen und die "Reibung" erkennen, ist die Umsetzung eines Prozessketten – Audit - Auftrags. Wenn sich der Auditor bei 15 Abteilungsleitern (Verantwortung in der Prozesskette) anmelden muss, sollte die Prozesskette mit den 30 (In -Out) Schnittstellen überdacht werden.

**In der Stichprobe sind Ursache und Wirkung schwer voneinander zu unterscheiden**

Bei der Audit-Besprechung aller Audit-Teilnehmer und des Managements müssen auf Basis des Audit-Berichtes Ursache und Wirkung ermittelt, bewertet und die notwendigen Maßnahmen festgelegt werden.

**Dennoch sind Audit / Assessment auch als Spätindikatoren wertschöpfende Instrumente**

Viele Audits machen "das Schwein nicht fett". Entscheidend sind die "ursachennahe" Durchführung, zeitnahe Bewertung und Maßnahmenfestlegung sowie das Leiten und Lenken der Maßnahmenumsetzung. Ganz wichtig ist, dass der Audit-Auftrag für das zielfokussierte Managementsystem einen Mehrwert erzeugt.

Hier einige Beispiele für sinnvolle Audits/Assessments :

- **Escalations - Audit**
  Wenn das Kind in den Brunnen gefallen ist, sollte man eine Wiederholung vermeiden.
  Dazu müssen die Ursachen und Wirkungen ermittelt, bewertet und die Veränderungen eingeleitet werden.

- **Prozess - Audit der "eigenen", "Cross-" und "ausgelagerten" Prozesse**
  Ist der Prozessablauf nicht zufriedenstellend, sollte die Prozessumsetzung transparent werden.
  Die Audits der Managementprozesse und operativen Prozesse zeigen die Aufwände der "Umschiffung der internen Schnittstellenprobleme" im "Durchsatz" auf.

- **Prozessketten - Audit**
  Klappt das Zusammenspiel und die Wechselwirkung der Prozesse nicht, sind die Ursachen und die Wirkungen in allen beteiligten Prozessen zu verifizieren.
  Hier sind alle beteiligten Prozesse auf ihre Wechselwirkungen hin zu verifizieren.

**Eine Audit - Planung über 2 - 3 Jahre sollte alle werttreibenden Prozessketten beinhalten**

Suchen Sie Ihre werttreibenden Prozesse? Womit verdient das Unternehmen sein Geld? Planen Sie Audits mit dem Hintergrund, den "Durchsatz", die "Qualität" und die "Produktionskosten der Qualität" zu verifizieren. Kontrollierende Funktionen sollten nicht mittels Audits, sondern durch "Führung" sichergestellt werden.

**Audits ohne zeitnahe Bewertung und Maßnahmenterminierung generieren keinen Mehrwert**

Stellen Sie sicher, dass die Audits wirklich als wertschöpfendes Instrument genutzt werden.

## 4. Planung Ihres "Service with Excellence Management System"

Das TOP-Management kann mit einem Managementsystem den Führungskräften und Mitarbeitern helfen, damit sie sich selbst helfen können. Es geht ums das "Be_greifen", was in der "Black box" der Produktionskosten abläuft. Wenn die Präsentationsfolien des Managements keinerlei Hinweise auf den Weg zur Zielerreichung aufgrund der komplexen tiefverschachtelten Struktur vermitteln, versuchen die Abteilungsleiter, Teamleiter und Mitarbeiter durch höchsten persönlichen Einsatz ein Ersatzmanagement zu etablieren. Dabei wird das "Verständnisloch" zwischen den kaufmännischen und den technischen Abteilungen immer tiefer. Die notwendige Polsterung der Reibung kostet dann Gold.

**Ein Traum ist unerlässlich, wenn man die Zukunft gestalten will, sagte Victor Hugo**
Sie wollen Ihr Haus wieder in Ordnung bringen? Sie wollen die "Produktionskosten der Qualität" reduzieren? Sie wollen "Durchsatz_orientiert" ca. 40 % der Produktionskosten angehen? Sie wollen die Chancen einer konsequenten, rentabilitätsorientierten Wachstumsstrategie nutzen? Dies ist nur realisierbar, wenn zufriedene Kunden Ihre Produkte / Dienstleistungen nutzen und effektive, motivierte Mitarbeiter ihren Beitrag dazu leisten. Effizienz, Effektivität und Innovation sind die Ziele der Prozessorientierung.

**Packen Sie es an, bevor es zu spät ist!**
Packen Sie die großen Herausforderungen durch die Suche nach kreativen, neuen Lösungen an und seien Sie bereit, neue Wege zu beschreiten. Solange Sie sich auf dem steinigen Weg zur Prozessorientierung befinden und Sie ihre Hausaufgaben noch nicht erledigt haben, müssen sie die Verantwortung für die hohen "Produktionskosten der Qualität" übernehmen und das angestrebte Ergebnis als "optimal" verteidigen.

**Appellieren Sie an die Eigenverantwortlichkeit des Managements, den "Durchsatz" zu optimieren.**
Das Empowerment eines Top-Managers in "schwierigem" Fahrwasser:
Aus der beginnenden Konsolidierung der Branche werden wir als eindrucksvoller Gewinner hervorgehen, wenn es uns gelingt, unsere Größe,

unsere erstklassigen Großkunden - Plattformen, unser Wissen und unsere optimierten internen Prozesse, insbesondere aber die Qualifikation, Erfahrung und Motivation von uns allen fokussiert und zielgerichtet gemeinsam für unsere Kunden einzusetzen.

**Alles klar? Wissen Sie, wie ein Managementsystem dieses Empowerment unterstützen kann?**

Es geht darum, die X-Chromosomen (Zahlen_minded) und die Y-Chromosomen (Durchsatz_minded) in einem prozessorientierten Managementsystem mit "frischen", wirklich guten Managementprozessen und operativen Prozessen zu verknüpfen. Der Beginn Ihrer Planung sind die Inhalte, die Meilensteine und deren Terminierung. Es gab Unternehmen, die benötigen für das Projekt zwei bis drei Jahre. Das ist heutzutage nicht mehr zu überblicken. Also ist das viel zu lange. Wenn Sie ein strategiefokussiertes- und kundenorientiertes Managementsystem nicht als Alibi, sondern mit wirklichem Commitment aufbauen wollen, sollten 100 Tage für das "Komplexitätsprojekt" und 200 Tage zum Leben und zum kontinuierlichen Verbesserungsprozess reichen. Nach einem Jahr, falls möglich nach einem Geschäftsjahr, sieht die Welt schon anders aus. Sie haben in der Regel dann schon ca. 30 – 40 % Ihrer Chancen ausgenutzt. Nach diesem Erfolg kann und darf aber nicht nachgelassen werden. Die kontinuierliche Verbesserung des Managementsystems und die Anpassung an Organisationsveränderungen ist Ihr Fokus.

**Wie sind die aktuellen Marktanforderungen? Wo sind Ihre Mitbewerber? Wo wollen Sie hin?**

Die wichtigste Frage ist: Wann wollen Sie "wo" sein?

| 9 | Bewiesene Weltklasse | Performance Management |
|---|---|---|
| 8 | Best-Practice | Balanced Scorecard |
| 7 | Innovation Quantensprünge | |
| 6 | Verbesserung | Assessment |
| 5 | Erfolgsmessung | (Self)-Assessment nach Deming, |
| 4 | Meßindikatoren | Baldridge, EFQM... |
| 3 | Konformität | Konformitätsbewertung |
| 2 | Nicht-kritische Abweichungen | ISO9000, ISO14001, EMAS2, |
| 1 | Kritische Abweichungen | BS7799, VDA6... |

| 1- 3 | Ohne die Prozessorientierung gibt es keine Konformitätsbewertung des gesellschaftlichen Standards entsprechend DIN EN ISO 9001:2000. |

1- 3      Ohne die Prozessorientierung gibt es keine Konformitätsbewertung des gesellschaftlichen Standards entsprechend DIN EN ISO 9001:2000.

4 – 6      **Ohne** Prozessorientierung ist kein wirkliches Assessment möglich.

7 – 9      **Ohne** Prozessorientierung gibt es kein Performance Management als Portfolio Steuerung.

Welche Stufe Sie auch immer als Basis Ihres "Service with Excellence Management System" festlegen, es ist heute kein Standard ohne den Weg der Prozessorientierung mehr zu erreichen.

**Die wirtschaftlichen Aspekte bei komplexen Unternehmen**
Durch das verbesserte Zusammenspiel der beiden Assets (tangible und intangible) und dem Leben der Prozessorientierung verbessert sich mit zunehmender Organisationsstufe der Durchsatz. Das folgende Beispiel zeigt die "normale" Wirkung der Organisationsstufen. Der IST-Stand in einem normalen tiefverschachtelten Unternehmen ist 100 %.

**Die Verbesserung des Durchsatzes entsprechend der Stufen gemäß "best practice"**

- 1 - 3    von 100 % auf 90 % = Verbesserung um ca. 10 %

- 4 - 6    von 90 % auf 70 % = Verbesserung um ca. 20 %

- 7 - 9    von 70 % auf 40 % = Verbesserung um ca. 30 %

Entscheidend ist nicht die genaue Prozentzahl der Verbesserung je Organisationsstufe, sondern der Nachweis, das es mit Ihrem "Service with Excellence Management System" um 60 % Organisationskosten Reduzierung geht. Das ist Ihr Goldschatz!
Meine Behauptung, dass in komplexen Unternehmen die Reibung so stark ist, dass die "Produktionskosten der Qualität" die Erstellungskosten um aufblähen und das Ergebnis schnell um ca. 40 % schmälern, ist damit für jeden Zweifler nachvollziehbar.

**Prozessorientierung ist heute der Weg aller aktuellen und bekannten Managementsysteme**

Vom "Zahlen_minded" Management der Geschäftssteuerung zum "Durchsatz_minded" Management der Portfoliosteuerung? Ob das gut geht ? Gewiss! Die Verantwortung für X-Milliarden Umsatz soll nicht mehr hierarchisch, sondern team- und prozessorientiert verantwortet werden.

**Prozessorientierung machen wir schon lange....**

Na, wirklich? "Wasch mich, aber mach mich nicht nass", haben Manager vieler Unternehmen seit 1987 praktiziert. Die Zertifizierungen waren zwar kein Zuckerschlecken, aber das Zertifikat hat man irgendwie immer bekommen. Gut, dass dann der Qualitätsmanager für die Qualität zuständig ist. Wenn das Management nicht für den "Durchsatz", sondern nur für die Zahlen verantwortlich ist, bemerkte man zwar in den letzten Jahren die ansteigende Reibung, aber sehr selten die steigenden "Produktionskosten der Qualität", die viele Erfolge der Effizienzsteigerung "geräuschlos" auffressen.

**Alle Feuerwehrleute heraustreten und abteilungsweise antreten!**

Was in komplexen Unternehmen an Schnittstellen -, Überprüfungs - und Feuerwehrkosten anfallen, ist schnell höher als die Kosten für die operative Leistung. Ist das nicht ein Argument für einen Wechsel zur Prozessorientierung?

**Die meisten Manager haben es im Gefühl, dass da etwas nicht richtig läuft. Aber was tun?**

Ein befreundeter TOP Manager sagte mir: Die Ziele haben wir viele Jahre (primär tangible Assets) problemlos erreicht, aber in den letzten Jahre wurde es immer schwieriger, je komplexer die Organisation (Trend zum intangible Humankapital) wegen der wachsenden Kundenanforderungen wurde. Das Zusammenspiel der beiden Assets ist wirklich schwierig, da das Controlling keine vernünftigen Zahlen bietet.

**Die Revolte der Prozessorientierung in den Unternehmen**

Hier hilft keine Halsstarrigkeit des Establishments der Unternehmensführer und allgemein der Wissenschaft. Mit grotesk harten Reaktionen und der Ausgrenzung aller Management-Attention auf die

Prozessansätze sind die "Produktionskosten der Qualität" eben nicht in den Griff zu bekommen. Die Verhinderer benötigen schon ehrverletzende persönliche Angriffe, die jeder verantwortungsbewusste Mensch sehr distanziert analysieren sollte. Auf der Sachebene sind die unterschiedlichen Managementmethoden jedoch nicht mehr diskutierbar. Es geht um Macht! Nur um die Macht! Macht muss sich als "Arbeitsteilung" verabschieden und als "Führung" in der "Arbeitsverbindung" erneut beweisen. Es geht um die "Produktionskosten der Qualität, die aus der "falschen" Umsetzung der Organisation entstehen. Es geht um das Senken der Organisationskosten um 40%.

**Wir brauchen ein anderes Credo. Jede Vision muss ein Ziel und einen Weg haben**

Die verkrusteten tiefverschachtelten Unternehmen mit der negativen Geisteshaltung des Managements schlägt jedem Mitarbeiter "auf den Magen", die neben Leistung auch Lebensqualität einfordern. Mit den Visionen der Dienstleistungsgesellschaft sowie der zunehmenden Globalisierung ist die Prozessorientierung verknüpft. In schwierigen Situationen darf ein Nein nicht immer ein Nein bedeuten. "Never take no for no", wenn es um das Thema "Durchsatz" geht. Lassen Sie die "Durchsatz_minded" Manager und Mitarbeiter mitgestalten, gehen Sie die Konflikte aktiv an und erhöhen Sie damit ihren Glaubwürdigkeitsgrad. Der lange Weg der Selbstfindung in der Prozessorientierung ist nur über die Diskussion der Inhalte (siehe Lufthansa 300 Millionen Euro Ertragserhöhung) führbar. Das Managementteam muss die "Vision" mit dem Weg der "Prozessorientierung" erfolgreich umsetzen.

**Von der Strategie ...**

Die Strategie und das Leistungsportfolio des Unternehmens muss den Mitarbeitern vermittelt werden. Jeder Mitarbeiter muss verstehen, welche Richtung das Unternehmen aus welchen Grund einnimmt. Es muss klar sein, welchen Beitrag die jeweilige Arbeit zur Strategieumsetzung leistet. Die Führungskultur und die Aufgaben des Managements müssen entsprechend der Prozessorientierung verändert werden - entsprechend dem Prozessziel.

**Mit beiden Assets, den materiellen und den humanen, kann die Portfoliosteuerung erfolgen**

Das Zusammenspiel der Assets muss der absolute Fokus sein. Die Produktivitätssteigerung erfolgte mit den Faktoren Arbeit und Materialverbrauch. Bei der "Durchsatz-minded" Prozessorientierung geht es um die Optimierung des Produktionsfaktors Materialverbrauch ebenso wie um die Optimierung des Produktionsfaktors Arbeit. Mit technischen Innovationen mittels Einsatz von Energie, Material und Arbeit wird die Effizienz und die Effektivität angegangen und verbessert.

**Denken sie immer an die 20 : 80 und die 80 : 20 Regel**

Entsprechend der 20 : 80 Regel können bei themenorientiertem "know how" mit 20% Wissen rund 80 % der Themen aus den bekannten "Streuungsgründen" bearbeitet und gelöst werden. Entsprechend der 80 : 20 Regel sind die letzten 20 % übermäßig teuer. Auf den Prozess bezogen ist eine 100 % ige Abbildung also unbezahlbar. Also Mut zur Lücke! Wenn Sie ca. 80 % der Aktivitäten in den Prozessschritten und in die jeweiligen Verantwortlichkeiten fokussieren, haben Sie den richtigen Ansatz gewählt. Der KVP regelt den weiteren Fortschritt.

**Immer wichtiger wird die aktuelle Transparenz durch "Ablaufstatus-Tools"**

Wegen der Unpünktlichkeit der Abflüge und Ankünfte der Lufthansa war die Kundenzufriedenheit schlecht. Nach eingehender Analyse konnten sehr viele Ursachen erkannt und verantwortlich gemacht werden. Es wurde ein Tool entwickelt, alle "Schritte" abgebildet und der aktuelle Status permanent abgefordert. Das war der angemessene Weg. Schnell wurden die Ursachen der "Reibung" transparent. Mit der Festlegung , der Terminierung und der Wirksamkeitsprüfung der Maßnahmen wurden die Kosten um sage und schreibe 300 Millionen Euro reduziert. Ohne Tooltransparenz über den Gesamtprozess wäre der eingeschlagene Weg nicht möglich gewesen. Wenn jeder der vielen Schritte einzeln optimiert worden wäre, wäre ein anderes Ergebnis herausgekommen. Dabei schlagen sofort die "Reibung" und die "Produktionskosten der Qualität" zu.

**Da hat der Qualitätsbeauftragte versagt, oder?**

Nochmals deutlich, der Qualitätsbeauftragte ist für die Transparenz der Qualität, das Management aber für den Durchsatz verantwortlich.

**Der Satz von Abraham Lincoln spiegelt die aktuelle Problematik wieder:**
"Ihr könnt den Menschen nicht auf Dauer helfen, wenn Ihr für sie tut, was sie selber für sich tun sollten und könnten". Kernaufgaben dürfen nicht delegiert werden.

**Welche "Abläufe" gibt es in Ihrer Organisation, in denen "die Millionen auf der Straße liegen"?**
Jeder "Ablauf dieser Kategorie" finanziert das gesamte "Komplexitätsprojekt" und eine wirkliche Ergebnisverbesserung dazu.

Ich offeriere Ihnen dazu eine Metapher aus 1001 Nacht:

Die Scheichs der Vereinigten Arabischen Emirate (VAE) haben das Öl und damit das Geld noch ca. 40 Jahre, um ihre Scheichtümer von einem nicht "technischem System" auf ein "technisches System" zu transformieren. 2003 leben ca. 700000 "locals" und ca. 3 Mio. Ausländer in den VAE und erst ca. 2 % der lokalen Scheichtum-Familien-Mitglieder sind in das "daily Business" eingebunden. Nur mit viel, viel Ausbildung und noch mehr Praxis ist aus dem Beduinen ein Business-Typ zu entwickeln. Über die "Produktionskosten der Qualität" macht sich hier noch niemand Gedanken.

**Was sagt Ihnen diese Metapher ?**
Jede Transformation kostet Geld. Sie können das notwendige Geld auch haben. Das Top Management eines tief verschachtelten Unternehmens kann aus den Kosten der "Produktionskosten der Qualität" durch Ändern der "Denke" und des Blickwinkels vom administrativen zum operativen Denken mittels "Denken in Prozessen" Innovation und Profit genieren, um in den nächsten 2 - 3 Jahren das "technische System" seines Unternehmens in ein "Netzwerksystem" zu transformieren.

**Wirklich wichtig ist die detaillierte Festlegung der Verantwortlichkeiten in Prozessrollen**
Die Verantwortung schließt die Festlegung der Arbeitsschritte mit ein. Also heran an die Prozessorientierung mit der Festlegung aller Prozessschritte und der Abbildung aller Verantwortlichkeiten in Prozessrollen. Vom "Herrschen" in Hierarchien mit Information zum "Führen" in Prozessen mit Kommunikation.

**Aus der Tradition heraus die Zukunft zu gestalten**

Die bestehenden Takte und der Rhythmus in den Unternehmen müssen in einer Orientierung auf Prozesse neu verknüpft werden, ohne die Misstrauenskultur der Hierarchie zu übernehmen, damit der Takt und der Rhythmus der Prozessorientierung nicht mit einem "Big Bang" die Unternehmenswelt und Unternehmenskultur total verändert. Neu ist dann die Prozessorientierte Vertrauenskultur.

Rollen gibt es :

- in den Managementprozessen
- in den operativen Prozessen
- in der Prozessorganisation

**Die Flexibilität und das Risiko zählen mehr als Sicherheit und Kontinuität**

Ein Ablauf darf nicht starr sein. Gehen Sie die komplexen Aufgaben in den tief- verschachtelten Unternehmen in Ruhe an. Alle an einem Ablauf Beteiligten stimmen die Prozessrollen und -schritte ab. Schnell wird dabei deutlich, wo es hakt.

**Der "Durchsatz" und die "Produktionskosten der Qualität" sind der Fokus der Prozessorientierung**

Wer mit dem Spruch auftritt, alles zu können, gerät bisweilen in den Verdacht, nichts richtig zu können. Deshalb ist die Besetzung der Rollen so wichtig. Je heterogener das Prozessteam, desto größer die Chance, über den Tellerrand hinauszublicken. Genau da liegt das "Gold" der "Produktionskosten der Qualität". Jeder Ablauf, der durch die Organisation geht, muss prozessorientiert angegangen werden. Ziel ist das Zusammenspiel aller Abteilungen zur gemeinsamen Zielerreichung sicherzustellen.

- Gemeinsame Prozesse des Unternehmens und der Teilunternehmen mit Ihrem Portfolio
- Prozesse der Stabsstellen und der Teilunternehmen.
- Prozesse je Teilunternehmen

**Das Ziel des Projekts ist das "Service with Excellence Management System"**

Es geht darum, Umsatz, operatives Ergebnis und Effizienz zu steigern und vorhandene und neuen Kunden das komplette innovative Portfolio zu vermitteln und zu verkaufen.

**Der Weg des Projektes "Service with Excellence Management System"**

**Konzeptionierung**

- Empowerment durch das TOP-Management
  - Die Festlegung der "Pulsschlagzahl" des "Service with Excellence Management System" entsprechend der "gesellschaftlichen Grundregel".
  - Die "Geschäftssteuerung" erfolgt mittels einer "Portfoliosteuerung".
  - Die Portfolios werden benannt und als Teilunternehmen aufgestellt.
  - In der "Portfoliosteuerung" werden die "tangible" und "intangible" Assets gelenkt und geleitet.
  - Die mentalen Methoden von "Zahlen_minded" in "Durchsatz_minded" transferieren.

**Planung**

- Prozesse als Weg zur Umsetzung der Strategie
  - Prozessrollen als Führungsinstrument anerkennen und Führungsstil festlegen
  - Die Kennzahlen "Indikatoren und Zahlen" als Führungsinstrument definieren
  - Aufbau der Controlling-Funktionen zur Steuerung der "Durchsatz"-Orientierung
  - "Top down" Kaskadierung der Ziele und "Bottom up" Durchführung der Prozessentwicklung.
  - Mit der Strategiefokussierung und der Kunden-orientierung die Prozesslandschaft und alle Prozesse mit den folgenden Schwerpunkten entwickeln.

- "gesellschaftliche" Grundlagen
- Die Arbeitsabläufe mit weniger Reibung durch Zusammenspiel der Assets organisieren
- Die Erhöhung der Mitarbeitereinbindung zur Verbesserung der Mitarbeiterzufriedenheit
- Transparenz und Reduktion der "Produktionskosten der Qualität"
- Erhöhung des Ergebnisses und die Verbesserung der Innovation durch die Verbesserung des "Durchsatzes"

**Umsetzung**

- Führungsstruktur und Gremien des "Service with Excellence Management System" etablieren.
- "Staffing" des Projektes "Komplexitätsmanagement", "SwE"
- Realisieren einer geschäftsfeld-übergreifenden "Prozesslandschaft"
- Inklusive Sicherstellung von Synergien, Innovation und Kreativität.
- Benennung der Prozessverantwortlichen und Freigabe der Prozesse durch das "Top Management".
- Bündelung der Aktivitäten zur Implementierung der Prozesslandschaft und "Roll out Planung".
- "Umsetzung" und "Leben" der Prozesslandschaft und der Prozesse.

Wichtig ist die offene und interaktive Kommunikation zwischen allen Unternehmensebenen (Kommunikationskaskade) über den Start und die Prozessphasen.

**Meilensteinplanung des "Service with Excellence Management Systems"**

| Januar | Februar | März | April | Mai | Juni | Juli | August | September | Oktober ... |
|--------|---------|------|-------|-----|------|------|--------|-----------|-------------|
|        |         |      |       |     |      |      |        |           |             |

## 4.1. Statusaufnahme der bestehenden Prozesse / Organisationsrichtlinien des Unternehmens

**Kann eine "Aura" das "handicap" der hierarchischen Organisation lösen ?**

Wir bilden eine "künstliche Aura der Prozessorientierung ", damit wir die Vorteile der Prozessorientierung im Unternehmen nutzen können. So bekommen wir eine "leistungsstarke Autobahn" in unserem Matrix - verschachtelten Unternehmen, sagte der Vorstandchef eines Großunternehmens. Ist das noch eine weitere, informelle oder virtuelle Organisation im Unternehmen, fragten verängstigt die Vorstände. Nein, es geht um einen neuen Weg zur Sicherstellung des nachhaltigen wirtschaftlichen Erfolgs, sagte der Vorstandchef. Viel Erfolg.

**Der "Durchsatz" und die Reduzierung der "Produktionskosten der Qualität" sind der Fokus der Prozessorientierung**

"Be_greifen", was die "Produktionskosten der Qualität" sind und "Be_wegen" um kontinuierlich besser zu werden, ist die Kernaufgabe beim "Denken in Prozessen". Die Kongruenz von Kompetenz und Verantwortung fördert die Reduzierung der "Produktionskosten der Qualität" durch Prozessschritte und Prozessrollen.

**Die Prozesse laufen bei uns schon viele Jahre, was soll daran falsch sein? Sie werden es sehen!**

Untersuchen Sie Ihre aktuellen Prozesse bitte nach folgenden Kriterien:

**Prozesse:**

- Gemeinsame Prozesse des Unternehmens und der Teilunternehmer in Ihrem Portfolio
- Prozesse der Stabsstellen und der Teilunternehmen.
- Prozesse je Teilunternehmen

**Prozess-Formen :**

- Administrativ
- Operativ
- Management

**Prozesstyp :**

- "Eigen"
- "Cross"
- "ausgelagert"

**Prozesswert :**

- "Wertschöpfend" primär
- "Wertschöpfend" sekundär
- "Unterstützend"

Bei der Überprüfung der bestehenden Prozesse werden Sie sich wundern, dass Sie zwar sehr viele administrative Prozesse haben, aber wie oder womit Ihr Unternehmen das Geld verdient, ist nicht explizit oder kaum beschrieben.

Bei komplexen Unternehmen gibt es zudem sehr wenige "eigene", stattdessen mehr "cross" und "ausgelagerte" Prozesse. Bei den "eigenen" Prozessen können Sie den Prozess-Durchsatz selber steuern, da keine andere Abteilung an dem Prozess mitarbeitet. Bei den "cross" Prozessen arbeiten mehrere Abteilungen an einem Prozess und der Durchsatz muss durch alle Abteilungsleiter sichergestellt werden. Bei den "ausgelagerten" Prozessen sind Ihre Einflußgrößen zum "Durchsatz" auf die Schnittstellen begrenzt.

Wissen sie wirklich, welche Prozesse hierbei "Wertschöpfend" sind? Hier liegt das große Problem. Die Zielrichtung der Prozesse geht schnell an den wertschöpfenden Aktivitäten vorbei. Ob die Ursache dafür in der Fokussierung des "Zahlen_minded" Managements auf die Administration und die Ergebniszahlen liegt, müssen Sie selbst feststellen.

**Bei wertschöpfenden Prozessen muss die Durchgriffsmöglichkeit klar sein**

# Wertschöpfung und Durchgriffsmöglichkeit der Prozesse

| Prozess: | Wertschöpfung (eng) | Wertsch. (sek.) | Unterstützung |
|---|---|---|---|
| = eigene | | | |
| = cross | | | |
| = ausgelagerte | | | |

## 4.1.1 Prozess Status (Kontrolle erlangen, schnelle Verbesserung, WERT orientierte Führung)

Klassifizieren Sie die Prozesse nach dem erlangten Status und den Bereichen: "eigen", "cross" oder "ausgelagert". Je genauer Sie die Bewertung vornehmen, desto besser wird die Analyse der "Wiese" als Basis des Managementsystems. Bedenken Sie bitte, welche Prozess-schrittverantwortlichen Sie bei der Bewertung der Prozesse benötigen!

**Die Wertigkeiten der Stufen:**

Kontrolle erlangen:         Wissen, was im Prozess abläuft.

Schnelle Verbesserung:      Früh- und Spätindikatoren stellen
                            die kontinuierliche Verbesserung sicher.

WERT orientierte Führung:   Prozess sichert immer den opti-
                            malen "Durchsatz" und die
                            vereinbarte "Qualität".


**Bedenken Sie, das die Entwicklung eines Prozesses gerade einmal 20% des Wertes ausmacht, der Rest ist in der Implementierung und dem "Leben" enthalten**

Vorgaben des „Service with Excellence Managementsystems"

| Prozesse | Kontrolle erlangen | Schnelle Verbesserung | WOF |
|---|---|---|---|
|  |  |  |  |
|  |  |  |  |
|  |  |  |  |
|  |  |  |  |
|  |  |  |  |
|  |  |  |  |
|  |  |  |  |
|  |  |  |  |

## Neben der Bewertung aller Prozesse liegt das Hauptaugenmerk auf dem Prozesszusammenspiel

Haben alle Prozesse bewertete Ziele? Unterstützt die Wechselwirkung der Prozesse die gemeinsame Zielerreichung? Hierbei geht es noch nicht um die Wertigkeit der Aufgaben. Vorsicht: Die Kette kann bekanntlich am schwächsten Glied reißen!

## Welche Aufgabe haben welche Prozesse, um den Zielfokus umzusetzen?

Alle Prozessziele müssen so abgestimmt sein, dass die Leistungserbringung unterstützt wird. Der Prozentanteil zum gesamten Zielfokus des Prozesses zeigt nicht die Wichtigkeit, sondern dient dem Versuch, alle 100% Anteile zur Zielerreichung zu erkennen.

## Das Zusammenspiel aller Prozesse zur Zielerreichung sicherstellen

Wenn Sie alle Prozessbewertungen haben, sollten Sie einen Workshop zur Festlegung der Prozess Status terminieren. Das Ergebnis dieser Bewertung ist die Dokumentation der aktuellen "Wiese".

## 4.1.2    Bewertung des Prozess Status

Sie müssen jetzt den Status der "aktuellen Prozess - Wiese" ermitteln, um die Basis für Ihr "Service with Excellence Management System" festzulegen. Die Basis ist u.a. die Bewertung der Zielerreichung der Prozessziele.

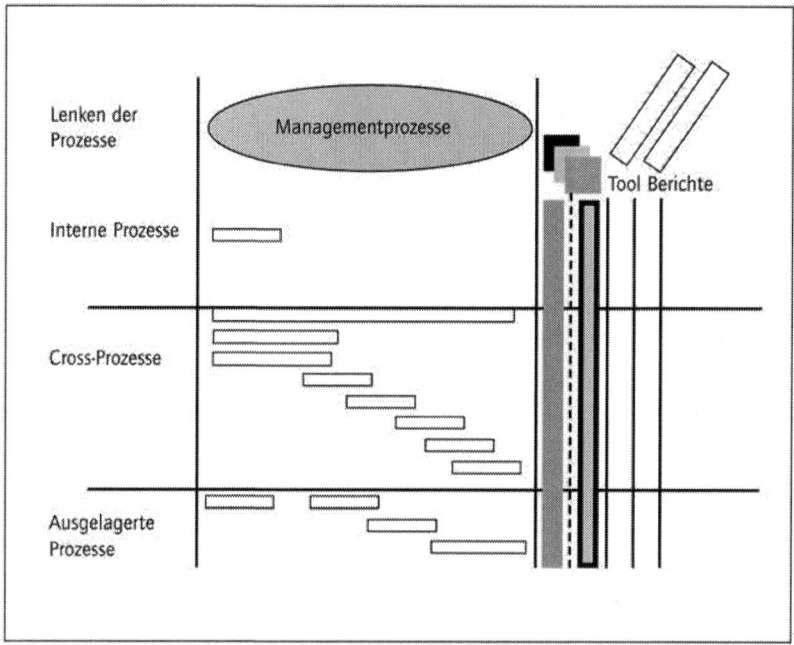

**Legende:**
Dunkelgrau bedeutet, dass alle Mitarbeiter und Führungskräfte entsprechend der vereinbarten Aktivitäten und Rollen prozesskonform arbeiten und damit die Zielereichung unterstützen.

Hellgrau bedeutet, dass es einen Prozessstop wegen fehlender Prozessorientierung gibt und damit die Zielereichung nicht unterstützt wird.

**Wie ist der Status Ihrer Prozesse? Wie sieht das Zusammenspiel der Prozesse aus?**
Wie steht es mit Ihren Prozessen? Ist die Diskrepanz zwischen Ihrem Zielfokus und der "Ist -Aufnahme" des Managementsystems groß?

**Ist die Prozessorganisation eine reine "Show Veranstaltung", sollte über den Stellenwert diskutiert werden**

Ein "Show Case" kostet viel Geld, bringt aber nichts. Es entstehen die "Produktionskosten der Qualität".

**Sein** (Prozessorientiert) **oder nicht** (Prozessorientiert) **sein, das ist hier die Frage:**

- Prozess unterstützt das Unternehmensziel nicht
- Prozess hat kein meßbares Ziel
- Prozess generiert keine Kennzahlen
- Gesamtsicht "Durchsatz" ist nicht fokussiert
- Kennzahlen werden nicht vom Management bewertet
- Ein kontinuierlicher Verbesserungsprozess ist nicht etabliert

**Eine Untersuchung der "PILOT Unternehmensberatung" im Jahr 2002**

Führungsmangel der Firmenchefs und des Leistungspersonals und nicht die wirtschaftlichen Rahmenbedingungen sind die Hauptursache für die stark gestiegene Zahl der Insolvenzen von Klein- und Mittelbetrieben in Deutschland. Im vergangenen Jahr 2002 gab es in diesem Segment 38.000 Insolvenzen.

Haben die Gewinnwarnungen vieler Großbetriebe gleiche Ursachen? Wenn die "Produktionskosten der Qualität" wirklich ca. 40% betragen, liegen die Ursachen dafür wohl auch an der mangelnden Führung.

**Es geht um Arbeitsorganisation, Arbeitszeit und Arbeitsform sowie die Qualifikation der Mitarbeiter**

Wirklich gut laufende Prozesse unterstützen die "Balance" von "work and life". Wenn alles brennt und eilig ist, steigert die permanente Hektik immer stärker die Beschleunigung der Arbeitswelt. Bei der Prozessorientierung geht es wirklich um die "scheinbare" Entschleunigung der aktuellen Welt. Der "Durchsatz" wird reibungsloser, die Mitarbeiter können mitwirken und das Management hat eine tolle Transparenz. Wenn kein Geld "verschleudert" wird, geht es allen gut und gemeinsam hofft man auf die langersehnte Konjunkturverbesserung um dann strategiefokussiert durchzustarten.

**Prozessbewertung bedeutet die Transparenz der "BLACK BOX", der "Kosten der Leistungserbringung"**

Denken Sie an die "Produktionskosten der Qualität". Wie teuer schätzen Sie die Reibung im Unternehmen ein? Führen Sie die Bewertung der Prozesse so lange durch, bis Sie eine wirkliche Transparenz der "Kosten des gesamten Unternehmens" haben. Im Zusammenspiel der "tangible" und "intangible" Assets liegt die Chance der Zukunft.

**Starten Sie nie mit einer "grünen Wiese" ohne Rücksicht auf das Bestehende**

Auch aus Zeitgründen hilft es nicht. Die Bewertung aller Prozesse mit dem Blick auf den Gesamtfokus zeigt, welchen Stellenwert die Prozesse für die aktuelle Zielerreichung der "Zahlen_minded" Ergebnisse haben. Ist der Stellenwert niedrig, lahmen die Prozesse. Ist er hoch, unterstützen sie die Prozesse. Lahme Prozesse werden durch das Lenken und Leiten der Prozesslandschaft durch das Management schnell zu einer echten Unterstützung der Führung.

**Fangen Sie an, mit der Strategiefokussierung und der Kundenorientierung ein zielorientiertes Managementsystem auf Basis Ihrer "Wiese" aufzubauen**

**Future is now !**

### 4.2 Von der Balanced Scorecard zu den Prozesszielen

Die Strategie muss mit 4 "neuen" Prämissen in der Balanced Scorecard abgebildet werden.

- Die Kundenorientierung ist der Schulterschluss aller Beschäftigten im Unternehmen in Richtung Kunde und Markt. Der Weg zu mehr Erfolg in unserem Hause geht über die Kundenorientierung und Kundenzufriedenheit mit dem deutlichen Ziel der Kundenbindung.

- Die Basis für einen dauerhaften Unternehmenserfolg ist ein exzellentes Managementsystem, das mehr durch Effektivität und Effizienz, als durch strikte Ergebnisorientierung gekennzeichnet ist.

- Der Weg sind die team- und prozessorientierten strategischen Sichtweisen mit kurzen Reaktionszeiten, Kreativität und Innovation.

- Präzises Wissen und Kreativität sind die zukünftig entscheidenden Erfolgsfaktoren.

**Die Umsetzung der Strategie in die Balanced Scorecard ist die Umsetzung der "strategischen und operativen Unternehmensziele" in "qualitative und quantitative" Ziele**
Die Geschäftsteuerung primär durch die Portfolio-Steuerung zu gestalten hat den Hintergrund, die Strategie genauer und effektvoller in die Balance Scorecard umzusetzen. Ggf. gibt es eine BSC für die Geschäftssteuerung und für jedes Portfolio der Portfolio-Steuerung.

Die vier Sichtweisen der Balanced Scorecard sind:
- Finanzen / Ergebnisse
- Produktivität / Prozesse
- Marktposition / Kundenbindung
- Innovation / Mitarbeiter

**Eine erste Aufgabe ist die "Potential / Hypothek-Analyse der Strategieumsetzung" durchzuführen**

**Analyse**

"Potential"                              "Hypothek"

- positiv                                - negativ

Die Festlegung und Terminierung der Maßnahmen aus der Analyse muss

* durch organisatorische Maßnahmen

und / oder

* mit festgelegten Prozesszielen angegangen werden.
  Hier stellt sich wieder die alte Frage "Henne oder Ei".

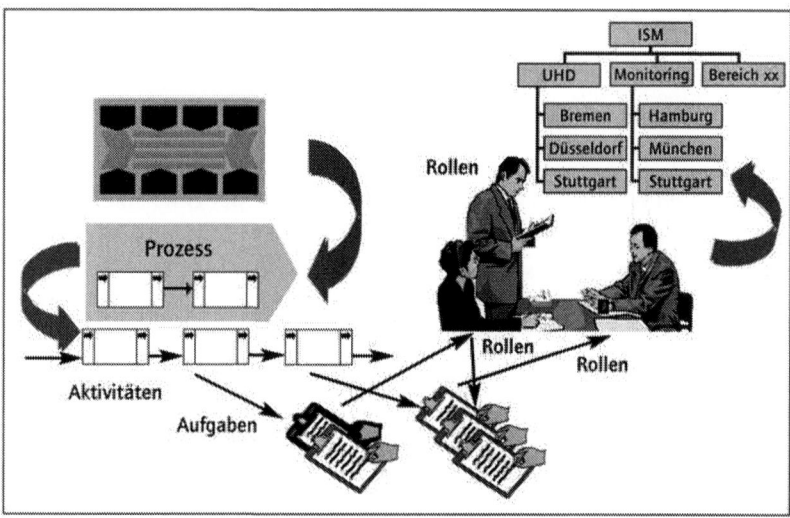

Ist der Prozess oder die Organisation der Ausgangspunkt der Überlegungen?
Die Prozessdefinition ist durch die Rollen organisationsunabhängig. Das trifft jedoch nur bei vollständiger Prozessorientierung zu. Bei vielen Schnitt – und Nahtstellen der Organisation sind dies u.a. die Ursachen für die "Produktionskosten der Qualität".

**Prozess- oder Organisations-minded?**
**Structure follows process oder Process follows structure?**

Es gibt zwei sehr unterschiedliche Sichtweisen:
* Welche Prozesse benötigt das Unternehmen, um mit der abgebildeten Organisation die Ziele zu erreichen?
* Welche Organisation benötigen die Prozesse, um die Ziele zu

erreichen?

Die Entscheidung, ob die Organisation nach den Prozessen oder die Prozesse nach der Organisation ausgerichtet werden, kann Ihnen niemand abnehmen. Beide Möglichkeiten der Organisation sind gehbar. Sie sind für die Organisation verantwortlich! Schlagen Sie neue Wege ein!

**Wenn Sie "wirklich" die Prozessorientierung wollen, ist der Weg klar**

Führen Sie die Geschäftsteuerung mittels Portfoliosteuerung durch. Für jedes Portfolio gibt es einen Verantwortlichen aus der Geschäftsführung. Aus der Strategie wird die BSC des Unternehmens, von der Unternehmens BSC werden die BSC's der Portfolio-Teilunternehmen abgeleitet.

Grundregel: Alle Prozessziele müssen strategiefokussiert sein und die "qualitativen und quantitativen" Ziele der Kriterien der BSC unterstützen.

**Geben Sie allen Prozessen auch ein "Durchsatz" - Ziel**

Die Leistungserbringung muss auf Basis eines Prozess - Zieles erfolgen. Als Gegenmittel für die "Produktionskosten der Qualität" muss jedes Ziel ein "Prozess - Durchsatz-Ziel" haben. Für die "eigenen" Prozesse ist es schon schwer genug, ein "gemeinsames Durchsatzziel" zu vereinbaren. Wenn das TOP- Commitment nicht vorliegt, erleben Sie bei dem Versuch, ein "gemeinsames Durchsatzziel" zu vereinbaren, mit den Prozessbeteiligten von "cross" oder "ausgelagerten" Prozessen die Kriegswirren der "Zahlen_minded" versus "Durchsatz_minded" Vertreter. Da hilft nur ein "Prozess-Durchsatz-Ziel" des TOP-Managements.

**Die "Durchsatz_minded" Controllingmethoden müssen definiert und implementiert werden**

Denken Sie immer an die tollen Möglichkeiten des Wissens und der Kreativität der Mitarbeiter. Setzen Sie Früh-/Spät-Indikatoren zur Transparenz und zum kontinuierlichen Verbesserungsprozess in Gang.

**Die Umsetzung der Kriterien der "Balanced Scorecard" in die Prozesse erfolgt mit folgenden Schritten**

• Die Umsetzung der "strategischen und operativen Unternehmensziele" in "qualitative und quantitative" Ziele erfolgt durch die Balanced Scorecard.

- Die Umsetzung der "qualitativen" und "quantitativen" Ziele erfolgt in den jeweiligen Prozessen

  - **eigene**
  - **cross**
  - **ausgelagerte**

- Die Prozessschritte und die Prozessrollen werden definiert und müssen gelebt werden.

- Der Prozess Status ist durch die Kennzahlen "Indikatoren und Zahlen" transparent.

- Die Bewertung der Prozess-Zielerreichung erfolgt durch die "Durchsatz_minded" Controlling Methoden.

### 4.2.1 Rollenspiel, Prozesse und Organisation "Aktuell" gegen "Vision grüne Wiese"

Die Kriterien der Balanced Scorecard und die Prozesse müssen strategiefokussiert sein. Nehmen Sie sich die Zeit und veranstalten Sie ein Rollenspiel im Managementteam. Vergleichen Sie einmal die "aktuelle Situation" mit einer vereinbarten Vision der "grünen Wiese". Entscheiden Sie sich dann, mit welchen Prozessen und welcher Organisation Sie agieren wollen.

**Bestandsaufnahme der "aktuellen" Situation**
Ziel ist die Darstellung der Reibung und der 40% "Produktionskosten der Qualität".

- Welche Prozesse hat jedes Teilunternehmen / Abteilung / Gruppe?
- Wer ist an welchem Prozess beteiligt ?
- Von wem wird der Prozess verantwortet?
- Welche Schnittstellen sind mit welchen Auswirkungen im Ablauf bekannt?
- Welcher Prozessschritt wartet wann auf wen?
- Gibt es eine Prozessbewertung?

• Gibt es eine Bewertung des Prozess Zusammenspiels?

Welche Prozesse sind im Unternehmen vertreten? Wie werden sie gelebt?
Wie ist das Zusammenspiel in der Organisation. Unterscheiden Sie zwi-

**Status des „Service with Excellence Managementsystems", Datum**

| Prozesse | Kontrolle erlangen | Schnelle Verbesserung | WOF | Prozessziel erreicht (%) |
|---|---|---|---|---|
| | | | | |
| | | | | |
| | | | | |
| | | | | |
| | | | | |
| | | | | |
| | | | | |
| | | | | |

schen eigen, cross oder ausgelagerten Prozessen.
Ist die Mehrzahl der Prozesse nicht "eigen", werden Sie in den tiefver-
schachtelten Unternehmen keinen Verantwortlichen für den "Prozess-
Durchsatz" finden. Das sind u.a. die Ursachen der "Produktionskosten der
Qualität". Stellen Sie unter dem Fokus des "Durchsatzes" die "Zahlen -
minded" Controlling-Methoden mit den Kostenträgern und den
Kostenstellen dar. Versuchen Sie den aktuellen "Durchsatz" zu ermitteln.
Wie hoch sind Ihre "Produktionskosten der Qualität"?

Was kann das TOP Management verbessern?

• Das Management kann Prozesse von "cross" zu "eigene" oder
ausgelagerte" zu "cross" durch Organisationsänderungen
optimieren, um weniger Schnittstellen in der tiefverschachtelten
Struktur bedienen zu müssen

Oder

• Eine echte Prozessorientierung anstreben und durchsetzen.

**Entwickeln sie eine Vision des Unternehmens auf einer "Grünen Wiese"**

Nehmen Sie die Strategie und lenken und leiten Sie mit der Portfoliosteuerung die BSC. Sie sollten je eine BSC für die Unternehmenssteuerung und für jedes "Portfolio" entsprechend der Portfoliosteuerung haben". Welche operativen Aufgaben sind in welchem Portfolio notwendig? Welche "Shared Services" gibt es? Wer hat die Verantwortung für die Wirtschaftlichkeit?

Füllen Sie die BSC´s mit "realen" Werten.

Initiieren Sie Ihre Unternehmens-Prozesslandschaft mit den Prozessen und bauen Sie eine Prozessorganisation auf. Alle Prozessziele sind entsprechend der Strategiefokussierung ausgerichtet und die Prozessorganisation mit Aktivitäten und Rollen abgebildet.

Welche Prozessgruppen sind jetzt im Unternehmen vertreten?

• eigene
• cross
• ausgelagert

Ist die Mehrzahl der Prozesse weiterhin nicht "eigen"? Haben Sie in den tiefverschachtelten Unternehmen einen Verantwortlichen für den "Prozess-Durchsatz" gefunden?

Stellen Sie die "Durchsatz_minded" Controllingmethoden mit den "Indikatoren und Zahlen" für die Verifizierung des Durchsatzes dar. Versuchen Sie den "Grüne Wiese-Durchsatz" zu schätzen. Wie hoch sind die "Produktionskosten der Qualität"?

**Wo liegen die großen Unterschiede? Wie kann man die Vorteile nutzen?**

Was könnte man besser machen?

- Die Organisation verändern
  und / oder

- Eine echte Prozessorientierung anstreben?

Sie sehen, was da alles transparent wird. Die Diskrepanz der Ergebnisse zwischen "aktueller" und "grüner" Wiese zeigt Ihre Möglichkeiten auf. Trotz des "Schocks" ist die Brechstange kein Mittel. Wenn die "grüne" Wiese das Ziel ist, muss die Meilensteinplanung den Weg von der "aktuellen" Wiese zu "Ihrem Managementsystem" beinhalten. Nehmen Sie die "aktuelle" Wiese immer als Ausgangsbasis, ansonsten "rappelt es schrecklich im Karton"!

### 4.2.2 Zieldefinition 1: Ausrichtung der Organisation mittels Kriterien der Balanced Scorecard

**Haben Sie schon einmal mit der "Balanced Scorecard" gearbeitet? Wie sind Ihre Erfahrungen?**
Es geht einfach darum, aus mehreren Sichten die Strategieumsetzung im Unternehmen anzugehen und zu sichern. Durch das zunehmende Zusammenspiel der "tangible" und "intangible" Assets in der Dienstleistungsgesellschaft wird die "Durchsatz_minded" Transparenz immer wichtiger. Hohe "Produktionskosten der Qualität" bedeuten einen Eingriff in die "Performance des Ergebnisses".

Es gibt viele Bücher über die "Balanced Scorecard". Hier bewußt ein altes Beispiel.

| Finanzwirtschaft | | | | |
|---|---|---|---|---|
| Wie sollten wir aus Kapitalgebersicht dastehen? | Strategisches Ziel | Meßgröße | Operatives Ziel | Aktivität |
| | | | | |
| | | | | |

| Kunden | | | | | Vision & Strategie | Geschäftsprozesse | | | | |
|---|---|---|---|---|---|---|---|---|---|---|
| Wie sollten wir aus Kundensicht dastehen? | Strategisches Ziel | Meßgröße | Operatives Ziel | Aktivität | | Bei welchen Prozessen müssen wir Hervorragendes leisten? | Strategisches Ziel | Meßgröße | Operatives Ziel | Aktivität |
| | | | | | | | | | | |
| | | | | | | | | | | |

| Mitarbeiter, Lernen | | | | |
|---|---|---|---|---|
| Wie können wir flexibel und verbesserungsfähig bleiben? | Strategisches Ziel | Meßgröße | Operatives Ziel | Aktivität |
| | | | | |
| | | | | |

Wenn Sie die Umsetzung der BSC-Ziele durch eine Prozessorganisation erreichen wollen, müssen Sie die Verantwortlichkeiten für die Verbindung der vier BSC-Sichtweisen in der Prozesslandschaft abbilden.

### Finanzen / Ergebnisse

**Marktposition / Kundenbindung**  **Produktivität / Prozesse**

### Innovation / Mitarbeiter

## Die Organisation muss in der BSC abgebildet werden

Wer ist für was verantwortlich?

- für die Finanzen / Ergebnisse
- für die Marktposition / Kundenbindung
- für die Produktivität / Prozesse
- für die Innovation / Mitarbeiter

Sie bemerken sofort die neuen Verknüpfungen der BSC-Kriterien zur Sicherstellung des Erfolges.

## Organisationsänderungen sind bei der Umstellung von der Geschäftssteuerung zur Portfoliosteuerung dringend notwendig

Wenn Sie die Unternehmens- / Geschäftsteuerung mit der Portfoliosteuerung etablieren wollen, bedarf es zentraler Grundsätze für die neue Steuerungsphilosophie, nach denen das Unternehmen künftig gesteuert werden soll. Eines muss hierbei klar sein, die operative Verantwortung liegt in der Leitung des Portfolio, das Ziel ist die Strategie und der Weg ist die Prozessorientierung.

Auf transparente Weise müssen die Führungsstrukturen und die Zusammenarbeit zwischen der Zentrale mit der "Geschäftssteuerung" und den Teilunternehmen mit der "Portfolio-Steuerung" neu geregelt und etabliert werden.

Die drei Grundsätze im Überblick:
- Strategische Steuerungsaufgaben für das Unternehmen werden von der Zentrale wahrgenommen.
- Die operative Steuerung des Geschäftes liegt in den geschäftsverantwortlichen Divisionen.
- Aufgaben, die nicht zum Kerngeschäft gehören, werden aus den "Shared Services" erbracht.

Das Projekt Strategisches Management:
- Teilprojekt "Zentrale" mit der Geschäftsteuerung mittels "Portfoliosteuerung"
- Teilprojekt "Shared Services"
- Teilprojekt "Regeln der Wertschöpfung"

**Um wirklich effizient und kundenorientiert arbeiten zu können, muss eine "neue" Organisationsform erarbeitet und umgesetzt werden**
Die Unternehmensleitung konzentriert sich zukünftig ausschließlich auf die strategische Steuerung des Unternehmens. Entsprechend der Portfoliosteuerung liegt die operative Verantwortung in den Teilunternehmen.

"Shared Services" sind Leistungen, die innerhalb des Unternehmens für mehr als ein Teilunternehmen erbracht werden. Wer sie, wie und zu welchem Preis erbringt, muss vereinbart werden. Ziel ist es, durch den Aufbau der "Shared Services" die Qualität der Dienstleistungen weiter zu verbessern und die Kosten zu reduzieren. Die Regeln der Wertschöpfung und der "Durchsatz-minded" Controlling-Methoden müssen insbesondere auf Grund der neuen Unternehmensstruktur und entsprechend der neuen Steuerungsphilosophie angepasst werden.

Verbesserungen bei internen Abläufen und Prozessen werden immer diskutiert. Oftmals ohne Erfolg, da es immer wieder divergierende Ziele in der Organisation gibt.

**Ohne Prozesse geht nichts mehr!**

**Richten Sie das Unternehmen entsprechend der Portfoliosteuerung aus**

- Grundlage ist das TOP-Management-Commitment mit den strategiefokussierten Zielen.
- Benennen Sie die Teilunternehmen entsprechend der Portfoliosteuerung sowie die Verantwortlichen.
- Definieren Sie alle "Shared Services" und benennen Sie die Verantwortlichen.
- Definieren Sie die Prozessorganisation mit den Aufgaben und Zielen und der Rollenzuordnung.
- Definieren Sie die "Durchsatz-minded" Controlling-Methoden mit den Zielen und den Verantwortlichkeiten.

**Welche Organisationsgremien benötigen die Prozesse?**

- Gremium der Geschäftssteuerung mit den Verantwortlichen der Teilunternehmen (Portfolio) und der definierten "Shared Services".
- Gremium der Portfoliosteuerung je Teilunternehmen und ggf. weitere untergeordnete Gremien.
- Gremien der Prozessorganisation mit Rollenzuordnung.

**Mehr nicht?**

Alle Führungskräfte und auch alle Mitarbeiter sind den Prozessen durch Rollen zugeordnet. Es gibt einen Ruck vom "Administrativen" zum "Operativen" im Unternehmen. Es gibt wieder Innovation statt Stagnation. Es erfolgt eine "Arbeitsverbindung." Durch die Strategiefokussierung der Prozesse haben alle ein gemeinsames Ziel und "werden" an einem Strang ziehen. Das ist das beste Gegenmittel der hohen "Produktionskosten der Qualität".

**Es sieht zwar alles einfach aus, ist es aber nicht, oder doch?**
Nehmen wir als Beispiel den Einkauf. Zentraler oder dezentraler Einkauf sind immer ein tolles Thema. Doch genau das verweist auf die ertragsmindernde "Reibung". In der Prozessorganisation ist dieses Thema eigentlich egal, denn das Prozessziel regelt das Verfahren.

Es gibt für das gesamte Unternehmen einen "Einkaufsprozess" mit festgelegten Rollen und Aufgaben. Wer was macht, wird in den Prozessschritten und den Verantwortlichkeiten festgelegt. Durch Kennzahlen mit "Indikatoren und Zahlen" werden die Prozessziele verifiziert.

**Was sind das denn für Ziele und Kennzahlen, die vor "Produktionskosten der Qualität" warnen?**
- Durchsatz entsprechend der Dauer der "internen Unterschriftsregeln".
- Durchsatz der Zeit von der "Bestellung bis zur Lieferung" / "Wunschtermin"

**Sie sehen an dem Beispiel, dass das Thema "Durchsatz" in jedem Prozess darstellbar ist**
Entscheidend ist die Ausrichtung der Organisation entsprechend der Kriterien der BSC mit dem Ziel, durch die Einhaltung aller Prozessziele die strategiefokussierten Ziele zu unterstützen.

**Wenn es nur einen Einkaufsprozess im Unternehmen gibt, gelten für alle die gleichen Regeln**
Ich vergleiche nicht Äpfel mit Birnen. Bei der Portfoliosteuerung kann es in den Teilunternehmen natürlich unterschiedliche Ansprüche an den Einkauf geben. Als "Shared Service" mit dem Ziel angetreten, die Qualität zu verbessern und die Kosten zu minimieren, sind auf Basis des Wissens

und der Kreativität die notwendigen Änderungen sicher schnell zu definieren, zu verabschieden und im Prozess zu implementieren.

### 4.2.3 Zieldefinition 2: Verknüpfung der wesentlichen Kriterienelemente der BSC zur Prozesslandschaft

**Welche Bedeutung haben Innovationen und neue Technologien als Wachstumstreiber?**

**Welche Bedeutung haben Produktivität, Effizienz und Effektivität als Wachstumstreiber?**

In den vier Kriterien der Balanced Scorecard sollte es mehrere Elemente geben, welche die Unterziele beschreiben. Auch diese BSC-Unterziele müssen in den Prozessen abgebildet werden.

Die Methoden zu diesem Sachverhalt sind in zwei Büchern von Kaplan / Norton ausgezeichnet beschrieben worden. Als "grounding" kann ich sie nur empfehlen.

Die Kriterien und die Elemente der Balanced Scorecard sind die Basis für die Prozesse der Prozesslandschaft.

#### Finanzen / Ergebnisse

**Marktposition / Kundenbindung**          **Produktivität / Prozesse**

#### Innovation / Mitarbeiter

Zu den Kriterien werden je Element "Mind Maps" erstellt, in dem für jeden verständlich die Beschreibung des Zieles und der dorthin Weg beschrieben wird.

Dies ist besonders wichtig, wenn die Teilunternehmen so unterschiedlich sind, dass für die Zielerreichung unterschiedliche Wege gegangen werden müssen. Das Ziel ist gleich, der Weg aber nicht!

**Welche Prozesse hat die "Prozesslandschaft"?**

* **Managementprozesse**

- **Operative Prozesse**

als "eigene", "cross" und "ausgelagerte" Prozesse. Damit wird deutlich, wie schwierig die Klärung der Prozessschritte und der Rollen sein kann, wenn die "Reichweite der Durchsetzung" von immer mehr Akteuren verantwortet wird.

**Die Prozesslandschaft ist heute kein Abbild der Organisation mehr**

Zur Sicherung der Strategiefokussierung ist es wichtig, dass die Elemente der Balanced Scorecard als Kriterien in den Prozesszielen abgebildet werden. Welche Prozesse benötigt werden, wird in der Bestandsaufnahme verifiziert. Wie die Prozessziele durch die Balanced Scorecard "gefüttert" werden, möchte ich jetzt erläutern.

**Strategisches Ziel (Meßgrösse, Wert alt, Wert neu, Verantwortlicher)**

**Finanzen / Ergebnisse**
- Umsatzsteigerung
- Steigerung der Profitabilität
- Aufbau der "Durchsatz-minded" Controlling-Methoden

**Marktposition / Kundenbindung**
- Kundenbeziehungsmanagement verbessern
- Langfristige Kundenzufriedenheit und Kundenbindung erreichen
- Wachstum Europa

**Produktivität / Prozesse**
- Effiziente und Effektive Prozesse
- Reduktion Forderungsbestand
- Reduktion der Vertriebskosten

**Innovation / Mitarbeiter**
- Durchgeführte Mitarbeitergespräche
- Schulungsbeurteilung positiv / negativ
- Durchgeführte Wirksamkeitsprüfung der Umsetzung der Schulung in der Praxis.

**Die Sicherstellung der Verknüpfung der wesentlichen Elemente der BSC zur Prozesslandschaft erfolgt durch die Schritte der Managementprozesse.**

| | |
|---|---|
| • Strategie und Planung | Umsetzung der Strategie in die BSC |
| • Führen durch Ziele | Führen mit den "Strategiefokussierten" Zielen |
| • Ergebnis und Kostensteuerung | "Zahlen" und "Indikatoren" bewerten |
| • Leiten und Lenken der Prozesslandschaft | Führen der "intangible" Assets mit den PV´s |
| • Sicherstellung KVP | Sicherstellung des operativen "Durchsatzes" |

Die Managementprozesse und ihre Ziele

**Beim Leiten und Lenken der Prozesslandschaft werden die "Elemente" in den Prozessen abgebildet**
Damit ist die Strategiefokussierung direkt in die Prozesse als messbares Ziel eingeflossen. Gibt es für ein Element keinen "zuständigen" etablierten Prozess, muss zur Umsetzung ein Prozess entwickelt, implementiert und gelebt werden. Denken Sie an den Aufwand und die Zeit, um einen neuen Prozess zu implementieren, aber nichts desto trotz, wenn es notwendig ist, sollte es getan werden. Durch die Festlegung der Prozessschritte und den Regeln für die Verantwortlichkeiten in Rollen sind Prozesse flexibel, transparent und meßbar. Wenn alle Beteiligten in einem Workshop an der Zielerreichung arbeiten, ist die Entwicklung, Implementierung und das Leben kein Problem.

**4.2.4    Zieldefinition 3: Anpassung der Organisation - Hierarchie versus Prozesse und Administration versus Produktivität**

Nach der Umsetzung der "strategischen und operativen Unternehmensziele" der Strategie in die "qualitativen und quantitative Ziele" der Balanced Scorecard erfolgt die Umsetzung in "Prozessziele". Die Messbarkeit und die Transparenz der Prozesse ist der Garant für einen permanenten Status der Umsetzung der Strategie. Jeder Mitarbeiter versteht jetzt die Strategie anhand der Prozessziele.

**Jetzt geht es um die Frage, welche Organisation die Prozesse brauchen?**

### Hierarchie vs. Prozesse
Hier ist der Kriegsschauplatz. Hier geht es um gewachsene mentale Methoden mit festgelegen Rhythmen und Takten. Hier geht es aber auch um Macht und Geld. Macht ist klar, aber geht es nur um Geld oder auch um "Produktionskosten der Qualität"?

### Administration vs. Produktivität
Hier geht es um "Be-greifen und Be-wegen", um aus "Wissen, Kreativität und Material" eine qualitativ hochwertige Leistung zu erzielen, die beim Verkauf ihren "Wert" erzielt. Mit hohen Preisen oder fehlender Innovation kegeln sich Firmen aus dem Markt!

**Entscheidend ist die Reduzierung der Reibung und der "Produktions-kosten der Qualität".**
In den tiefverschachtelten hierarchischen Unternehmen gibt es zu viele divergierende Ziele, deshalb lahmen die Prozesse und die Mitarbeiter sind nur "ausführendes Organ".

**Wie erreicht man dagegen die Zielfokussierung aller?**
Wie bei der Regel der Straßenverkehrsordnung mit "rechts vor links", muss die Regel "Prozess hat Vorfahrt" die Organisation dominieren. Dazu gehört das Commitment des TOP-Managements. In einer Organisation laufen dann viele Prozesse, deren Ziele von allen unterstützt werden. Es gib deshalb keine divergierenden Ziele mehr. In den "Management -Prozessen"- und den "Operativen Prozessen" werden die Aufgaben und die Verantwortlichkeiten festgelegt. Eine "ausgezeichnete" Wechselwirkung der Prozesse sichert den Erfolg gegenüber zu hohen "Qualitätskosten der Produktion" und damit den Unternehmenserfolg.

**Was bedeutet es, dass der Prozess Vorfahrt gegenüber der Organisation hat?**
Alle im Unternehmen vorhandenen Abläufe sind in Prozessen abgebildet. Jeder Prozess hat einen Prozessverantwortlichen, der für den Ablauf und

die Transparenz verantwortlich ist. Somit gibt es viele Prozessverantwortliche, die die Aufgaben und Rollen ihres Prozesses verifizieren. Rollen bestimmen deshalb die Organisation. Wenn es in einer Abteilung zehn Prozesse gibt, ist es die Aufgabe des Abteilungsleiters, die Prozessleistung seiner Mitarbeiter zu verantworten. Damit steht und fällt der Teil der variablen Vergütung. Kontrolle ist gut, aber Vertrauen ist besser.

**In der Prozessorganisation gibt keine "Schnittstellen" mehr, sondern "Übergänge"**
Wenn in einem "Prozess" die Mitarbeiter von sechs Abteilungen divergierende Ziele haben, gibt es Schnittstellen. Wenn in einem "Cross-Prozess" die Mitarbeiter der sechs Abteilungen ein gemeinsames Ziel haben, gibt es "Übergänge". So schön kann die Welt sein! Man hilft sich sogar untereinander!

**Wie werden die Mitarbeiter zur "organischen Infrastuktur"?**
Mit dem unterschiedlichen Wissen und der daraus entwickelten Kreativität kann das Prozessteam den optimalen Mix der "tangible und "intangible" Assets ermitteln und ggf. auch problemlos kurzfristig ändern.

**Dafür gibt es viele Beispiele, hier eines:**
Eine Gruppe muss in einem Prozess oft kurzfristig "Preise" nennen. Schnell verliert man das Prozessziel (10 Tage) aus dem Auge. Eine kurze Sitzung und lautes Palaver mit dem Ergebnis: Es wird ein Warenkorb entwickelt. Dieser wird für alle zugänglich gemacht und wöchentlich gepflegt. Diese "Innovation" hat in vier Gruppen gemeinsam locker 20.000 Euro im Monat "eingespart"!

**Kleinkram? Kennen sie ebenfalls solche Beispiele?**
Alle Ihre Beispiele gehören ebenfalls zu den "Produktionskosten der Qualität". Durch innovative Prozesse werden diese "Fakten" transparent. Wo nicht gemessen wird, gibt es keine Verbesserung. Wenn keiner sagt, wo es klemmt, ist jede Hilfe schwierig.

**Die Organisation des "Service with Excellence Management Systems" ist prozessorientiert**
Ausgehend von den Managementprozessen werden die "operativen Prozesse" gelenkt und geleitet. Es gibt keine divergierenden Ziele mehr.

Die strategiefokussierten Prozessziele sind der gemeinsame Weg zur Zielerreichung. Wenn alle Beschäftigten an einem Strang ziehen, ist Ihr Unternehmen eine Macht. Preis und Innovation stimmen. Wenn dann auch noch die Konjunktur stimmt, brauchen Sie sich keine Gedanken machen. Aber nochmals klargestellt: Eine echte Prozessorganisation reduziert die Reibung, damit die "Produktionskosten der Qualität" und fördert die Innovation. Also Ihr Marktauftritt stimmt!

**Die Prozessorganisation setzt die Strategie transparent um. Die Bewertung erfolgt in Rollen.**

Strategie
    Balanced Scorecard
       Prozessziele
          Prozessbewertung
             Kontinuierlicher Verbesserungsprozess


Alle Führungskräfte und Mitarbeiter sind mit Aufgaben und Rollen in den Prozessen eingebunden. Die Vergütung der Führrungskräfte und der Mitarbeiter erfolgt entsprechend der Erfüllung der Prozessziele aller in der Abteilung "gelebten" Prozesse. Es gibt keine Schwerpunkte mehr, denn nur die Summe aller Prozessergebnisse ist der Zielfokus.

**Passt die Prozessorganisation in den tief verschachteltes Unternehmen?**
Klar, mit der Vorfahrtsregel "Prozess vor Organisation" ist das kein Problem. Seien Sie sich sicher, das sich nach kurzer Zeit die Unternehmensorganisation der Prozessorganisation nähert. Wenn die Prozessorganisation bei der Reduktion der Reibung und den "Produktionskosten der Qualität" erfolgreich ist, gibt es viel weniger Widerstände. Wer will nicht erfolgreich sein?

**Kann ein "hierarchischer" Manager auch ein Prozessverantwortlicher sein?**
Managen bedeutet Lenken und Leiten der "Mitarbeiter und des Materials" zur Zielerreichung. Damit ist klar, das mentale Managementmethoden mit ihrem Rhythmus und dem Takt die Basis der Prozessorientierung sind. Es geht darum, mit Teamwork und Empowerment die Erreichung der

Prozesszielvorgaben zu sichern. Managen von Wissen und Kreativität sind die Basis aller Prozessverbesserungen.

**Die Organisation des prozessorientierten Unternehmens erfolgt entsprechend der Portfoliosteuerung**
Dem die "Macht" geben, der die operative Verantwortung hat; so einfach ist das. Das Unternehmen, die Teilunternehmen mit den "operativen Bereichen" und die "Shared Services" sind zu strukturieren. Die Prozessverantwortlichen sind zu benennen und zu etablieren. Die Prozesslandschaft und die Prozesse werden unter Berücksichtigung der "aktuellen Wiese" entwickelt und implementiert. Gelebt ziehen sie sich später wie ein roter Faden durch das Unternehmen. Keine grüne "Wiese" bauen! Der Knall ist sehr laut. Die Ablösung der "aktuellen Wiese" durch die "neue Wiese" muss entsprechend der Meilensteinplanung "hart" erarbeitet werden. Die Erfolge sind schnell sichtbar. Es gibt wieder Zeit für Innovationen.

**Am Erfolg sind alle beteiligt, am Mißerfolg nicht**
Also viel Erfolg mit Ihrer prozessorientierten Organisation.


**4.2.5.   Zieldefinition 4: Wie komme ich von den Zielen ausgehend zu den richtigen Prozessen?**

**Wie komme ich zu Zielen, dessen Erfolg durch unterstützende "Merkmale" zu planen ist?**
Hier geht es wirklich um die "Butter bei den Fischen". Menschen ändern gelingt am besten, wenn man sie wertschätzt – Der Mensch ist ein WERT! Dass die Mitarbeiter in der Dienstleistungsgesellschaft hofiert werden, ist vielerorts nur ein Lippenbekenntnis. Was in den tiefverschachtelten Unternehmen an Reibung erzeugt wird, hat mit "Hofieren" nichts mehr zu tun. "Bei acht Stunden Arbeit habe ich heute nichts gemacht, was geplant war. Da Probleme, dort Beschwerden etc."

**Was braucht man zum "Flöten"?**
Beim tiefen C-Flötenspiel benötigen sie alle zehn Finger an einem bestimmten "Ort" zu einer bestimmten "Zeit". Wenn ein Finger nicht "ganz richtig" eingesetzt wird, ist der gewünschte "Ton" nicht getroffen. Gleiches

gilt beim Pusten. Wenn nicht ganz richtig gepustet wird, wird ebenfalls nicht der Ton getroffen. Zwei mal Ort, Zeit und Ergebnis sind Merkmale, um den Erfolg des Flötenspiels zu planen.

**Sie brauchen eine Gesamtsicht des Weges zur Zielerreichung**
Wenn Sie an ein Orchester mit 60 Musikern denken, gibt es locker 200 Merkmale, um den Erfolg zu planen. Wenn sie dazu an das Orchestergebäude, an die gesamte Infrastruktur und die Bühne mit Licht und Ton denken, sind es schnell 500 Merkmale, mit denen man den Erfolg planen kann. Das kann einer nicht alleine planen. Aber alle haben nur ein Ziel: die tolle Vorstellung. Bei der ausverkauften Vorstellung gab es einen rauschenden Erfolg des Orchesters, steht dann in der Zeitung. Kaum einen interessiert dabei der "Durchsatz", wie im richtigen "Zahlen_minded" Leben, aber das Ziel ist erreicht.

**Wie viele Merkmale gibt es im ihrem Unternehmen, um den "Durchsatz" und den Erfolg zu planen?**
Henne oder Ei ist hier nicht die Frage. Kommt zuerst der Weg und dann das Ziel, oder zuerst das Ziel und dann der Weg? Viele Unternehmen mit divergierenden Zielen arbeiten deshalb nicht unternehmenszielfokussiert. Sagen Sie nicht, die Kostenstellen und Kostenträger sind ihre Merkmale. Hier entwickeln sich die Schnittstellen. Mit unklaren Verantwortlichkeiten zu hohen "Produktionskosten der Qualität". Prozesskennzahlen können andere Merkmale abbilden. Der Unterschied von Zahlen_minded und Durchsatz-minded wird hier besonders deutlich.

**Durchsatz_minded: Auf Basis des Zieles wird der Weg (Durchsatz) und das Ergebnis fokussiert**
Ziel ist Ziel, aber welcher Weg sichert das Ziel? Es geht darum, aus den vier Sichtweisen der Balanced Scorecard die "richtigen" Prozessziele herauszufinden, um mit allen Prozessen die Umsetzung der Strategie zu unterstützen und den "Durchsatz" zu verbessern. Ein Prozess oder eine Organisation dürfen keinen Selbstzweck haben.Kreativ sind die Wirkung und / oder die Auswirkung der Prozessziele auf die Unternehmensziele zu erkennen und zu bewerten. Es darf kein Prozessziel ohne den Fokus auf die Strategie geben.

**Bei der Entwicklung der Prozessziele erinnern Sie sich bitte an die 500 Merkmale der Orchestervorstellung**

Wie schafft man es, aus 60 Musikern (Solitären) ein Orchester zur bilden, was uns so klangvoll erfreut? Das fokussierte Prozessziel ist die Vorstellung. Mit welchem Weg (Prozesse) das Ziel unterstützt wird, ist die Frage.

**"Feel the spirit of success". Das Neue kommt auf leisen Sohlen**

Nehmen Sie sich die Zeit mit Unterstützung der vier BSC Sichtweisen den Weg und den "Durchsatz" zur Strategieumsetzung zu ermitteln. Diese Zeit lohnt sich, weil Sie wirklich kreativ einen gemeinsamen Weg zum Erreichen der Ziele ermitteln. Glauben Sie mir, Sie schlafen besser, wenn Sie die "Produktionskosten der Qualität" im Griff haben. Im Unternehmen werden die Solisten zum Orchester, wenn Sie es schaffen, dass die Kriterien die Elemente der BSC sich gegenseitig unterstützen.

**Beispiel :**

Vom BSC-Kriterium 2 "Marktposition / Kundenbindung" wird das Element 1 "Kundenbeziehungsmanagement verbessern" dargestellt. Es werden "Merkmale" gesucht, die das BSC-Element-Ziel unterstützen, ebenso, welche Auswirkungen auf anderen Elemente möglich sind. Die Abhängigkeiten sind im Managementteam zu beraten.

| Finanzen / Ergebnisse | Finanzen / Ergebnisse | Marktposition / Kundenbindung | Produktivität / Prozesse | Innovation / MA |
|---|---|---|---|---|
| Umsatzsteigerung | | | X | |
| Profitabilität | | X | X | |
| "Durchsatz_minded" | | X | X | |
| Marktposition / Kundenbindung | | | | |
| Kundenbeziehungs-management | | | X | X |
| Kundenzufriedenheit / Kundenbetreuung | | | | |
| Wachstum in Europa | | | X | |
| Produktivität / Prozesse | | | | |
| Effiziente und Effektive Prozesse | X | | | |
| Reduktion Forderungsbestand | X | | | |
| Reduktion der Vertriebskosten | X | | | |
| Innovation / Mitarbeiter | | | | X |
| Durchgeführte Mitarbeitergespräche | | | | X |
| Schulungsbeurteilung positiv / negativ | | | | |
| Wirksamkeitsprüfung der Schulung | | | X | |

**Wie wird das BSC Kriterium 2, Element 1 "Kundenbeziehungsmanagement verbessern" unterstützt?**

**Wie bekommt oder bewertet man die zur Umsetzung benötigten Prozesse?**

Denken Sie immer an die gesellschaftlichen Grundregeln, die Sie nicht unterschreiten sollen. Es gibt ein "best practice" der logischen Abläufe, die der Prozessverantwortliche ggf. auf ihre "Prozesswelt" anpassen muss.

**Das Wechselspiel der Prozesse spiegelt die Unterstützung der BSC-Elemente untereinander wieder**

Damit ist die Strategieumsetzung über die BSC und die Prozessziele erfolgt.

**Der Prozess "Kundenbetreuung" zeigt während der Bearbeitung für die Bewertungen "Wirkung"**

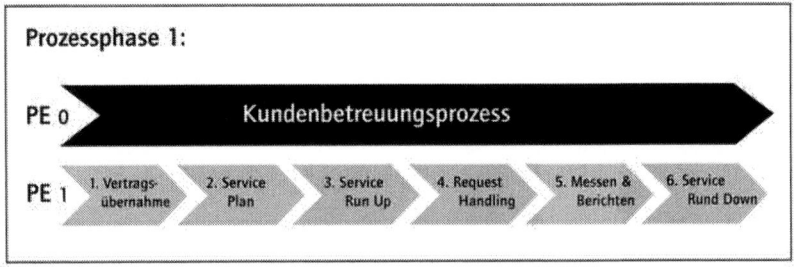

**Wenn Prozesse nicht gelenkt und geleitet werden, leben Sie nicht**

Das Prozessschreiben bedeutet gerade mal 20% der anstehenden Aufgaben. Implementieren der Aufgaben und der Rollen sowie das "Leben" in der gesamten Organisation sichern erst den Prozesserfolg. Dabei müssen die Merkmale überprüft werden, die den Erfolg unterstützen sollen. Das Prozessberichtswesen muss mit "Indikatoren" und "Zahlen" die Merkmale transparent machen.

**Wichtig ist die Erkenntnisse, das in vielen anderen Prozessen eine Unterstützung erfolgen muss**

Hierbei müssen die Wirkungen und die Auswirkungen unterschieden werden. Die Strategiefokussierung unterstützt das "Vermeiden" divergierender Ziele.

**Wird die Zielerreichung durch andere Prozesse unterstützt?**
Bei der Zielfestlegung und der Umsetzung ist zu überprüfen, welche Wirkungen oder Auswirkungen andere Prozesse darauf haben. Durch die Kennzahlen werden die Prozessziele aller Prozesse überprüft. Damit ist eine Transparenz aller Prozesse gewährleistet. Gegensteuern ist somit aus vielen Richtungen möglich und ggf. notwendig.

**Die Ziele der Balanced Scorecard unterstützen sich oft gegenseitig.**
Das liegt wirklich an der Strategiefokussierung. Das Zusammenspiel der beiden Assets erfolgt durch die Operationalisierung der Strategie in die Prozessziele

**Beispiel 1: Hier geht es um Reibung und "Produktionskosten der Qualität"**
Aus dem Blickwinkel der "intangible" Assets ein Beispiel für die Bearbeitung der "Unterstützung" des Elementes "Kundenbeziehungsmanagement verbessern" des BSC-Kriteriums "Marktposition / Kundenbindung.

Das BSC-Kriterium 4 "Innovation und Mitarbeiter" wird als Beispiel für die "Unterstützung" des BSC-Kriteriums 2 "Marktposition / Kundenbindung" für das Element 1 "Kundenbeziehungsmanagement" dargestellt.

Diese drei Elemente können ein Prozessziel mit mehreren Kennzahlen haben. Wenn dieses Prozessziel "getriggert" wird, unterstützt der "Human Ressource Management" - Prozess die Ziele der "Marktposition / Kundenbindung" durch Regeln und Kennzahlen der Mitarbeiterführung.

**Entscheidend ist, ob der Prozess wirklich "getriggert" wird; sonst ist alles für die Katz.**

| Jahresbericht Beurteilung Schulungsmaßnahmen | | | |
|---|---|---|---|
| 1.Quartal 2002 | 2.Quartal 2002 | 3.Quartal 2002 | 4.Quartal 2002 |
| 01.01.-31.03.2002 | 01.04.-30.06.2002 | 01.07.-30.09.2002 | 01.10.-31.12.2002 |
| geplante Seminare | 15 | 48 | 27 | 29 |
| stornierte Seminare | 1 | 4 | 1 | 2 |
| stornierte Seminare | 0 | 0 | 1 | 0 |
| sehr pos. Seminare | 0 | 0 | 0 | 0 |
| positive Seminare | 13 | 42 | 23 | 26 |
| negative Seminare | 1 | 2 | 2 | 1 |
| realisierte Seminare | 14/15 = 0,93% | 44/48 = 0,92% | 25/27 = 0,92% | 27/29 = 0,93% |
| positive Seminare | 14/13 = 0,93% | 44/42 = 0,95% | 25/23 = 0,92% | 27/26 = 0,96% |

**Element Schulungsbeurteilung positiv / negativ. Das Berichtswesen. Dabei müssen Sie natürlich den "Stornierungen" und den "negativ Beurteilungen" nachgehen**

**Beispiel :**
Sie schicken einen "Kundenbetreuer" auf ein "ITIL Seminar", da Sie das Verständnis für die notwendige Zusammenarbeit der verschiedenen Abteilungen "Produktion, Kundenbetreuung, Vertrieb etc." sensibilisieren wollen.

| | |
|---|---|
| Seminarbeurteilung: | Das Seminar zeigt keine Möglichkeiten für die Zusammenarbeit in unserem tief verschachtelten Unternehmen auf. |
| Maßnahme: | Die Organisation wird überprüft und ein neues Schulungskonzept für die "Kundenbetreuer" erstellt. |

Hauptproblem Darstellung:
**Hätten Sie ansonsten vom Problem überhaupt erfahren?**

**Durchgeführte Mitarbeitergespräche / Durchgeführte Wirksamkeitsprüfung der Umsetzung der Schulung in der Praxis**
Hier ist möglicherweise der größte Handlungsbedarf. In den tiefverschachtelten Unternehmen ist der "Scope des Mitarbeiters" so reduziert, dass seine "Teil-Teil-Teil-Schritt"-Aufgabe nur eine extrem schmale Sichtweise der Zusammenhänge zulässt. Je nach der Abteilungsführung ist er evtl. der "TOP-Teilschritt"-Mitarbeiter, den die "Produktionskosten der Qualität" nicht interessieren.

**"Mensch, wieder ein Stunde sinnlos herumtelefoniert". "Seit zwei Tagen kriege ich keine Antwort"**
Das passiert immer, wenn man der Gruppe vom XXXX des Abteilungsleiters ZZZZZ zuarbeiten muss, meint der frustrierte Mitarbeiter. Eine gesamtheitliche Sichtweise hat niemand zur Aufgabe. Solange die anderen Fehler machen, ist das ja egal und eigene Fehler macht man selbst nicht. Es liegt immer an den anderen.

**In den Prozessen hat der Mitarbeiter ggf. wieder eine Teilschrittaufgabe, aber auch eine Gesamtverantwortung**

Prozess Orientierung macht ernsthafte interaktive Kommunikation zu einem unerlässlichen Produktionsfaktor in der Wertschöpfungskette der Selbst Organisation. Darum sind die "Mitarbeitergespräche" und die "Wirksamkeitsprüfung der Umsetzung der Schulung in der Praxis" so wichtig. Die Mitarbeiter können mit ihrem unterschiedlichen Spezialwissen und den verschiedenen Sichtweisen eine extreme Kreativität für den Prozess oder die Prozesse entwickeln. Darauf zielt die Prozessorientierung ab. Entscheidend ist, dass die Anforderungen des Prozesses an die Prozessbeteiligten kommuniziert und der Schulungsbedarf in Bezug auf alle Prozesse besprochen, beraten und beschlossen wird. Bei der Schulungsplanung aller Prozessbeteiligten eines Prozesses ist das Leben und die kontinuierliche Verbesserung zu fokussieren.

**Das Zusammenspiel der Prozessschritte und der Prozesse ist nur über das Wissen und die Kreativität der Beteiligten sicherzustellen**

Dieses Ziel ist nur zu erreichen, wenn die Schulungen "positiv" durchgeführt, eine Aufgabe für die Umsetzung vereinbart und die Wirksamkeitsprüfung der Schulung terminiert ist. Die Planungsrunden finden Strategie und Prozessorientiert statt. Nur so ist es möglich, dass die Strategien und die daraus resultierenden Prozess Ziele Basis für die Schulungsplanung und die Wirksamkeitsprüfung sind. Wichtig ist die Vereinbarung der Wirksamkeitsprüfung.

---

Die Planungsrunden finden Strategie und Prozess orientiert statt. Nur so ist es möglich, dass die Strategien und die daraus resultierenden Prozess Ziele Basis für die Schulungsplanung und die Wirksamkeitsprüfung sind. Wichtig ist die Vereinbarung der Wirksamkeitsprüfung.

| | |
|---|---|
| der Bildungsmaßnahme wird die Anwendung und Verifizierung vereinbart. | ➔ Vereinbarung der (vorläufigen) Wirksamkeitsprüfung |
| Nach durchgeführter Schulung erfolgt im Rahmen der Kursbeurteilung die Festlegung der | ➔ Vereinbarung der endgültigen der Wirksamkeitsprüfung |
| Wirtschaftkeitsprüfung | |
| Verifizieren der Wirksamkeits-Prüfung | ➔ Prüfung der Ergebnisse |
| Einleitung geeigneter Aufgaben | ➔ Dokumentation im Fragebogen |

- Welche zusätzlichen Kenntnisse/Fähigkeiten sollten/wollen Sie noch erwerben?

- Vorschlag für Wirksamkeitsprüfung der vereinbarten Maßnahmen:

- Vereinbarte Wirksamkeitsprüfung

- Ergebnis der Wirksamkeitsprüfung


**Beispiel 2: Hier geht es um Reibung und "Produktionskosten der Qualität"**
Gerade aus dem Blickwinkel des Zusammenspieles der "tangible" und "intangible" Assets ein Beispiel der "Wirkung" auf das Element "Kundenbeziehungsmanagement verbessern" des BSC-Kriteriums "Marktposition / Kundenbindung.

Das BSC Kriterium 3 "Produktivität / Prozesse" wird als Beispiel für die "Wirkung" auf das BSC-Kriteriums 2 "Marktposition / Kundenbindung" für das Element 1 "Kundenbeziehungsmanagement" dargestellt.

**Hier geht es wirklich um die "gesamte Bandbreite" der Leistungserbringung**
Das Element Produktivität / Prozesse fordert Effizienz, Effektivität und ist "Durchsatz_minded. Aus dem Winkel des BSC 2 Elementes "Kundenbeziehungsmanagement" liegt hier mit Sicherheit der größte Schwerpunkt.

**Alle Prozesse der Leistungserbringung sind entsprechend den Kundenanforderungen zu fokussieren**
Bewußt nur anreißen will ich die beteiligten Prozesse.

- Vertriebsmanagement
- Beschwerdemanagement
- Help Desk Management
- Projekt / Innovationsmanagement
- Produkterstellungsmanagement
- Kundenbetreuungsmanagement

**Also können mehrere Prozesse ein Ziel unterstützen**
Entscheidend ist, dass man die Prozessziele abstimmt. Sonst kann keine

Unterstützung erfolgen. Darin liegt für die verteilten Unternehmen die große Chance der Prozessorientierung. Die shared Unit "Human Resources" ist für die Prozess-"Bildung" verantwortlich.

- Mitarbeitergespräch und Schulungsbedarfsermittlung durchführen.
- Prozess Ziel: 100 % Schulungsbewertung
- Prozess Ziel: 100 % Wirksamkeitsprüfung der Schulung.

Damit ist der Prozess "Bildung" transparent und unterstützt den Prozess "Kundenbetreuung", durch die Transparenz aller Schulungen, die in den Abteilungen zur Zielerreichung durchgeführt werden müssen.

**Damit ist die Wechselwirkung der Prozesse dargestellt**
Prozesslandschaft, Prozesse und abgestimmte Prozessziele unterstützen die Erreichung der Ziele.

**Das Ziel der Verbesserung des "Kundenbeziehungsmanagement" ist die "Kundenfokussierung**

**4.2.6    Zieldefinition 5: Meilensteinplanung zu Ihrem "Service with Excellence Management System"**

**Jetzt geht es los! Die Meilensteinplanung ist die Konkretisierung der Umsetzung**
Jetzt müssen Sie sich mit den Zielen und dem Weg auseinandersetzen, um den Durchsatz zu fokussieren. Theodor Heuss (1884 - 1963) hob bei einer Rede zum Weltspartag 1952 den Wert der Sparsamkeit für alle Bereiche der menschlichen Lebensführung hervor. Für die Ressource "Mensch" ist die "Reibung" eine Katastrophe. Gehen Sie die "Produktionskosten der Qualität" an! Das "Service with Excellence Management" ist ein gewaltiger Schritt nach vorn. Für viele "Zahlen_minded" TOP-Manager ist der Erfolg nicht sicher. Doch welches andere Vorgehen reduziert die "Produktionskosten der Qualität"? Diese Veränderung kann aber keiner im Alleingang schaffen. Ohne das TOP-Management als Mitstreiter ist die Umsetzung nicht möglich.

Was wurde bisher erreicht? Wie ist der Status?

- Nach erfolgter Statusaufnahme und Bewertung der bestehenden Prozesse?
- Nach erfolgter Festlegung des "eigenen Pulsschlags" aufgrund der "gesellschaftlichen Grundlagen"?
- Nach erfolgten Zieldefinitionen von der BSC zu den Zielen?
- Nach angedachter Anpassung der Struktur des Unternehmens?
- Nach erfolgter Festlegung "vom Ziel zum Prozess / Prozess-Ziel"?
- Nach erfolgter Erkenntnis, dass die Wechselwirkung der Prozess die Reibung extrem reduzieren kann?
- Nach erfolgter Erkenntnis der Notwendigkeit der Kundenorientierung aller Prozessziele?

Was ist noch zu tun?

- Die Meilensteinplanung zum "Service with Excellence Management System".
- Die Prozesslandschaft und die Prozesse entwickeln und implementieren.
- Prozesse leben und kontinuierlich verbessern.

**Was bedeutet "Managementsystem" heute?**
Managementsysteme sind komplexe Gebilde. Das Zusammenspiel der Elemente bestimmt die Funktion. Ein Managementsystem funktioniert, wenn seine Elemente in exakt definierter Weise miteinander in Beziehung stehen. Nur dann kann das Managementsystem seinen Sinn erfüllen.

**Das "know how" zur Lösung des "Komplexitätsmanagement"-Projektes" ist die Managementeinbindung**
Die notwendigen "Vorarbeiten" (Managementeinbindung) vor der Entwicklung der Prozesslandschaft, dem Leben der Prozesse und dem Bewerten der Kennzahlen sind jetzt bekannt. Der Stellenwert der "Vorarbeiten" ist für das "Leben" der Prozessorientierung im Unternehmen extrem hoch. "Dessen Brot ich esse, ..."

**Dieses Vorgehen sichert den "Top down"-Ansatz**

Es ist "Ihr" Managementsystem. Es ist "Ihr" Unternehmen. Es sind "Ihre Mitarbeiter". Es ist "Ihr" Ergebnis. Zielen "Sie" auf die Reduzierung der Reibung und der "Produktionskosten der Qualität". Geben Sie die "Zahlen_minded" Blockade auf. Akzeptieren Sie die "Durchsatz_minded" Vorgehensweise. Suchen Sie die Schnittmengen und nutzen Sie die neuen Möglichkeiten.

**Der Weg des Projektes "Service with Excellence Management System" beinhaltet eine "konstruktive Zerstörung" im Sinne Schumpeters**

"One of the tests of leadership is the ability to recognise a problem before it becomes an emergence", sagte Arnold Glasgow. Konstruktive Zerstörung fördert die Produktivität durch Reduzierung der Reibung. Das Ziel des Managementsystems ist die Lenkung und Leitung der "tangible" und "intangible" Assets zum gewünschten "Durchsatz" und zur vereinbarten "Qualität". Halten Sie nicht an Ihren alten Prozessen fest. Sie müssen die alten hierarchischen Abläufe, Beschränkungen und Hürden niederreißen und durch Innovative Prozesse mit "echter" Gesamtsicht und erweitertem Horizont ersetzen.

**Weg von der hierarchischen Ablauforganisation zur Wechselwirkung der Prozesse**

Die Wechselwirkung der Prozesse ersetzt den Ablauf in der verschachtelten Strukturen.

**Beispiel einer hierarchischen Abwicklung einer Kundenproblembehandlung:**

Problembehandlung im Unternehmen. In den verschiedenen Abteilungen des Unternehmens erfolgt die Bearbeitung mit hohen "Schnittstellenverlusten", was u.a. an den voneinander abhängigen Aufgaben / Arbeiten liegt. Die divergierenden Ziele der verteilten Organisation, die vielschichtigen Anforderungen durch die Kunden-Problemmeldungen sind die Ursache der "Produktionskosten der Qualität". Es gib keine "Durchsatz_minded" Ziele.

**Beispiel der Wechselwirkung der Prozesse bei einer Kundenproblem-behandlung:**

Beispiel ist der Prozess der Kunden-Problembehandlung. In einem Prozess sind die Anforderungen in einem "Tool" mit den Aufgaben und Rollen transparent darstellbar. Der Prozess hat ein "Durchsatz_minded" Management als Voraussetzung und die "Qualität" zum Ziel. Die Prozessverantwortlichen identifizieren alle Faktoren, die Einfluss auf die Prozessleistung haben. Dabei wird zwischen Faktoren innerhalb des Prozesses (Durchsatz) und Faktoren beim Übergang zum Folgeprozess (Schnittstellenverluste) unterschieden.

Zur Quantifizierung dieser Faktoren und der Prozessleistung werden Kenngrößen formuliert und Kennzahlen generiert, die Aufschluss über die Prozessleistung und die Wechselwirkung der Prozesse geben. Dadurch wird sowohl die Bewertung für die einzelnen Prozesse, als auch für das Gesamtsystem ermöglicht. Ziel dieser Auswertung ist es, durch regelmäßige Analyse und weitere Optimierung der Prozessberichte eine sinnvolle Annäherung an die Prozessziele zu erreichen. Die Prozessverantwortlichen haben die Verbesserungspotentiale abzuleiten. Im Rahmen der Prozessrollen hat das Management die Aufgabe der Bewertung des Prozess Status sowie der Darlegung und Bewertung, wie sich die Tätigkeiten der Mitarbeiter auf die Prozessleistung auswirkt. Die Verbesserungspotentiale zu bewerten und zu beschließen ist ebenfalls die Aufgabe der Managementrollen. Die Umsetzung, die Wirksamkeitsprüfung und die Ermittlung des neuen Status erfolgt wiederum über die Prozessverantwortlichen.

**Wie ist der Weg zur Prozessorientierung? Steinig, aber gut begehbar**

Es muss ein Weg gefunden werden, der es ermöglicht, ohne "all zuviel Reibung" und "dicker Luft" die Umgestaltung ihrer Führungs- und Arbeitsabläufe zu erreichen. Ist es die Anstrengungen wert? Ja, Sie werden herausragende positive Veränderungen feststellen können.

**Wählen Sie "Ihren" Zeithorizont. Mehr als ein Jahr sollte es nicht sein**

Gehen Sie mit Vorsicht vor. Erst sichern, dann ändern, muss die Regel sein. Es geht um "den" Goldschatz, das heißt um die Reibung in den verschachtelten Strukturen. Es geht um die hierarchische "Macht versus Durchsatz". Es wird viele Behinderungsversuche geben. "Wasche mich, aber mach mich nicht nass" bringt nichts, wie Ihnen entsprechend der Ergebnisse verschiedener "Implementierungsversuche" leidlich bekannt ist. Das Management ist verantwortlich einzubinden.

## Managementeinbindung, aber wie?

Die Betonung der zentralen Stellung des Prozessmanagements entspricht bei keinem Manager einer "Lehre oder einer Ideologie", sondern ist stets das "Ergebnis" länger, individueller und intensiver Beobachtung der Veränderungen. Man muss zu der Einsicht gelangen, dass mit den "Zahlen_minded" Controlling-Methoden die "tangible" und "intangible" Assets nicht mehr zu lenken und zu leiten sind. Das ist die notwendige Voraussetzung zur Veränderung. Ist die Voraussetzung gegeben, was tun? Managementsysteme von der Stange gibt es für die notwendigen Veränderungen nicht.

## Jedes Management ist der Baumeister "seines" Managementsystems

Jedes Management ist sein eigener Baumeister. Niemand darf und kann dieses Baumeisteramt abnehmen. Nur wie in Angriff nehmen, wenn man noch nicht einmal die "Black box" kennt. Die Lösung: Die Zielbestimmung und die Bewertung des Weges durch die Prozesslandschaft ist die Schnittmenge des Managements.

## Meine Tochter geht auf eine Montessori-Schule

Frau Montessori ist die Erfinderin der Montessori-Pädagogik. Mit Ihren Thesen versuche ich einen Weg zur Schnittmenge darzustellen. "Das Menschenkind kommt ohne "artgerechte Verhaltensweisen" zur Welt. Das die Menschen von allen anderen Lebewesen unterscheidende "Kulturverhalten" ist nicht angeboren. Das muss der Mensch nach seiner Geburt lernend erwerben. Das Lernen der "Kultur" erfolgt im Elternhaus, bei Freunden und Bekannten und in der Schule, sofern die notwendige geistige Nahrung angeboten wird. Die Kultur der Gegenwart ist nun durch die Funktionsverteilung so kompakt und kompliziert geworden, dass die funktionale Transparenz nicht mehr vorhanden ist." Da ist viel geistige Nahrung notwendig.

## Wie geben Sie Ihren Managern die notwendige geistige Nahrung, um eine "Durchsatz_minded" - Kultur lernend zu erwerben?

Führen Sie zunächst einen Workshop für das Management durch. Thema ist: Nicht prozessorientiertes Management beschert dem Unternehmen ca.

40 %.der "Kosten der Leistungerstellung" als "Produktionskosten der Qualität". Es wird nicht schwierig sein, in Ihrem Unternehmen einen Ablauf zu finden, der mehrere Abteilungen und damit mehrere Schnittstellen durchläuft. Die Reibung und die "Produktionskosten der Qualität" werden schnell ersichtlich.

**Regeln für die Verbesserung des "Durchsatzes" durch Reduzierung der Reibung**

- Die Strategiefokussierung mit dem Lenken und Leiten durch die Managementprozesse ist die Basis der Prozessorientierung.
- Das Management lenkt und leitet und ist Helfer des Aufbaus der "Operativen Prozesse", muss sich damit aber auch bescheiden.
- In den Aufbau der Prozesse durch den Prozessverantwortlichen "darf" nicht eingegriffen werden.
- Die Macht verändert sich in "führen" und lebt primär von der "exakten" Zielfokussierung und dem Wahrnehmen der Verantwortlichkeiten in den Prozessrollen.
- Die Prozessorganisation ist für die "Transparenz des Durchsatzes", das Management für den "Durchsatz" verantwortlich. "Durchsatz_minded" unterstützt die Ergebnisziele und bekämpft sie nicht.

**Keine Prozessentwicklung kann "Durchsatz_minded" sein, wenn Sie von der Struktur abhängig ist**
Fokussiert auf die Prozessziele sind alle Prozessbeteiligten die "eigenen Baumeister". Grundlage der Prozesse sind das heterogene Wissen und die Kreativität dieser "Baumeister". Auch die Kennzahlen mit Indikatoren und Zahlen entstehen entsprechend ihrer Schöpfung. Durch die Festlegung der Verantwortlichkeiten in den Rollen ist der "Durchsatz" und die "Qualität" das Ziel.

Kaum ein Berufszweig ist, von den Beamten abgesehen, Vorurteilen so stark ausgesetzt wie die Qualitätsmanager. Das kann aus der Negativsicht vieler Manager gar nicht klappen: Was macht der, wem hilft der? Der behindert nur! Der Spieß lässt sich aber auch umdrehen. Aus Sicht der Qualitätsmanager sucht das Management ständig das Haar in der Suppe, obwohl das Management der Koch der Suppe ist! Hier werden Opfer zu Tätern gemacht. Das Management ist für die Qualität und den Durchsatz verantwortlich!

**Erarbeiten Sie sich ein "tugendhaftes Image". Helfen Sie allen, damit die sich selbst helfen können und wollen**

Erkennen Sie die "Wände" im Unternehmen, die den "Fluss" behindern. Planen Sie eine "konstruktive" Zerstörung der verschachtelten Strukturen. Es darf sich jedoch nicht um ein weiteres Projekt handeln, das nur Ausgaben verursacht, ohne den gewünschten Erfolg zu erzielen.

**'Ran an den Speck? Die Scheinwelt trügt.**

In unserer Dienstleistungsgesellschaft ist fast jedes Unternehmen voller Ambivalenz, eine permanente Zerreißprobe zwischen dem forcierten Prozessleben und den aufrechterhaltenen "Zahlen_minded" Strukturen. Viele Vorgehensweisen in den Unternehmen erscheinen wie Team- und Prozessorientierung. Das ist vielerorts aber eine administrative Scheinwelt, denn die Führung erfolgt weiterhin in hierarchischen Strukturen und ist "Zahlen_minded". Der "Durchsatz" wird nicht fokussiert. Die "Produktionskosten der Qualität" steigen und steigen.

**Forcieren sie die Innovation**

Mit innovativen Vorgehensweisen sind die administrativen Vorgehensweisen zu ersetzen. In unsere Zeit gehört auch Lebensqualität. Die Arbeitsqualität hängt eng mit der "life balance" zusammen. Wie wird "Wohlbefinden und Wohlbehagen" der Beschäftigten im Unternehmen erreicht? Das Ziel ist das innovative Vorgehen. Der Weg ist mit Wissen und Kreativität eine Leistung zu erzeugen und als Wert zu vermarkten.

**Das TOP Commitment ist entscheidend! Denn ohne Prozesse geht nichts**

Ohne ein wirkliches Top Commitment sind diese Veränderungen zur Prozessorientierung nicht umsetzbar.

**Wie findet man Prozessverantwortliche?**

Es müssen gestandene Führungskräfte / Mitarbeiter mit Verstand und Blick für die Gesamtsicht sein. Sie müssen das Thema "Durchsatz" verstehen, in der Lage sein, die notwendigen Kennzahlen zu entwickeln, zu Lenken und das notwendige "Händchen" für die Durchsetzung der Prozessorientierung haben.

- Es wird zwischen Managementprozessen und operativen Prozessen sowie zwischen "eigenen", "cross" und "ausgelagerten" Prozessen unterschieden.

- Für die Managementprozesse ist das TOP-Management verantwortlich und es sollte auch den Prozessverantwortlichen stellen.

- Die Festlegung der Prozesslandschaft, der Prozesse und die Ernennung der Prozessverantwortlichen erfolgt durch das TOP-Management.

  - Die PV´s der eigenen Prozesse werden von Ihnen benannt.
  - Die PV´s der cross Prozesse werden von allen beteiligten Einheiten benannt.
  - Die PV´s der ausgelagerten Prozesse werden von Ihnen und dem Auftragnehmer benannt.

Jeder Anfang ist schwer. Aber fangen Sie mit einem Prozess erst einmal an.

  - Wer ist an dem Prozess / den Prozessschritten beteiligt?
  - Einladung aller Beteiligten zum "Prozess-Gespräch:
    Wo hängt es?
    Was kann man tun?

Über das Ergebnis werden Sie sich wundern. In verschachtelten Unternehmen wird es einen "unternehmensweiten" und einen "dezentralen" Prozessverantwortlichen geben. Die Zentrale ist für den unternehmensweiten Prozess und der dezentrale Prozessverantwortliche für den Prozess in definierten "Einheiten" zuständig.

**Wie motiviert man die Mitarbeiter zum Mitmachen und Wahrnehmen der Rollen?**
Nur über das TOP - Commitment. Wir werden gefragt und wir machen mit. "Best people – best Business".

216

**Wie kriegt man die Führungskräfte zum Mitmachen und zum Wahrnehmen der Rollen?**
Nur durch das TOP-Commitment selbst. Innovative Führungsaufgaben reduzieren die Reibung.

**Die Meilensteinplanung Ihres "Service with Excellence Management Systems"**

**Konzeption**

- Empowerment durch das TOP-Management
- Die Festlegung der "Pulsschlagzahl" des "SWE" entsprechend der "gesellschaftlichen Grundregeln".
- Die "Geschäftssteuerung" erfolgt mittels einer "Portfolio-Steuerung".
- Die Portfolios werden benannt und als Teilunternehmen aufgestellt.
- In der "Portfolio-Steuerung" werden die "tangible" und "intangible" Assets gelenkt und geleitet.
- Die mentalen Methoden von "Zahlen_minded" in "Durchsatz_minded" transferieren.

**Planung**

- Prozesse als Wege zur Umsetzung der Strategie.
  - Prozessrollen als Führungsinstrument anerkennen und Führungsstil festlegen.
  - Die Kennzahlen "Indikatoren und Zahlen" als Führungsinstrument definieren.
  - Aufbau der Controlling-Funktionen zur Steuerung der "Durchsatz" Orientierung.
  - "Top down" Kaskadierung der Ziele und "Bottom up" Durchführung der Prozessentwicklung.
- Mit der Strategiefokussierung und der Kundenorientierung die Prozesslandschaft und alle Prozesse mit den folgenden Schwerpunkten entwickeln.
- "Gesellschaftliche" Grundlagen.

- Die Arbeitsabläufe mit weniger Reibung durch Zusammenspiel der Assets organisieren.
- Die Erhöhung der Mitarbeitereinbindung zur Verbesserung der Mitarbeiterzufriedenheit.
- Transparenz und Reduktion der "Produktionskosten der Qualität".
- Erhöhung des Ergebnisses und die Verbesserung der Innovation durch die Verbesserung des "Durchsatzes".

**Umsetzung**

- Führungsstruktur und Gremien des "Service with Excellence Management Systems" etablieren.
- "Staffing" des Projektes "Komplexitätsmanagement" und "SWE".
- Realisieren einer geschäftsfeldübergreifenden "Prozesslandschaft" inklusive Sicherstellung von Synergien, Innovation und Kreativität.
- Benennung der Prozessverantwortlichen und Freigabe der Prozesse durch das "Top-Management.
- Bündeln der Aktivitäten zur Implementierung der Prozesslandschaft und "Roll out Planung"
- "Umsetzung" und "Leben" der Prozesslandschaft und der Prozesse.

Wichtig ist die offene Kommunikation mittels der Kommunikationskaskade über den Start und die Phase.

**Meilensteinplanung des "Service with Excellence Management Systems"**

| Januar | Februar | März | April | Mai | Juni | Juli | August | September | Oktober ... |
|--------|---------|------|-------|-----|------|------|--------|-----------|-------------|
|        |         |      |       |     |      |      |        |           |             |

Sie haben die notwendigen Themen erarbeitet, um das "Service with Excellence Management System" aufzubauen. Wenn Sie die Meilensteinplanung durchgeführt und kommuniziert haben, gibt es eigentlich kein Zurück mehr.

Auf Basis aller Erkenntnisse müssen Sie jetzt die Prozesslandschaft und die Prozesse definieren.

## 4.3 Aufbau der Prozesslandschaft Ihres "Service with Excellence Management Systems"

**Ohne "gesellschaftliche Grundregeln" als Basis geht nichts mehr.**
Denken Sie immer an die gesellschaftlichen Grundregeln, die nicht unterschritten werden sollen. An der Prozessorientierung geht kein Weg mehr vorbei. Es gibt die "best practice" der logischen Abläufe, die der Prozessverantwortliche ggf. auf ihre "Prozesswelt" anpassen muss.

**Wie ist die Prozesslandschaft zu "erarbeiten"?**
Die Strategieumsetzung über die BSC-Kriterien in die Prozessziele verändert die Sichtweise aus Ergebnissicht des "Zahlen_minded" Managements in die vier Fachsichten des "Durchsatz-minded" Managements. Alle Prozesse müssen zielfokussiert und die Prozesswechselwirkung transparent sein. Es bleiben nicht viele "Struktursteine" unverändert. Alle Abläufe werden entsprechend der BSC-Ziele in Prozessen abgebildet.

**Vergessen Sie administrative Prozesslandschaften. Entwerfen Sie eine innovative, zielorientierte Prozesslandschaft.**
Es geht um Strategiefokussierung. Von den BSC-Kriterien zur Prozesslandschaft, zu den Prozessen und den Prozesszielen.

**Welche Prozesse benötigt das Management um seine Aufgaben zu erfüllen?**
Es geht um die Umsetzung der BSC - Kriterien. Aus Sicht der Möglichkeiten der Einwirkung gibt es die drei Prozess Typen "eigen", "cross" und "ausgelagerte". Mit diesen Prozesstypen sind die Kriterienelemente der folgenden BSC-Kriterien umzusetzen.

- Finanzen / Ergebnisse
- Marktposition / Kundenbindung
- Produktivität / Prozesse
- Innovation / Mitarbeiter

## Das Wechselspiel der Prozesse ist die "gewollte" Unterstützung der BSC-Ziele zur Strategieumsetzung

Erstellen sie eine Matrix, in der "Zielverbindungen" der Kriterienelemente dargestellt werden.

| Finanzen / Ergebnisse | Finanzen / Ergebnisse | Marktposition / Kundenbindung | Produktivität / Prozesse | Innovation / MA |
|---|---|---|---|---|
| Umsatzsteigerung | | | X | |
| Profitabilität | | X | X | |
| "Durchsatz_minded" | | X | X | |
| Marktposition / Kundenbindung | | | | |
| Kundenbeziehungsmanagement | | | X | |
| | | | | X |
| Kundenzufriedenheit / Kundenbetreuung | | | | |
| Wachstum in Europa | | | X | |
| Produktivität / Prozesse | | | | |
| Effiziente und Effektive Prozesse | X | | | |
| Reduktion Forderungsbestand | X | | | |
| Reduktion der Vertriebskosten | X | | | |
| Innovation / Mitarbeiter | | | | X |
| Durchgeführte. Mitarbeitergespräche | | | | X |
| Schulungsbeurteilung. positiv / negativ | | | | |
| Wirksamkeitsprüfung der Schulung | | | X | |

## Welche Schlüsse ziehen Sie aus diesem "Beziehungsmanagement" der BSC-Elemente?

Entscheidend ist, dass alle Prozesse auf die Wirkung und Auswirkungen auf die Ziele der BSC untersucht werden. Nur wenn die Strategiezielerreichung durch die Wechselwirkung der Prozesse unterstützt wird, ist die Prozesslandschaft, die Prozessorganisation und das Qualitätsmanagement kein Selbstzweck.

## Entwickeln Sie zuerst Ziele, dann Prozesse, dann Prozessziele. Basis muss Ihr aktuelles (altes) Prozessmodell sein

* Was ist das Ziel, welches mit welchen Prozessen erreicht werden soll? Welche Prozesstypen sind das?
* Was ist das Ziel je Einzelprozess, um mit der Wechselwirkung die Zielerreichung zu unterstützen?

- Wer ist am Prozess beteiligt? Was sind die Prozess Schritte und deren Schnittstellen?
- Welche Aktivitäten und Rollen gibt es im Prozess?
- Wer ist für den Prozess verantwortlich?
- Welches Tool schafft die Prozesstransparenz?
- Welche Kenngrößen und Kennzahlen werden definiert und bewertet?

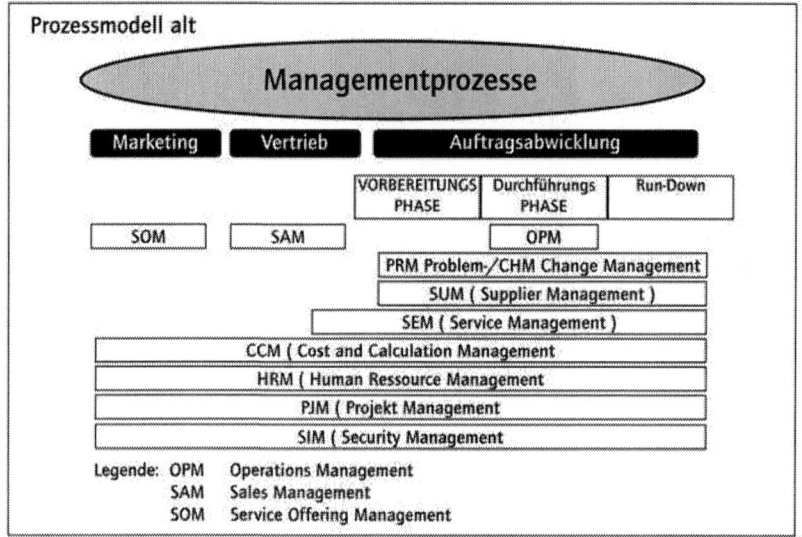

**Jeder Prozess hat klare Aufgaben und Ziele**

- In den Managementprozessen definiert das Management die Unternehmensstrategie, die Ausrichtung und die Rahmenbedingungen für das operative Geschäft.
- In den Kundenprozessen Marketing, Vertrieb, Service-Management liegt der Fokus auf Kundenorientierung.
- In den Delivery- Prozessen liegt der Fokus auf Effizienz und Effektivität im "Operation Management"
- In den verschiedenen Supportprozessen wird die Leistungserbringung unterstützt.

221

## Wichtige Managementregel in der Prozessorganisation

Jede Führungskraft im Unternehmen verantwortet, dass jeder Prozess in seinem Verantwortungsbereich

- mit den nötigen Detaillierungen an die Verhältnisse seines Verantwortungsbereiches angepasst wird;
- durch die Zuweisung der Aufgaben und der Rollen an Personen implementiert wird.
- von den Mitarbeitern angewandt und gelebt wird;
- und kontinuierlich verbessert wird;
- Und wird daran gemessen, dass sie die Aufgaben wahrnimmt;
- und das Prozessmanagement mit Kenngrößen und Kennzahlen als Führungsinstrument wahrnimmt.

| Prozess: | Prozesstyp | Prozessziele | PV Unternehmen |
|---|---|---|---|
| = eigene | | | |
| = cross | | | |
| = ausgelagerte | | | |

## Prozess, Prozesstyp, Prozessziele und Prozessverantwortliche des Unternehmens:

Prozesstypen sind "eigen" "cross" und "ausgelagert".

## Das erklärte Ziel der neuen Prozesse ist, dass jeder wieder seine Arbeit verantwortet

Was ist der Weg zum Ziel, dass jeder Beschäftigte wieder seine Arbeit verantwortet? Durch die gemeinsamen Prozessziele, die Festlegung der Aufgaben und Rollen entsprechend E (Eingabe)-, V (Verarbeitung)- und A (Ausgabe)-Prinzip und der Verkettung der Prozessschritte zu Prozessen ist dieses Ziel umsetzbar.

## Führen Sie noch einmal die "Potential / Hypothek Analyse" der "Neuen Prozesse" durch

# Analyse

**Potentiale**
Was ist positiv ?

**Hypothek**
Was ist negativ ?

Nach eingehender Diskussion der Potentiale und Hypotheken entwerfen Sie das neue "Prozessmodell".

**"Wasche mich, aber mach mich nicht nass" geht hier nicht**
Das gesamte TOP-Management Team macht sich (wieder) lächerlich, wenn das neue "Prozessmodel" wieder kein Zusammenspiel der Managementabläufe und der operativen Prozesse beinhaltet.

**Ohne den Wechsel vom "Denken in Hierarchien" zum "Denken in Prozessen" ist die Prozessorientierung nicht möglich.**

**Neues Prozess Modell - Die Welt des "Denken in Prozessen"**
Sichern Sie

* das Zusammenspiel der Managementprozesse und operativen Prozesse.
* die Zielfokussierung aller Prozesse entsprechend der BSC und die Bewertbarkeit zu.
* die Klärung der Struktur versus Prozess, um den Anteil der "eigen", "cross" oder "ausgelagerten" Prozesse zu minimieren.

Sortieren Sie die Prozesse der Zuordnung entsprechend ein.

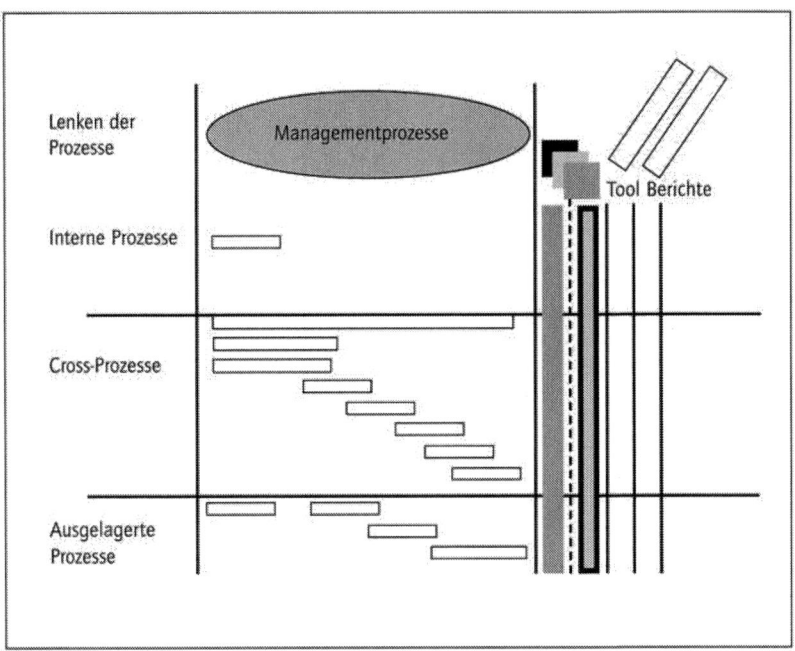

**Was ändert die Prozesslandschaft bei den Beteiligten?**

Erst einmal nichts, denn kein Prozess ändert wirklich etwas ohne Berichtswesen. Wenn es weiterhin egal ist, ob etwas gemacht wird, hilft nichts. Jedes Berichtswesen fördert mit der "Prozess-Transparenz" bei allen Beteiligten das "Be_greifen" der Reibung und die Möglichkeiten zum "Be_wegen" der "Produktionskosten der Qualität". Durch die gemeinsamen Ziele und der Kompetenz der heterogenen Teams entwickelt sich eine von allen getragene "interact" und "Durchsatz_minded" Sichtweise.

**Änderung der mentalen Rhythmen und Takte der Mitarbeiter.**

Also erst durch die Gestaltung des Prozessberichtswesens und dem "Messen und Wiegen" erfolgen die notwendigen Schritte zur Änderung des Rhythmus und des Taktes der mentalen Methoden aller Mitarbeiter zur Prozessorientierung.

**Der Aufbau der Prozesslandschaft ohne "Berichtswesen" ändert nicht die mentalen Methoden der Beteiligten**

Also keine Prozesse ohne "Tool" und ohne "Prozessberichtswesen". Ohne Transparenz gibt es keine Verbesserung.

## 4.4 Verarbeitung mittels Wechselwirkung der Prozesse und Prozess-life-cycle

**Die Wechselwirkung der Prozesse ist die Überwindung der Schnittstellenprobleme durch die Zielfokussierung**

Denken Sie an die gesellschaftlichen Grundregeln, die nicht unterschritten werden sollen. Es gibt "best practice" der logischen Abläufe, die der Prozessverantwortliche auf die Wechselwirkung zur Unterstützung der Strategie-Zielerreichung untersucht. Die Prozessorientierung muss Basis der Wechselwirkung der Prozesse zur Überwindung der Schnittstellenprobleme sein.

**Das Wechselspiel der Prozesse spiegelt die Unterstützung der BSC-Elemente untereinander wieder**

Das Unternehmen braucht klare gemeinsame Ziele zum Verdeutlichen der Perspektive aller Beschäftigten. Dies erfolgt mittels Strategieumsetzung über die BSC-Kriterien und die Prozessziele. Unter Ausnutzung der verschiedenen Sichten aus den BSC-Kriterien ist die Fokussierung aller Prozesse zu einem Ziel zu verbinden.

**Weg vom hierarchischen Ablauf zur Wechselwirkung der Prozesse hin zum Gesamtziel**

Die Wechselwirkung der Prozesse ersetzt den Ablauf in den verschachtelten Strukturen. In der folgenden Abbildung die Darstellung der beiden Formen der Abwicklung.

**The Management Process Model according ISO 9000:2000**

**Die verschachtelte Struktur mit ihren "Polstern" und der Reibung wird transparent**

Versuchen Sie keine Knoten in die Beine zu machen. Wenn der Prozess in der gelebten Struktur zu aufwendig ist, muss über eine Strukturänderung nachgedacht werden.

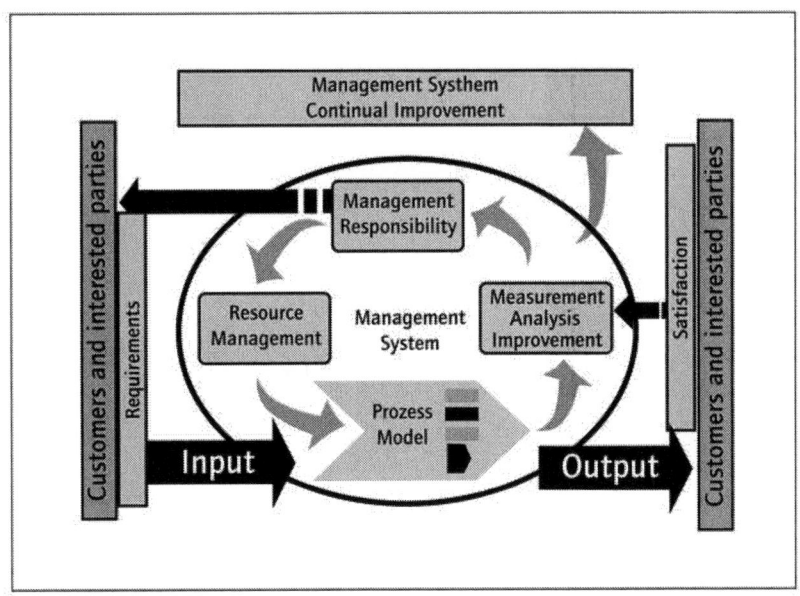

**Durch die Prozesslandschaft soll die Wechselwirkung der Prozesse transparent sein**

Jeder Prozess hat einen Prozessverantwortlichen. Dieser ist für die Implementierung der Prozesse "Durchsatz-minded" verantwortlich. Mittels vereinbarter Kenngrößen werden Kennzahlen ermittelt, die im Management bewertet werden. Der PV ist berechtigt, ggf. Vorschläge für Strukturveränderungen zur Verbesserung der Prozessleistung zur Diskussion im TOP-Management einzureichen.

**Alle Prozessverantwortlichen gemeinsam sichern die Transparenz der Wechselwirkung aller Prozesse im Unternehmen**

Mit den definierten Prozesszielen und den Kenngrößen / Kennzahlen werden alle Prozesse transparent. Wenn alle Prozessziele 100% Erfüllungsgrad haben, ist die "vereinbarte" Effektivität, Effizienz und Innovation erreicht. Der kontinuierliche Verbesserungsprozess aller Prozesse ist auf die "optimale" Effizienz, Effektivität und Innovation ausgerichtet.

**Will Rogers: "Even if you are on the right track, you'll get run over if you just sit there"**

Eine Regel für die Bewertung der Zielerreichung der Wechselwirkung:

Regel 1:    Für jeden Prozess werden ein oder mehrere
            Kenngrößen und Kennzahlen festgelegt.
Regel 2:    Die Prozesskennzahlen werden ermittelt.
Regel 3:    Mehre Kennzahlen in einem Prozess werden gemittelt
            eingetragen.

Zusatz Regel 1:    Bei mehreren Kennzahlen in einem Prozess ist
                   die Bewertung des Zusammenspiels im einzelnen
                   Prozess durchzuführen.

Jedes Berichtswesen fördert die "Prozesstransparenz". Es erzeugt bei allen
Beteiligten das "Be_greifen" der Reibung und die Möglichkeiten zum
"Be_wegen" der "Produktionskosten der Qualität".

**Das "GAP" zwischen Anspruch und Wirklichkeit tritt hierbei besonders zu Tage**
Lassen Sie bei den ersten Bewertungen keine schlechten Stimmungen aufkommen. Sie sind auf dem besten Weg! In verschachtelten Unternehmen
sind Werte der Reduktion durch Reibung um 40% keine Seltenheit. Wenn
der Startwert der Reduktion der "Produktionskosten der Qualität" transparent ist, können Sie Maßnahmen beschließen, einleiten und bewerten.

| Prozess : | Prozess Ziel: | Soll: | IST: | % zum Ziel |
|---|---|---|---|---|
| = eigene | | | | |
| = cross | | | | |
| = ausgelagerte | | | | |

**Das Zusammenspiel aller Prozesse zur Zielerreichung Sicherstellen (Ziel = 100)**
Gesamt:        YYY %

Jetzt kennen Sie das GAP zwischen Anspruch und Wirklichkeit.

**Achtung: Wahrnehmung erfordert Einsatz. Ändern Sie die rules of engagement.**

Dazu ein Tipp von mir:

Es gibt die Geschichte von einem Vampir, der die schlechte Laune aus der Galle zieht. Dieser Vampir erscheint aber nur, wenn man eine Fledermaus mit roter Nase und roten Ohren ist.

Die Bastelanweisung:

Man nehme eine Filtertüte, schwarze Farbe, rote Farbe, viel Glitter und natürlich farbiges Bastelpapier. Dann mal los! Viel Spaß!

**Hängen Sie sich die Fledermaus in Ihr Büro und "schaffen" Sie die Prozessorientierung!**

Teilen Sie allen mit, wie traurig, überrascht und schlecht gelaunt Sie waren, als Sie die ersten "Durchsatz_minded" Indikatoren und Zahlen auf den Schreibtisch bekamen. Was sagen Ihre Führungskräfte zu der Auswertung? Vereinbaren Sie die Schritte, die "Produktionskosten der Qualität" zu verbessern.

**Die Tabelle macht die Verbesserung "Durchsatz_minded" transparent. Wie wird das belohnt?**

Wo wird wann gefeiert? Vereinbaren Sie die Ziele für die ersten sechs Monate mit den Führungskräften, den Prozessverantwortlichen, dem "Durchsatz_minded" Controlling und ergänzen dann monatlich die IST Werte.

**Bewerten Sie den Prozess-Life-Cycle der ersten sechs Monate extrem kritisch**

Loben Sie "Belohnungen" für das "beste Prozessteam", für die "beste Führungskraft" und den "besten Prozessverantwortlichen" etc. aus. Es sind wirklich gut angelegte Preise. Es ist entscheidend, wie Sie die mentalen Rhythmen und Takte der Prozessorientierung zum Leben erwecken.

| Monat | Gesamt | Soll-Ziel | IST-Ziel | "Produktionskosten der Qualität" | "Innovation" |
|-------|--------|-----------|----------|----------------------------------|--------------|
| 1 | | | | | |
| 2 | | | | | |
| 3 | | | | | |
| 4 | | | | | |
| 5 | | | | | |
| 6 | | | | | |

**Also ist die Abstimmung der Prozessschritte der Schlüssel zur "Goldgrube"**

Die Verknüpfung der Prozessschritte zu einem Prozess und der Verknüpfung der Prozesse zur Prozesslandschaft ist der Weg des "Durchsatz_minded"-Vorgehens zur strategiefokussierten Zielerreichung. Jede Strategie ist in 100 Tagen umsetzbar, um mit dem "Leben" in den nächsten 200 Tagen die Früchte zu ernten.

**Wann Sie die "Goldgrube" mittels Ausnutzung der Wechselwirkung erreichen, liegt an Ihnen!**

TOP-Commitment des Managements, Mitarbeiter mit Wissen und Kreativität, innovative Prozesse und prozessorientierte statt administrative Führungskräfte sind einige Faktoren, welche die "Wechselwirkung der Prozesse" beeinflussen. Nehmen Sie die Widerstände wahr? Gehen Sie voran?

### 4.4.1    Eingabe / Verarbeitung / Ausgabe / Prozess KVP

**Nur wenn jeder seine Aufgabe und seine Rolle wahrnimmt, funktioniert die Wechselwirkung**

Das ist der Kernsatz, der praktisch bei der Prozessentwicklung umgesetzt werden muss. Grundlage ist das optimale Zusammenspiel der beiden "tangible" und "intangible" Assets. Das Zusammenspiel der "Maschinen" und das "Wissen und die Kreativität" der Führungskräfte / Mitarbeiter sind der Schlüssel. Nach der Prozesslandschaft und der Darstellung der Wechselwirkung der Prozesse ist der Weg zur Umsetzung der Strategie die Prozessbeschreibung, um die Wechselwirkung tatsächlich sicherzustellen. Der Wurm liegt im Detail. Reibung sieht man nicht, spürt man aber. Mit der Kreativität der Mitarbeiter ist eine "schnittstellenübergreifende"

Prozessbeschreibung das Medium, die Effizienz, Effektivität und Innovation in einer tiefverschachtelten Organisation durch die Reduzierung der Reibung extrem zu verbessern. Ziel ist die Reduktion der "Produktionskosten der Qualität".

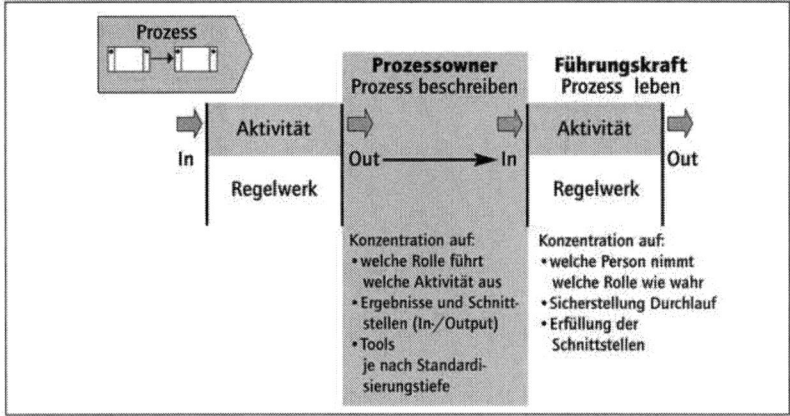

**Ein Prozess beschreibt die Ablauforganisation, nicht die Aufbauorganisation**

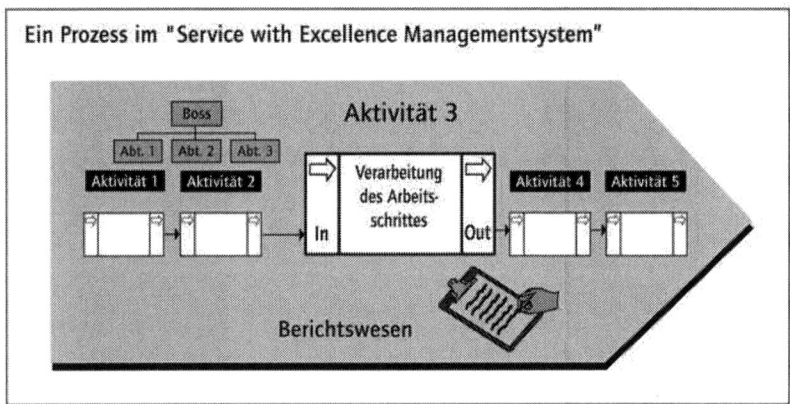

**Prozesslandschaft, Prozessbeschreibung (Aufgaben und Rollen), Funktionen und das Gesamtziel**

Erst durch die Gestaltung des Prozessberichtswesens werden die notwendigen Schritte zur Änderung des Rhythmus und des Taktes der mentalen Methoden aller Mitarbeiter zur Prozessorientierung aufgebaut und verstärkt.

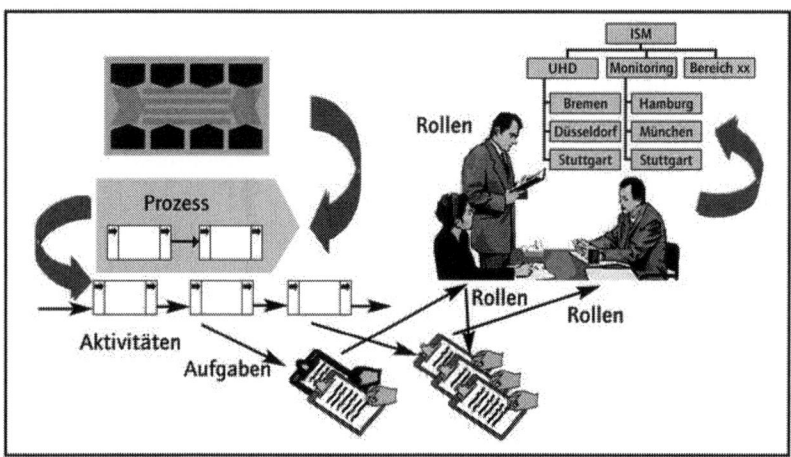

## 4.4.2    Output und Produkt KVP

**Der Fokus ist "Durchsatz-minded".**
Dieses Buch hat den Fokus der Implementierung der "Durchsatz-minded" Prozessorganisation. Ziel ist die Erstellung von innovativen "qualitativ hochwertigen Produkten" durch effektive und effiziente Prozessabläufe. Wenn "Maschinen" und "Menschen" die Umsetzungsfaktoren der zielorientierten Arbeitsabläufe sind, ist dieses Zusammenspiel auch messbar und bewertbar zu gestalten.

Der Output der "Erstellung" ist das Produkt oder die Dienstleistung.
*   Welche "Produktionskosten der Qualität" erstanden sind, ist dem "Produkt" nicht anzusehen.
*   Anzahl der "Produkte" X "Preis"  =  Ergebnis der operativen Tätigkeit.
*   Welche "Produktionskosten der Qualität" das "Ergebnis" beeinflussen, ist nicht erkennbar.

**Ein "kontinuierlicher Verbesserungsprozess" sichert "Qualität" und "Durchsatz".**

*   KVP Produkt
*   KVP Prozess
*   KVP Zusammenspiel "Maschinen" und "Menschen"

Der Themenbereich "Produkt KVP" ist in vielen Fachbüchern beschrieben. Die Beschreibung in diesem Kapitel bezieht sich auf die Darstellung zum Thema "Produktionskosten der Qualität".

**Die Prüfverfahren der Produktqualität sind "Produktionskosten der Qualität"?**
Die Prüfkosten der Produkte und der Produkteinführung sind durch die Globalisierung in den Himmel geschossen. Wer liefert wem was, wer hat welches Prüfsiegel, welches Prüfsiegel wird wo anerkannt?

**Stellen Sie sicher, dass der "Produkt KVP" transparent und bewertbar wird**
Die Aufgabe der Produkt KVP´s ist die Sicherstellung der geforderten und vereinbarten Qualität der Produkt / Dienstleistung. Wie das erfolgt, muss im Fokus des "Service with Excellence Management System" gefordert und gefördert werden.

**Beispiel: Firma Claas, Gütersloh**
Der Bauer kauft einen "Mähdrescher", um das Getreide zu mähen. Ein weiterer Grund ist die Möglichkeit, GPS-Auswertungen im PC zu verarbeiten, die über den unterschiedlichen "Ertrag" und die unterschiedliche "Qualität" auf den großen Feldern informiert. Dann kann der Bauer zielorientiert Maßnahmen ergreifen, wie z. B. anders "düngen" etc.

**Wie Sie erkennen, gibt es heute tolle Möglichkeiten der Transparenz der "Qualität" des Produktes**
Nutzen Sie die? Denken sie aber immer an Wirkung und Nutzen. Wissen und Kreativität sind die Basis aller Innovationen.

## 4.5 Ohne Wiegen und Messen auch kein Fortschritt mit Prozessen

Prozesse laufen nie optimal. Jede Veränderung des Prozessumfeldes hat Einfluss auf die Prozessleistung. Der Rhythmus und der Takt der mentalen Methoden der Mitarbeiter / Führungskräfte hat ebenso hohe Bedeutung wie die Faktoren der "Maschinenleistung".

**Das "Wiegen und Messen" eines Prozesses bietet verschiedene Sichten**

Als Beispiel ein Prozess, dessen Ablauf in einem Tool dokumentiert wird.

- Leistung der Prozessschritte/Schnittstellen = Prozess Berichtswesen
- Leistung der Prozessrollen =             Prozess Berichtswesen
- Leistung des "Tool" =                    Prozess Berichtswesen

Das Prozess-Berichtswesen besteht aus "Indikatoren und Zahlen", die die Prozessleistung transparent machen.

**Die Akzeptanz der Prozessrollen im Unternehmen entscheidet über die "Quote" der Prozessumsetzung**

- Wenn alle Prozessschritte / Schnittstellen eingehalten werden, ist der Prozessablauf "gut".
- Wenn alle Prozessrollen wahrgenommen werden, ist der Prozessablauf "gut".
- Wenn alle Mitarbeiter Zugriff zum Tool haben, ist die Toolleistung "gut".

**Es muss viel "gut" sein, wenn die "Quote der Prozessumsetzung" hoch sein soll**

Ein Beispiel-Berichtswesen des "Projektmanagement Prozesses"

- Prozessziel-Berichtswesen "Prozessleistung und Rollenakzeptanz"
- Alle Projekte werden von ausgebildeten Projektleitern entsprechend dem Prozess in "time", in "budget" und "Qualität" durchgeführt.
- Prozess - Berichtswesen:
- Berichtestatus der aktiven Projekte (Formblatt XX.01).
- Berichtszyklus 1 x  monatlich am 05. Arbeitstag für den Vormonat.
- Berichtsweg (Welche Rolle ist für welchen Bericht verantortlich?).
- Berichtsformular.
- Prozesskennzahlen (Indikatoren und Zahlen) zur Wirtschaftlichkeit der Prozesse:
- Anzahl Projekt pro Projekttyp.

- Anzahl Projekte pro Status (grün, gelb, rot).
- Anzahl Projekte nach PJM-Prozess im Verhältnis zu allen Projekten.
- Anzahl monatliche Statusberichte im Verhältnis zu allen Projekten.
- Anzahl Projektleiter mit Ausbildung im Verhältnis zu den gesamten aktiven Projektleitern.
- Anzahl Kundenzufriedenheitsmeldungen im Monat.
- Tool Bewertung:
- Wieviel Mitarbeiter haben Zugriff zum "Transparent Tool" (X von Y = 100 %).
- Wie hoch ist die "durchschnittliche Wartezeit"? (X von Y = 100 %).
- Bewertung der Prozessberichtswesen:
- Dies erfolgt _ jährlich entsprechend der Prozessrollen im "TOP-Management Team".
- Maßnahmenableitung, Terminierung und Wirksamkeitsprüfung.
- Eintragung in die AIL.


**Überschätzen Sie den Aufwand nicht, denn die Erstellung eines Berichtswesens "kostet"**

Der Prozessverantwortliche sammelt die Bewertungen monatlich ein und bringt sie in die Form des Berichtswesens. Was erreichen Sie damit?

- Ziel ist, dass der Projektleiter einen wirklichen "Projektauftrag" vom Management bekommt.
- Ziel ist, dass alle Projekte entsprechend des Prozesstyps von ausgebildeten Projektleitern verantwortet werden.
- Ziel ist, dass der Projektleiter monatlich seine Gedanken über den Projektstatus transparent macht.
- Ziel ist, dass alle Prozessrollen ihren Beitrag leisten, das Projekt "ohne viel Reibung" umzusetzen.
- Ziel ist, im Management den Status des Prozesses für die Strategieumsetzung richtig einzuschätzen.

**Das Wiegen und Messen ist mit komprimiertem Prozessberichtswesen "managementtauglich"**

Wenn alle Prozesse mit ähnlichen Prozessberichtswesen abgebildet werden, haben Sie die "Durchsatz_minded" Sichtweise.

Erst durch das Prozessberichtswesen werden die notwendigen Schritte zur Änderung des Rhythmus und des Taktes der mentalen Methoden aller Mitarbeiter zur Prozessorientierung aufgebaut und verstärkt. Stellen Sie die Bewertung und den KVP sicher!

### 4.5.1    Intern (Prozesskennzahlen)

Die Kennzahlen "Durchsatz-minded" stellen primär die interne Sicht im Rahmen der Prozess Orientierung dar. Die Prozesskennzahlen können Indikatoren und Zahlen sein.

**Es werden 2 Typen unterschieden :**

- Frühindikatoren        =        Tool

- Spätindikatoren        =        Berichte

**Was bewirken die zwei Typen der Information für Hebel ?**

Mit toolgesteuerten Frühindikatoren haben Sie immer eine aktuelle Transparenz. Bei Berichten sind es nachgelagerte Zahlen, die den konkreten Durchsatz über eine vergangene Prozessperiode angeben

**Der Trend führt immer mehr zu toolunterstützten Kennzahlen.**

"Time based Management" fordert und fördert zeitgerechte Informationen zur Steuerung der Prozesse und deren Wechselwirkung.

### 4.5.2    Extern (periodische Kundenzufriedenheitsbefragung)

Je mehr sich die Dinge gleichen, desto wichtiger werden die Unterschiede! Es gibt schon die Lebensphilosophie des "bewussten" Genießen eines Produktes / "Dienstleistung". Der Weg zu mehr Erfolg in der

Dienstleistungsgesellschaft geht über die Kundenorientierung zur Kundenzufriedenheit zur Kundenbindung. Kundenorientierung ist der Schulterschluss aller Beschäftigten im Unternehmen in Richtung Markt und Kunde.

**Wissen Sie wirklich, was Ihr Kunde will? Wie setzen Sie das um ?**
Ein erster Schritt ist eine systematische Ermittlung der Kundenzufriedenheit!

- Es gibt verschiedene professionelle Anbieter. Sprechen Sie
  primär über die Methode.
  Der zweite Schritt ist die Analyse der Kundenzufriedenheitsbefragung!
- Sagen Sie, meine Damen und Herren, wenn das so ist,
  wenn also der Kunde genau das haben will, was die
  Befragung ergeben hat, ja warum machen wir das
  nicht und erfüllen die Kundenwünsche und passen unsere
  Dienstleistungen den Kundenbedürfnissen an?"
  Der dritte Schritt ist die Überprüfung Ihres "Service with
  Excellence Management Systems"!
- Kundenorientierung ist der Schulterschluss aller im
  Unternehmen in Richtung Kunde und Markt.
  Managementbetreuung Was sind die Ziele des Kunden,
  wie können wir ihn unterstützen?" innovative Services / Infos an die
  Kunden / Kundenbetreuung Best Class Delivery / aus Schnittstellen
  werden Nahtstellen! Berichtswesen je Kundenauftrag.
- Daraus sind Personal- und Organisationsentwicklungsmaßnahmen einzuleiten.
  Wachstum durch Innovation und Kreativität sicherstellen.
- Kundentermine / Events planen
- Jährlich innovativer Kundentag (Was können wir?,
  Was braucht der Kunde?, Was sollten wir können?)

**Damit entsteht im Unternehmen so etwas wie Aufbruchstimmung und Begeisterung**
Erfolg hat viele Väter. Darum ist Prozessorientierung so erfolgreich.

## 4.6 Sicherstellen der Prozessweiterentwicklung mit Deming - Kreis entsprechend der Zielvorgabe aus der BSC

**Bewerten Sie periodisch Ihre Prozesse!**
Ob monatlich, halbjährlich, oder jährlich, wichtig ist, dass Sie es periodisch durchführen. Die tagesaktuelle Bewertung erhalten Sie entsprechend der Regeln Ihrer Management-Prozessrollen.

**Nach dem Erreichen eines Prozesszieles muss ein neues Ziel angestrebt werden.**

* Erhöhung des Zieles ( von X auf Y)
* Neue Ziele, um die Prozessorientierung im Prozessablauf stärker zu unterstützen.

**Die Zielvorgaben der BSC sind Basis aller Prozessziele.**
Erst wenn die BSC-Ziele operativ in die Prozessziele eingebracht werden, ist die Umsetzung der Strategie mit der gemeinsamen Zielfokussierung aller "Beteiligten" möglich. Wie ist der aktuelle Status ?

Vorgaben des „Service with Excellence Managementsystems"

| Prozesse | Kontrolle erlangen | Schnelle Verbesserung | WOF |
|---|---|---|---|
| | | | |
| | | | |
| | | | |
| | | | |
| | | | |
| | | | |
| | | | |
| | | | |

## Welche Prozesse sollen wie verändert werden?

- Von Stufe "Kontrolle erlangen" zu "schnelle Verbesserung"?
- Von Stufe "schnelle Verbesserung" zu "wertorientierte Führung ?
- Oder eben umgekehrt, von höherer Stufe zu niedriger Stufe, wenn die Prozessanforderungen aus verschiedenen Gründen entsprechend der Kundenanforderungen reduziert werden.

## Was ist zu tun ?

Das Ziel, der Weg und der Termin müssen festgelegt werden.

## Je Prozess muss der Weg "vom "Ziel" bis zum "Regelkreis" definiert und umgesetzt werden

Prozessaufbau des „Service with Excellence Managementsystems"

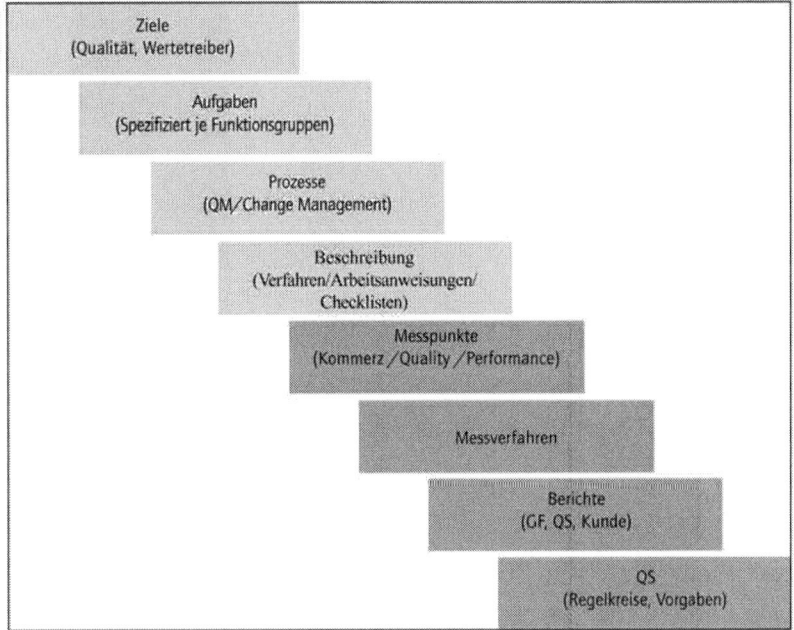

# Die Umsetzung der definierten Schritte wird im Deming-Kreis abgebildet

**Deming-Kreis**

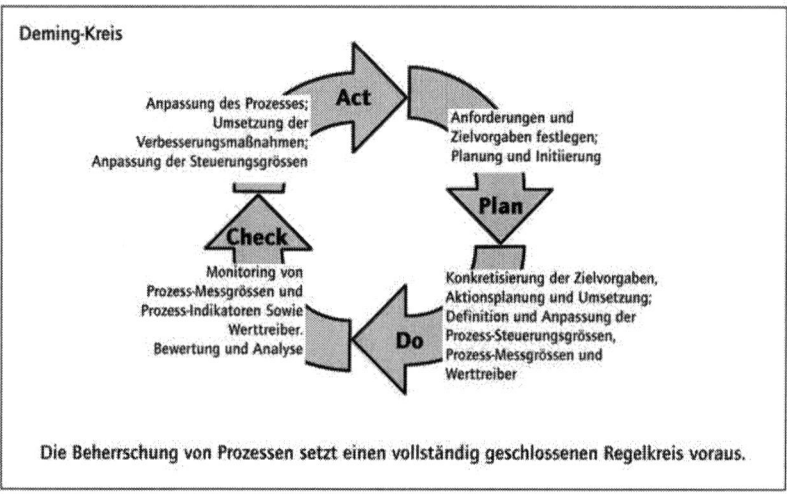

Anpassung des Prozesses; Umsetzung der Verbesserungsmaßnahmen; Anpassung der Steuerungsgrössen

**Act**

Anforderungen und Zielvorgaben festlegen; Planung und Initiierung

**Plan**

**Check**

Monitoring von Prozess-Messgrössen und Prozess-Indikatoren Sowie Werttreiber. Bewertung und Analyse

**Do**

Konkretisierung der Zielvorgaben, Aktionsplanung und Umsetzung; Definition und Anpassung der Prozess-Steuerungsgrössen, Prozess-Messgrössen und Werttreiber

Die Beherrschung von Prozessen setzt einen vollständig geschlossenen Regelkreis voraus.

## 5.  Vom Wiegen wird das Schwein nicht fett

Vom Wiegen wird das Schwein nicht fett, aber die "Produktionskosten der Qualität" gehen hoch.
Heute entstehen u.a. Prüfkosten für
* das Produkt und die Produkteinführung
* die Prozesse
* den "Durchsatz".

Die Prüfkosten der Produkte und Produkteinführung sind durch die Globalisierung in den Himmel geschlossen. Wer liefert wem was, wer hat welches Prüfsiegel, welches Prüfsiegel wird wo anerkannt?

Die Prüfkosten des "Durchsatz" sind durch die Struktur Änderungen der Dienstleistungsgesellschaft notwendig, um die "Produktionskosten der Qualität" transparent zu machen.

Erst wirklich den Prozess implementieren, Kenngrößen definieren und die Kennzahlen ermitteln. Das ist die vernünftige Grundregel zum "wiegen". Der KVP ist der Weg zur ständigen Verbesserung.

Nur wenn sich die Kennzahlen auch längere Zeit nicht verbessern, muss vom "Wiegen" gesprochen werden.

**Hier hilft eine GAP Analyse. Wie groß ist der Anspruch von der Wirklichkeit entfernt?**

Nach dieser Analyse sind die GAP Ursachen bekannt, Sie können priorisiert und ein gezieltes "Wiegen" festgelegt werden. Gehen Sie dabei immer prozessorientiert vor. Das Vorgehen ist greifbar und immer auf der Sachenebene.

### 5.1.1 ISO TR 10014 (Guideline for managing economics of quality)

Die ISO/ TR 10014 wird von den meisten Unternehmen "scheinbar" wenig beachtet. Schade, denn mit der ersten Ausgabe am 01.08.1998 wurde das Ziel verbunden, mit den Methoden und Verfahren parallel die Kundenzufriedenheit und auch die Kosten für die Qualität zu ermitteln.

**Ursache war die Erkenntnis, dass Qualitätsmanagement die "wirtschaftliche Performance" beeinflusst.**

**Es gibt zwei Kostenarten :**

- "Cost of conformity"
- "Cost of nonconformity"

Der primäre Zweck für eine Organisation sind die Möglichkeiten der Planung der Wertschöpfung- und der Kostenreduzierung als Aktivitäten zur Maximierung der wirtschaftlichen Wirkung der Prozesse.

**Hier liegt das Haar in der Suppe.**

Die Steuerung der hierarchischen Unternehmen erfolgt auf Grund einer Vielzahl von mehr oder weniger ungebundenen Einzelinitiativen mit starker Orientierung zu monetären Größen.

**Mit den aktuellen Controlling - Methoden sind die Prozesskosten nicht darstellbar.**

Die aktuellen Controlling - Methoden gelten als

- vergangenheitsorientiert
- mit der Strategie wenig verkoppelt
- keine Integration in das operative Geschäft
- nicht "Durchsatz _orientiert".

Die Aufgabe der Unternehmen ist es, die Kunden zu bedienen, ohne die es keine Unternehmen gäbe.

Die Arbeit findet in Abteilungen, Gruppen, Teams und Projektgruppen statt. Kann in den unterschiedlichen Kostenstellen "jemand" die beiden Kostenarten der TR 10014 finden? Nein, sicher nicht.

**Mit dem "Service with Excellence Management System" werden die Kosten transparent**

Durch die Operationalisierung der Strategie in die Balanced Scorecard und der Umsetzung über Prozessziele in die Prozesse sind die einzige gängige Basis für die notwendige Transparenz.

Durch den Ansatz, die "Produktionskosten der Qualität" mit einer Prozesslandschaft und Prozessen anzugehen, ist die Identifizierung der Prozesse im Unternehmens erfolgt.

**Methode für "Managing the economics of quality"**
Wenn es einen Zusammenhang von Kundenanforderungen und Auswirkungen auf den wirtschaftlichen Erfolg gibt, sind beide Themenblöcke zu behandeln.

* Kundenanforderungen
* Prozessumsetzung

Entscheidend ist, dass beide Themen parallel angegangen werden müssen.

Ein Beispiel aus der Auto Industrie:
Wenn die Anzahl der Möglichkeiten der Sonderanforderungen eines Autos um 10 % reduziert werden soll, gib es eine wirtschaftliche- und eine Kunden-Auswirkung.

* Kundenzufriedenheit
* Prozessumsetzung

**Wenn die TR 10014 so angewendet wird, hat das Vorgehen sehr viel Potential. Die Goldgrube**

### 5.1.1    Prüfen versus  Management attention

**Drum prüfe, wer sich ewig bindet, ob er nicht etwas Besseres findet...**
Dieser Satz hat in den Unternehmen keine direkte Bedeutung. Aber prüfen, ob jemand etwas falsch gemacht hat, also als wirkliche Arbeit, ist schon komisch. Der eine bekommt Geld für die Arbeit und der andere Geld für die Prüfung der Leistung. Ursache ist das "Zahlen_minded" Denken. Die Leistungskette  ist eine "Black box". Das treibt die Produktionskosten der Qualität.

**Eigenverantwortung für einen Prozessschritt ist das Zauberwort**

Auch der weiteste Weg fängt mit dem ersten Schritt an. Das Lenken und Leiten in Prozessen ist der Fokus der Dienstleistungsgesellschaft. Beim "Denken in Prozessen" liegt die Managementfunktion auch in den Prozessrollen. Die Kongruenz von Kompetenz (Prozesse) und Verantwortung (Management) hilft zu wissen, was man als Manager lenkt und leitet. Wichtig: Wie beim Bobfahren ist eine gute Anschiebgeschwindigkeit die halbe Miete. Das bedeutet Loslassen können müssen. Es gibt aber auch neue Perspektiven und Chancen frei.

**Mit den beiden Leistungsfaktoren Kompetenz und Verantwortung macht Führen wieder richtig Spaß**

Die Strategiefokussierung der Prozesse zeigt die gemeinsamen Ziele auf. Die Prozesse schaffen die Transparenz des "Durchsatzes". In den Prozessrollen liegt die Kompetenz oder die Verantwortung.

**Prozesse haben einen Regelkreis. Lebt der, gibt es keine Prüfaufgaben mehr**

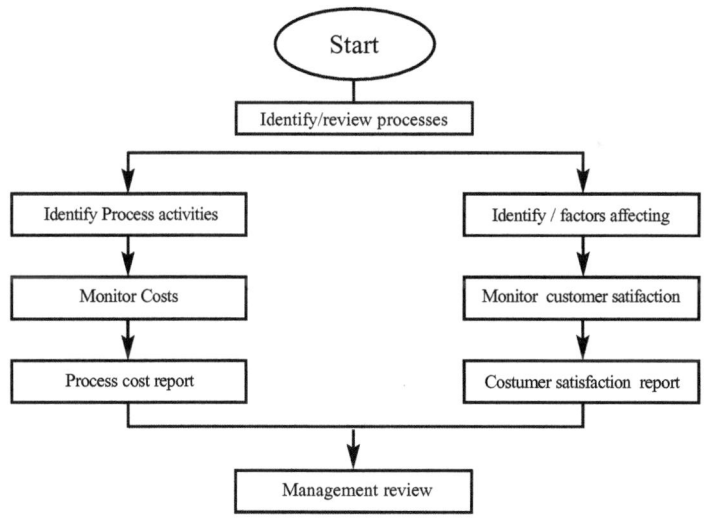

| Im Management werden die: | Möglichkeiten der Verbesserung identifiziert |
|---|---|
| | Kosten / Nutzen Analyse |
| | Festlegung der Maßnahmen |
| | Umsetzungsplanung |

## 6. Merger & Acquisitions / DeMerger

Merger und Acquisitions sind heute für viele Firmen ein normales Geschäft. Große Konzerne ziehen sich auf das Kerngeschäft zurück. Merger und Outsourcing Wellen sind aktuelle Symptome eines permanenten Prozesses der "kreativen Zerstörung", in der der industrielle Charakter der Arbeit generell verloren geht. Es werden Firmenankäufe und -Verkäufe mit dem Ziel getätigt, im Kerngeschäft ein hervorragende Marktposition mit einem breit gefächertem "Service offering Portfolio" aufzubauen und zu sichern. In der "Due Dilligence" - Phase werden die Weichen für die richtigen Entscheidungen getroffen. Die Frage, wie der "Durchsatz" im verifizierten Unternehmen "gemanaged" wird, muss mit bewertet werden.

**Die "Due Dilligence" erfolgt primär im Bereich der "tangible" Assets und der Marktfokussierung**

Wenn das kaufende Unternehmen" Zahlen-minded" geführt wird, erfolgt die "Due Dilligence" primär im Bereich der "tangible Assets" und der Marktfokussierung. Der Themenblock "Humankapital", also die "intangible" Assets, werden meistens nur mit einer Kopfzahl benannt und bewertet.

**Der "Durchsatz" ist dann nicht der Fokus**

Werden dabei ca. 40% der Kosten nicht transparent, können nur falsche Schlüsse gezogen und falsche Weichen gestellt werden. Das Unvermögen zu bewerten, ob der "Durchsatz" gut oder schlecht ist, hat faktisch zur Auswirkung, dass bei der "Due Dilligence" die gesamten Erstellungskosten ggf. falsch ermittelt und bewertet werden.

**Fragen zu den "intangible" Assets müssen in die Bewertung der "Due Dilligence" eingehen**

- Wie ist das "Management System" aufgebaut? Wie wird es gelebt?
- Wie steht es mit den Abläufen / Prozessen? Sind Tools vorhanden?
- Gibt es mehr Früh- oder Spätindikatoren?
- Wie stark ist die Reibung und wie hoch sind die "Produktionskosten der Qualität"?
- Wie gut ist die Kunden-/ Mitarbeiterzufriedenheit?

**Bei der Bewertung dieser Fragen ist der "Durchsatz" der Fokus und die Risiken werden transparent**

Hier werden die Chancen und Risiken der Erstellungskosten transparent. Ist die Reibung niedrig und sind damit auch die "Produktionskosten der Qualität" niedrig, besteht bei mangelhaften Bewertungskriterien das große Risiko, durch Veränderungen des "Umfelds" extrem erhöhte Erstellungskosten zu generieren. Ist dagegen die Reibung hoch und sind damit auch die "Produktionskosten der Qualität" hoch, besteht die Chance, durch Veränderungen des "Umfelds" die Erstellungskosten positiv durch das Leben eines "Managementsystems" stark zu reduzieren.

**Wenn die Wertigkeit des "Durchsatzes" bekannt ist, ist klar, was zu veranlassen ist**

Eine Bewertung des "Service with Excellence Management System" hat einen hohen Stellenwert beim Durchsatzfokus. Damit hat das "Durchsatz_minded" Management die Chance der Transparenz der Erstellungskosten. Das Zusammenspiel der "tangible" und "intangible" Assets wird zudem fokussiert, um den optimalen "Durchsatz" zu schaffen.

**Hierbei wird die Veränderung der Wertigkeit der Assets extrem deutlich**

Ein Dienstleistungsunternehmen besteht im Durchschnitt aus ca. 80 % "intangible" Assets. Je nachdem, wie die Organisation einen optimalen "Durchsatz" sicherstellt oder nicht, sind die Reibung und damit die "Produktionskosten der Qualität" ein nicht zu unterschätzender Produktionsfaktor.

**In verschachtelten Unternehmen sind ca. 30% der Produktionskosten "Produktionskosten der Qualität"**

Es ist unglaublich, welches Potential für das strategiefokussierte und kundenorientierte Managementsystem vorhanden ist.

**Schnell und gezielt entscheiden ist der Fokus des "Durchsatz_mikded" Managements**

"Business Intelligence" (BI) heissen Softwarepakete, die "Indikatoren und Zahlen" sammeln, bearbeiten und präsentieren. Von der Auswahl der "Indikatoren und Zahlen" hängt die Qualität und Aussagekraft der Berichte ab."Zahlen-minded" oder "Durchsatz-minded" sind unterschiedliche bis konträre Sichtweisen. Sichern Sie sich deshalb die Transparenz über den Status des "Durchsatz" noch in der "Due Dilligence" Phase.

**Prüfen Sie, ob Ihr "aktuelles" und das "zu übernehmende" Managementsystem gleichermaßen "gestrickt" sind**
Die Kosten für die "Vereinheitlichung der Managementsysteme" oder des Parallelbetriebes muss man kennen und bewerten können. Die Kosten für den Aufbau eines neuen Managementsystems des alten Schlages (Alle haben den gleichen Prozess und nach dem Durchsatz wird nicht gefragt) belaufen sich in komplexen Unternehmen schnell auf mehrere Millionen Euro. Schlimm ist, dass damit die Reibung und die "Produktionskosten der Qualität" nicht unbedingt zügig in den Griff zu bekommen sind. Neue Besen kehren nicht immer gut.

**Nutzen Sie die Chancen eines "strategiefokussierten und kunden-orientierten" Managementsystems**
Machen Sie nicht aus schwarz und weiß grau! Sie sollten die jeweiligen Schwerpunktthemen nicht aus den Augen verlieren. Schwerpunkte "gleich-walzen" ist heute keine Lösung mehr. Je mehr Kulturen unter einen Hut zu bekommen sind, desto mehr ist nur der Weg des "strategiefokussierten und kundenorientierten" Managementsystems mit angemessenen Manage-mentprozessen und operativen Prozessen erfolgversprechend. Mit der Portfoliosteuerung können Sie die gewollten Schwerpunkte setzen, erhal-ten und verstärken.

**Entscheidend ist die Transparenz des Durchsatzes durch das Controlling**
Ohne Controllingwerte mit dem Fokus "Durchsatz" ist das Zusammenspiel der Assets nicht darstellbar. Bei den Diskussionen mit ihrem Controller werden Sie immer wieder erkennen, dass er "Zahlen_minded" orientiert ist. Wenn es keine "Durchsatz minded" Indikatoren und Zahlen gibt, ist das Management auf einem Auge blind.

**Die Veränderungen beim "Durchsatz-minded" Management werden immer deutlicher**
Nur über das Zusammenspiel "der materiellen-" und der "Human"-Assets sind Unternehmen heute erfolgreich. Der absolute Wertetreiber ist der "Durchsatz". Die "Durchsatz_minded" Manager steuern dank der

Strategiefokussierung und der Kundenorientierung das Unternehmen durch die Portfolio-Steuerung mit "gemeinsamen Zielen". Die Verifizierung erfolgt durch Indikatoren und Zahlen.

**Beim DeMerger ist die Problematik ähnlich**
Wenn Sie keinen Kenntnisstand über die alten "Abläufe / Prozesse" haben, die Sie vor dem DeMerger nutzten, besteht die Gefahr einer extremen negativen Veränderung des "Durchsatzes". Vor dem DeMerger müssen die Auswirkungen auf den Durchsatz untersucht und bewertet werden. Entscheidend ist auch hierbei, dass mit den Controlling-Werten der "Durchsatz" bei den neuen Gegebenheiten und den veränderten Abläufe / Prozesse transparent gemacht wird.

**Wenn der "Durchsatz" nicht gut ist, scheitern die Merger meistens kläglich**
Das Management arbeitet Tag und Nacht. Alles ist in Frage gestellt und wichtige neue Regelungen kommen einfach nicht zustande. Globalisierung und stärkerer Wettbewerb fordern von Unternehmen in kürzester Zeit für ihre Kunden präsent zu sein. Ohne klare Regeln und Verantwortlichkeiten gelingt dies nicht. Glauben Sie mir, jeden Tag wird die Reibung stärker.

Wenn dann keine "Durchsatz-minded" Indikatoren und Zahlen für Druck sorgen, ändert sich höchstens das Management, aber nicht die Situation.

**6. 1.    Vorgehen mit "Service with Exzellent Management System" sichert zielorientiertes Vorgehen.**

Falls Sie ein strategiefokussiertes und kundenorientiertes Managementsystem suchen, kennen Sie aus diesem Buch die Geschäftsführung über die Portfolio-Steuerung. Die Strategiefokussierung ist der Weg zur kurzfristigen Umsetzung der "Durchsatz_minded" Prozessorganisation. Somit ist die "Portfolio Steuerung" der Hebel für ein ziel-orientiertes Vorgehen bei Merger & Aquisitions.

**Fangen Sie niemals auf der grünen Wiese an**

Alle ein Portfolio, also ein Teilunternehmen, betreffenden Prozesse sind zu sichten und zu bewerten. Die bei einer Akquisition "eingekauften Abläufe / Prozesse" sind entweder gut oder schlecht. Sie bestehen aber tatsächlich und sichern irgendwie den Ablauf. Die Sicherung der bestehenden Abläufe ist die erste und wichtigste Maßnahme. Auf "dieser Wiese" lassen sich dann die Abläufe / Prozesse überarbeiten und optimieren. Als erstes müssen die Managementprozesse in dem Teilunternehmen etabliert werden. Die Ziele des Teilunternehmens müssen operationalisiert werden, um über diese Prozessziele die Mitarbeiter einbinden zu können.

### Die Verantwortung für die Umsetzung hat das Management
Das Top-Management delegiert über die Managementprozesse die Umsetzung der Prozessorientierung mittels Prozessrollen an den jeweiligen Manager der Teilunternehmens. Zum Lenken und Leiten der Prozesslandschaft müssen Prozessverantwortliche benannt werden, die dann mit den Prozessentwicklungen die "neue Wiese" entwerfen.

### Auf Grundlage der "bestehenden Wiese" wird die "neue Wiese" entwickelt
Denken Sie daran, dass alle Prozesse innerhalb eines Projektes mit einer Laufzeit von max. 100 Tagen entwickelt und implementiert werden müssen. Fokus sind die Minimierung der "Reibung" und die "Produktionskosten der Qualität". Die Prozessorientierung bedeutet eine Veränderung des Taktes und des Rhythmus aller Mitarbeiter. Das Management muss mit "gutem Beispiel" vorangehen und die Prozessrollen "leben". Das Zusammenspiel der Managementprozesse und der operativen Prozesse ist wirklich eine "Königsdisziplin".

### Der "Ablauf / Prozess" ist mit Controllingwerten zu belegen
Bei der Prozessentwicklung ist der "Durchsatz" eines Ablaufes / Prozesses zu priorisieren. Durch Schaffung einer künstlichen Aura, sozusagen eines Ausnahmezustandes, werden im ersten Schritt die bestehenden Strukturen mit der Prozessorganisation belegt. Es gelten nun die prozessorientierten Ziele und nicht (mehr) die Abteilungsziele. Mittels Indikatoren und Zahlen sind die einzelnen Schritte bewertbar und durch Maßnahmen veränderbar.

**Durch die Reduzierung der "Reibung" wird der Durchsatz optimiert**
Am Anfang werden mit den Controllingwerten die Folgen der verschachtelten Organisation transparent: Es begegnen Ihnen Schnittstellen über Schnittstellen, divergierende Ziele der Abteilungen und kein Fokus auf den "Durchsatz". Mit dem Wissen und der Kreativität der Mitarbeiter werden schnell die "alten Zelte" abgebrochen und die Ursachen der Reibung transparent. Das Zusammenspiel beider Assets ist unbedingt zu gewährleisten. Können Sie es sich leisten, den "Durchsatz" nicht im Fokus zu haben?

Leiten und Lenken der Prozesslandschaft sichert den Implementierungserfolg. Ohne klare Prozessziele gibt es keine klaren Kennzahlen. Es besteht keine Chance, das 100-Tage-Projekt erfolgreich abzuschließen, wenn sich das Management mit anderen Themen beschäftigt.

**Durch die deutliche Optimierung der Prozesse ist auch die Effektivität und Effizienz deutlich zu steigern.**

Über die Reduzierung der "Reibung" sichern die Mitarbeiter mit der Umsetzung von Wissen und Kreativität in Innovationen einen laufenden Motor für die Erschließung neuer Marktpotentiale. Hier liegt ein Hebel für die Nutzung der Potentiale aus der Reduktion der "Reibung" vor.

**Lieber sinnvolle Arbeit als "Reibung"!**
Der Takt und Rhythmus der Prozessorganisation gibt dem Menschen wieder die Chance, ohne die Notwendigkeit eines Gleichschritts ihre Aufgaben erfolgreich zu leisten.

### 6.1.1 Zieldefinitionen festlegen / Prozessstatus sichern / Aufbau Prozesslandschaft

Haben Sie ein Managementsystem für die Umsetzung des Merger & Aquisitions im Auge? Der beste Weg ist, teilen Sie den "Kuchen" nach dem "Portfolio" und sortieren Sie diese in die Teilunternehmen ein. Für die Teilunternehmen gilt dann das Ziel, in max. 100 Tagen zuerst die Sicherung der Funktionalität der "alten Wiese" sicherzustellen und dann eine "neue Wiese" mit allen benötigten Prozessen zu entwickeln und zu implementieren.

**Wissen Sie wieviel Abteilungen für die Bereitstellung der "Leistung" benötigt werden?**

Leistungseinheiten und Stabsabteilungen, Vertrieb, Controlling, Personalabteilung, Betrieb etc. Es ist schon schwer, eine Liste aller Beteiligten zu bekommen, aber noch schwerer wird es sein, die heterogene Denkweise aller Beteiligten in einem gemeinsamen Prozess zu kanalisieren.

**Jetzt wissen Sie, warum der "Durchsatz" bisher so "schlecht" war.**

Divergierende Ziele in den Abteilungen förderten den "Durchsatz" nicht. Jeder musste und wollte nur für sich erfolgreich sein. Keiner hatte den "Durchsatz" im Fokus. Durch die Rollen in den Managementprozessen werden die Ziele operativer und für die Mitarbeiter aussagekräftiger. Nur das Wechselspiel aller benötigten Prozesse fördert die Minimierung der Reibung und damit die "Produktionskosten der Qualität".

**Ohne Einbeziehung des Controlling sind die Prozessschritte nicht zu bewerten**

Ein "Durchsatz" orientiertes Controlling gibt es wahrscheinlich noch nicht. Die alten "Zahlen_minded" Werte helfen uns bei der Berechnung des "Durchsatzes" nur wenig. In den Produktionskosten wird die "Reibung" als "Produktionskosten der Qualität" nicht transparent.

**Ohne Reibung kann der Ablauf locker 40% günstiger im Durchsatz sein**

Sie werden sich wundern, wenn alle Prozesse auf das gemeinsame Ziel hin abgestimmte Prozessziele haben, wie rapide sich die Reibung reduziert. Divergierende Ziele, Animositäten und Ahnungslosigkeit müssen abgebaut und die Strategiefokussierung der Prozesse aufgebaut werden. Mit den Indikatoren und Zahlen ist die geplante Zielerreichung eines jeden Prozesses transparent. Ausreißer werden erkannt und die Maßnahmen festgelegt und überprüft. So wird Reibung reduziert und die Kreativität aller Beteiligten durch Rollenverantwortung festgelegt.

**Jeder schiebt heute alles auf die Anderen. Über den Tellerrand wird nicht gekuckt.**

Ist nicht meine Aufgabe! Der macht einfach immer Mist! Morgens kann man den vergessen! Was der immer abliefert ist eine Katastrophe! Warum versteht der mich nicht? Der Chef hat andere Ziele, darum stärkt der uns nicht den Rücken! Seit dem Merger klappt nichts mehr! Das ist die "dayly soap", Reibung pur! Der schöne Gewinn ist hin, und kein "Zahlen_minded" Manager weiß warum.

## "Reengineering Approach" gegen Reibung und die "Produktionskosten der "Qualität"

Die Umsetzung in verschachtelten Unternehmen bedarf eines "Reengineering Approach". Alle Abläufe müssen auf einmal angepackt werden. Das "Komplexitätsprojekt" initiieren, Commitment des Managements herbeiführen und die Entwicklung und das Training des Managementsystems bei / mit allen Mitarbeitern unter Nutzung des Wissens und der Kreativität fördern und veranlassen. Die Dauer des "Komplexitätsprojekt" (darf) 100 Tage nicht überschreiten, sonst sind die bestehenden Abläufe nicht zu sichern und als Basis für die neuen zu nutzen.

## Prozessentwicklung auf der grünen Wiese verstärkt die Reibung und die "Produktionskosten der Qualität"

Inhaltlich ändern sich die Prozesse meistens nicht stark. Um eine "Bestellung" anzustoßen werden bestimmte Prozessschritte durchlaufen. Das ist fast überall gleich. Doch dann wechseln die Verantwortungen und schon ist das Chaos perfekt. Das sind die Risiken der Prozessgestaltung auf der grünen Wiese.

### Verantwortlichkeiten im Ablauf ändern sich. Vorsicht Falle!

Wenn keiner mehr weiß, was wer wann macht, dann ist der "Durchsatz" extrem gefährdet. Also bitte eine Bestandsaufnahme durchführen und mit dem Wissen und der Kreativität aller Prozessbeteiligten die neue Entwicklung gestalten und implementieren. Es ist wirklich Ruhe und Umsicht gefordert, da bei den heterogenen Typen, die gemeinsam an einem Prozess arbeiten, nicht immer gemeinsame Zielverfolgungen gewährleistet sind.

### Lenken und Leiten der Prozesslandschaft lebt vom Zusammenspiel aller Prozesse

Wenn das Commitment des TOP-Management die Zielfokussierung und die Kunden-orientierung der Prozesslandschaft prägt, ist der Wechsel des Taktes und des Rhythmus aller Prozessbeteiligten eine zu bewältigende Aufgabe. Dieses Commitment bedarf permanenter Präsenz. Entscheidend für die Umsetzung der Prozessorientierung ist die Benennung und Förderung der Prozessverantwortlichen. Bei den Prozessen werden wieder drei Kategorien unterschieden:

- eigen      (Alle Prozessschritte mit einer "Verantwortung")
- cross      (Prozessschritte mit mehreren Verantwortlichen)
- ausgelagert (Prozess ist ausgelagert mit "externen" Verantwortlichen)

| Prozess/Prozessgruppe | GESCHÄFTSVORFALL | Ziel & Bewertung (Zielgrößen/Kennzahlen) | Prozessszenario (Läuft/Läuft nicht) |
|---|---|---|---|
| Prozess 1  Eigen | | | |
| Prozess 2  Cross | | | |
| Prozess 3  ausgelagert | | | |
| Prozess 4  ausgelagert | | | |
| | | | |

**Wenn alle Prozesse ihr Prozessziel erreichen, ist das Ziel für den Geschäftvorfall gesichert**
Die Kette zerreißt am schwächsten Glied. Ist ein Prozessziel nicht erreicht, ist das Gesamtziel auch nicht erreicht. Genau das ist Prozessorientierung mit Empowerment und Teamwork.

**Prozesse leben und kontinuierlich verbessern**
Prozesse haben zunächst wenig mit der Organisation, sondern mit den Abläufen zu tun. Wenn aber die Schnittstellen zwischen zwei Einheiten mit allem Aufwand nicht zu reibungsfreien Nahtstellen werden, sind auch organisatorische Strukturänderungen in Betracht zu ziehen. Das Ziel Prozessdurchsatz hat Priorität vor Erhaltung der Organisation.

**Portfoliosteuerung, Organisation und Prozesslandschaft**
Mit der Strategiefokussierung und der Kundenorientierung des Managementsystems erfolgt für die Mitarbeiter eine zuvor nicht gekannte Operationalisierung. Ihre Aufgabe steht im Zielfokus. Mehr Motivation geht wohl nicht.

# 7. Management der Prozesse Ihres "Service with Excellence Management Systems"

Nach den vielen Ansätzen, Ideen und Vorschlägen, wie die entstandenen Themen der zunehmenden Wertigkeit des Zusammenspiels der "tangible" und "intangible" Assets anzugehen sind, geht es jetzt um eine Darstellung der Transformation: Vom "Denken in Hierarchien" zu "Denken in Prozessen". Prozessorientierung ist nicht gegen das TOP-Management gerichtet, sondern ist die Unterstützung zum Lenken und Leiten des "Durchsatz". Die gesellschaftlichen Veränderungen müssen in den mentalen Methoden abgebildet werden. Es geht vorrangig um Teamorientierung, nicht um Prozessorganisation.

**Das ist das Ziel, was ist die Methode und wie ist der Weg dieser Transformation?**

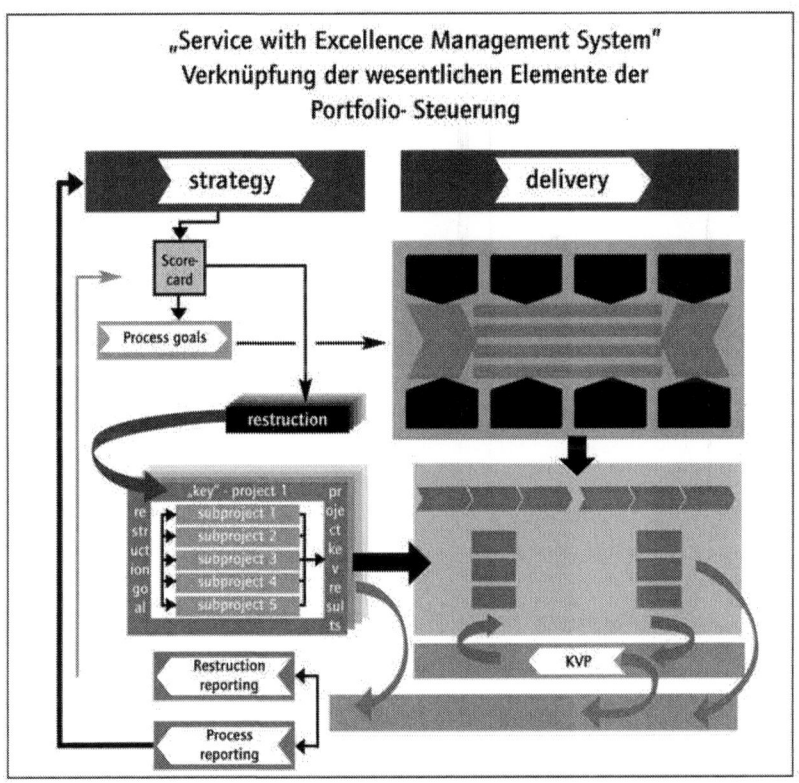

**Man kann nicht alles alleine erreichen. Fördern und fordern Sie die PV´s und die Prozesse**

Es geht nicht um Weltverbesserung. Wer Prozesse will, muss auch die Prozessorientierung wollen und die Prozesskennzahlen als Führungs-instrument akzeptieren und nutzen.

Zielsatz:      Die Basis für einen dauerhaften Unternehmens-
               erfolg ist ein Managementsystem, das mehr durch
               Effektivität und Effizienz, als durch strikte Ergeb-
               nisorientierung gekennzeichnet ist.

Methode:       Entwickeln, Implementieren und Leben des
               "Durchsatz_minded" "Service with Excellence
               Management System" auf der Basis des gesell-
               schaftlichen Grundstandards entweder mit der
               Managementsichtweise auf die vier BSC-Kriterien
               und / oder auf die neun EFQM - Kriterien.

Weg:           Durch eine gelebte Prozessorientierung wird das
               Prozessberichtswesen als Führungsinstrument
               genutzt, um mit allen Beteiligten die Reibung zu
               vermindern.

Ziel:          Die "Produktionskosten der Qualität" werden
               durch die Fokussierung auf die Effektivität und
               Effizienz mit der Folge einer extremen Ver-
               besserung des Ergebnisses, der Kundenzufriedenheit
               und der Mitarbeiterzufriedenheit vermindert.


**Die Methode ist ein System**

Managementsysteme sind ein komplexes Gebilde, das Zusammenspiel ihrer Elemente bestimmt ihre Funktion. Ein Managementsystem funktio-niert, wenn seine Elemente in exakt definierter Weise miteinander in Beziehung stehen. Nur dann kann das Managementsystem seinen Zweck erfüllen.

**Ohne Empowerment des TOP-Managements ist ein derartiges "Zusammenarbeiten" nicht möglich.**

- Die Hauptziele eines "Service with Excellence Management System" sind die Wettbewerbsfähigkeit und die Profitabilität.
- Klärung der Hauptziele des Unternehmens.
- Umsetzung der neuen Steuerungsphilosophie "Von der Geschäftssteuerung zur Portfoliosteuerung".
  - Klare Grundsätze verbessern die Zusammenarbeit im Unternehmen.
    - Wahrnehmung der strategischen Steuerungsaufgaben hat das Unternehmen.
    - Geschäftsverantwortliche Teilunternehmen entsprechen der Portfoliosteuerung.
    - Festlegung aller "Shared Services" mit Festlegung der Aufgaben und Verantwortlichkeiten.
    - Analysieren der "Hypotheken" und "Benefits" der Neuorganisation.
      - Was wirkt aus Sicht der "Reibung" positiv, was wirkt negativ ?
      - Wie viele administrative- / operative Mitarbeiter gibt es?
- Umsetzung der Strategie in die vier Balanced Scorecard Kriterien.
  - Veränderung der Sichtweise des Managements auf die vier Kriterien.
  - Mit der Vier-Kriterien-Sicht die gemeinsamen Unternehmensziele erarbeiten.
  - Optional kann die Sichtweise des Managements durch die Nutzung des EFQM Modell auf acht Kriterien erweitert werden, um gemeinsame Unternehmensziele festzulegen.
- Die Unternehmensziele fassen wesentliche Aspekte der Strategie in Zahlen und bieten so allen Beschäftigten eine Orientierung - auch bei den persönlichen Zielvereinbarungen.
  - Bedeutung der Ziele für die jeweiligen Geschäftseinheiten.
  - Klare Darstellung der Anteile der Mitarbeiter am Erreichen der Ziele.

- Grad der Zielereichung und Darstellung der Auswirkungen im Unternehmen.
- Wandel in den Führungsinstrumenten durchführen
  - Die Unternehmensführung mit Kennzahlen sichert die Transparenz des "Durchsatzes"
  - Von den Spät- zu den Frühindikatoren, von den Kennzahlen zu den Handlungspotentialen
  - Von der Strategiezahl zur kontinuierlichen Verbesserung
    - Die Controlling-Methoden müssen "Durchsatz" orientiert sein.
- Die Umsetzung der Unternehmensziele erfolgt in der Prozesslandschaft.
  - Alle Prozesse haben abgestimmte Ziele aus der BSC.
  - Die Summe aller Prozessziele entspricht dem Unternehmensziel.
  - Alle Beschäftigten haben einen gemeinsamen Zielfokus.
- Prozessorientierung benötigt die mentalen Methoden mit dem Rhythmus und dem Takt des Empowerment und des Teamworks.
  - Hierarchie versus Prozessrollen.
    - "Durchsatz-" und "Transparenz" –Verantwortung.
    - Prozessberichtswesen als Führungsinstrument nutzen.
    - "Unternehmens" - und "Teilunternehmens" - Prozessteams"sind verbunden.
    - Die Macht liegt im Lenken und Leiten der Prozess - Landschaft.
- Die Prozessorganisation schafft die Transparenz auf Basis der Prozesse entsprechend den "Gesellschaftlichen Grundstandards", das Management verantwortet den "Durchsatz".
  - Das Zusammenspiel der "Managementprozesse" und der "operativen Prozesse" sichert die Umsetzung der Strategie.
- Kontrolle versus Vertauen.
  - Klare Antwort: Durch Messen und Wiegen wird das Schwein nicht fett!
- Die Prozesslandschaft mit den Prozessen leben ist der Weg zur Goldgrube.

- In den heterogenen Prozessteams entwickelt sich schnell die Prozessorientierung bei Wahrnehmung der Aktivitäten und Rollen.
- Die Erschließung der Goldgrube schafft ein gutes Ergebnis und hochzufriedene Mitarbeiter.
  - Ursache ist die Reduzierung der Reibung und damit der "Produktionskosten der Qualität".
- Die Mitarbeiter können am Aufgabenprofil und den Rollen im Prozessteam "mit_arbeiten" und mit weniger Reibung leben.

**Neue Begriffe und Denkansätze sind entstanden, die jetzt angewendet werden müssen.**

| | |
|---|---|
| Zeitsinn wird durch die Feinstrukturierung der Uhr (ersetzt). | = Faktor Zeit |
| Durchsatz_minded und Zahlen_minded | = Gemeinsam stark |
| Balance der Assets sichert Wirtschaftlichkeit | = Es gibt ein Poweract |
| Die Wertigkeit der "intangible Assets" nimmt stetig zu | = Mensch ist ein WERT |
| Reibung erzeugt "Produktionskosten der Qualität" | = Reibung contra Gewinn |
| Be_greifen und Be_wegen und Mit_arbeiten | = organische Infrstruktur |
| Wissen und Kreativität sichern Innovation | = WERTtreiber Mensch |
| Aus tiefverschachtelten Abläufen werden Prozesse | = Der Neue Weg |
| Früher Einzelblindflug, heute "Gänseschwärme" | = gemeinsam stark |
| Teamorientierung und Empowerment | = Management heute |
| "Durchsatz_minded" Controlling Methoden fehlen | = aktuelles Problem |

**Unbewältigte Komplexität im Unternehmen ist kostenintensiv und eine Demotivierung der Mitarbeiter = das war einmal**

Auf geht's!

Entscheidend für die Umsetzung sind die notwendigen Veränderungen der mentalen Methoden im Unternehmen. Jeder Mensch hat seinen eigenen Takt und Rhythmus entsprechend seines Biorhythmus. Es gibt Regeln, die "nicht veränderbar", aber auch solche, die "veränderbar" sind. Mit der gelebten Prozessorientierung bieten sich Möglichkeiten, die Reibung zu vermeiden und wieder mehr sich, der Kreativität und den anstehenden Aufgaben zuwenden zu können: Diskutieren in heterogenen Prozessteams, der Kreativität freien Lauf lassen, Arbeiten nicht mehr im Gleichschritt, sondern entsprechend der abgestimmten Prozessschritte und Rollen. Ich bin mir sicher, dass dies mehr den "Genen" des Menschen entspricht. Der Schlüssel liegt in den mentalen Methoden der Prozessorientierung. Der Rhythmus und der Takt der Teamorientierung ist Basis des Empowerment.

## 7.1    Transformationsschritte und Zeitleiste.

Sehen Sie sich erst einmal die wichtigsten Schritte an? Schauen Sie mal, was zu tun und zu überlegen ist: Erst dann kann es um die Zeitleiste gehen!

## 1.    Empowerment!

Die Transformation zum "Denken in Prozessen" führt über das Unternehmensleitbild und die Grundsätze zur Unternehmens und Führungskultur. Die Grundzüge des Unternehmens-Leitbildes bilden den Rahmen für das gesamte Handeln und beschränkten sich nicht nur auf die Ebene der Strukturen und Prozesse sondern beinhalten auch das "Betriebssystem des Unternehmens" mit der Firmenkultur, den Werten und dem Selbstverständnis. Der Erfolg des Unternehmens und damit die Sicherheit der Arbeitsplätze liegt an der Umsetzung der Transformation und an der optimalen Besetzung der Managementpositionen.

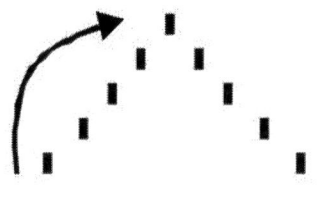

Der neue Fokus: "tangible und intangible Assets" aus struktureller Sicht. Im heterogenen Team erfolgt der Positionswechsel der Leitgans mit der Problemstellung im Team durch Kongruenz von Kompetenz und Verantwortung. Der "Formationsflug" schafft eine Erhöhung der Wertschöpfung um ca. 70% durch die Teamleistung. Prozess-Gänse fliegen zum "Wirtschaftswunder II".

**Enterprise Portale sind der Hebel zum Quantensprung der Geschäftsprozesse**

"Personalisierte Enterprise Portale" bilden das optimale Medium zur Umsetzung des Prozess- Gänsefluges und sind bei der Redefinition von Geschäftsprozessen die beste Möglichkeit zu einem Quantensprung. Nutzen Sie das "personifizierte Enterprise Portal" zur Optimierung der Geschäftsprozesse und planen Sie die Implementation in Ihre Meilensteinplanung der Service with Excellence Management System ein.

**Welche "Bandbreite" soll Ihr "Managementsystem" haben?**

Endsprechend Ihren "Ansprüchen" ist auch das Empowerment zu gestalten. Die Inhalte und Aufgaben des Empowerment sind im Detail s. o. im Buch beschrieben. Jeder Wandel ist zu gestalten. Es geht nichts ohne "anschieben" und "loszerren".

| 9 | Bewiesene Weltklasse | **Performance Management** | | |
|---|---|---|---|---|
| 8 | Best-Practice | Balanced Scorecard | | |
| 7 | Innovation Quantensprünge | | | |
| 6 | Verbesserung | **Assessment** | | |
| 5 | Erfolgsmessung | (Self)-Assessment nach Deming, | | |
| 4 | Meßindikatoren | Baldridge, EFQM... | | |
| 3 | Konformität | **Konformitätsbewertung** | | |
| 2 | Nicht-kritische Abweichungen | ISO9000, ISO14001, EMAS2, | | |
| 1 | Kritische Abweichungen | BS7799, VDA6... | | |

## 2.   Die Veränderung der Sichtweise des Management auf die vier Kriterien der BSC ist entscheidend.

Beispielhaftes Vorgehen zum Übergang der BSC-Kriterien zu gemeinsamen Prozesszielen.

| Finanzwirtschaft | | | | |
|---|---|---|---|---|
| Wie sollten wir aus Kapitalgebersicht dastehen? | Strategisches Ziel | Meßgröße | Operatives Ziel | Aktivität |
| | | | | |
| | | | | |

| Kunden | | | | | | Vision & Strategie | | Geschäftsprozesse | | | | |
|---|---|---|---|---|---|---|---|---|---|---|---|---|
| Wie sollten wir aus Kundensicht dastehen? | Strategisches Ziel | Meßgröße | Operatives Ziel | Aktivität | | | | Bei welchen Prozessen müssen wir Hervorragendes leisten? | Strategisches Ziel | Meßgröße | Operatives Ziel | Aktivität |
| | | | | | | | | | | | | |
| | | | | | | | | | | | | |

| Mitarbeiter, Lernen | | | | |
|---|---|---|---|---|
| Wie können wir flexibel und verbesserungsfähig bleiben? | Strategisches Ziel | Meßgröße | Operatives Ziel | Aktivität |
| | | | | |
| | | | | |

Wie wird das BSC-Kriterium 2 , Element 1 "Kundenbeziehungsmanagement verbessern" unterstützt.

| Finanzen / Ergebnisse | Finanzen / Ergebnisse | Marktposition / Kundenbindung | Produktivität / Prozesse | Innovation / Ma |
|---|---|---|---|---|
| Umsatzsteigerung | | | X | |
| Profitabilität | | X | X | |
| "Durchsatz-minded" | | X | X | |
| **Marktposition / Kundenbindung** | | | | |
| Kundenbeziehungsmanagement | | | X | |
| | | | | X |
| **Kundenzufriedenheit / Kundenbetreuung** | | | | |
| Wachstum in Europa | | | X | |
| **Produktivität / Prozesse** | | | | |
| Effiziente und Effektive Prozesse | X | | | |
| **Reduktion Forderungsbestand** | X | | | |
| Reduktion der Vertriebskosten | X | | | |
| **Innovation / Mitarbeiter** | | | | X |
| Durchgeführte Mitarbeitergespräche | | | | X |
| **Schulungsbeurteilung positiv / negativ** | | | | |
| Wirksamkeitsprüfung der Schulung | | | X | |

Optional kann die Sichtweise des Management auf die neun Kriterien des EFQM Models genutzt werden.

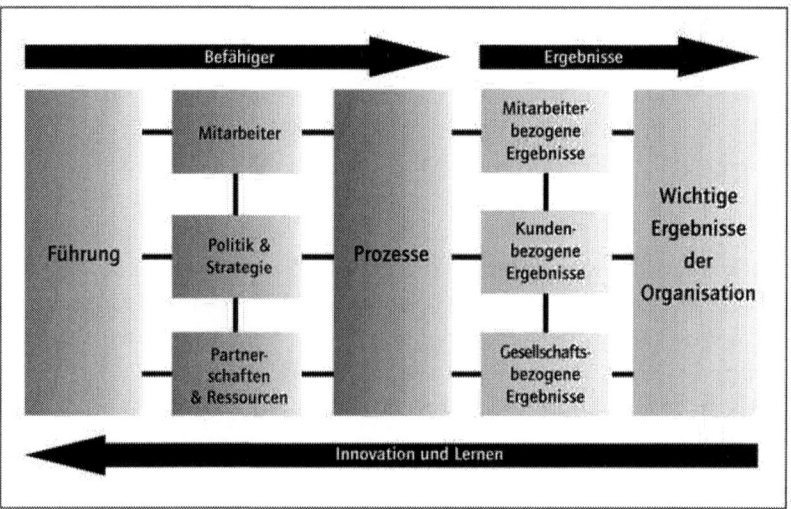

Sie sehen, dass die "Befähiger" vergleichbar mit den vier Kriterien der Balance Scorecard sind. Im EFQM sind zudem die "Ergebnisse" der "Befähiger" abgebildet und bewertbar. Hier werden "Windfall"- Erfolge transparent.

**Entscheidend ist die Festlegung der "gemeinsamen" (aus Sicht aller Kriterien (4 oder 9)) Prozessziele.**

Prozess 1: Kundenbeziehungsmanagement
Prozess 2: Sales Prozess (Reduktion der Vertriebskosten)
Prozess 3: Human Resources (Mitarbeitergepräche, Schulungsbeurteilung, Wirksamkeitsprüfung in der Praxis)
Prozess 4: Prozesse (Effektive und effiziente Prozesse zur Unterstützung der Wirksamkeit des Prozesse "Kundenbeziehungsmanagement") d.h. Sicherstellen der Wechselwirkung der Prozesse). Entwickeln Sie nicht mehr als 10- 15 Prozesse, das kann keiner mehr "händeln".

## "DER KNACKPUNKT" des "Service with excellence Management Systems"

Hier ist die Goldgrube der "Produktionskosten der Qualität". Ursache sind die mentalen Methoden der hierarchischen Führung. Es ergibt sich aus der "Zahlen_minded" Sichtweise keine Kongruenz von Kompetenz und Verantwortung.

### Knackpunkt 1: Die Management Methoden müssen geändert werden

Das geht hervorragend mit der Portfoliosteuerung des Unternehmens. Basis ist die wirkliche "Prozessorientierungsdenke" mit dem "Interact" (Sachlich aufeinander einwirken) in den Prozessteams und den personifizierten Kommunikationsegeln von Vertrauen und Emotion. Es geht um Menschen und wir sind doch alle Menschen. Wir müssen wieder lernen gemeinsam ein Ziel anzugehen und zu verfolgen. Einige TOP Manager nehmen ihre Familie als Beispiel um das "Leben des neuen Selbstverständnis im Unternehmens" zu erläutern. Als Vater einer achtjährigen Tochter weiß ich, dass es:

- Das es extrem wichtig ist mit Ansprüchen zu leben, Absprachen zu treffen und Absprachen einzuhalten.
- Verantwortung zu leben und Verantwortung zu tragen.
- Auch einmal Fehler zuzugeben und nicht immer die Schuldigen zu suchen.
- Sich selbst zu fragen, wie Probleme auch mit Unterstützung anderer angegangen werden können.

Schaffen Sie eine Kongruenz von Kompetenz und Verantwortung um den "Wertewandel" einzuleiten.

### Knackpunkt 2: Nur die richtige Auswahl der Prozessziele und der Prozesse sichert die "Strategie"

Also wirklich, hier ist der absolute Knackpunkt. "Wasche mich, aber mach mich nicht nass" ist die Geburtsstunde der Reibung und die Ursache der "Produktionskosten der Qualität". Denken Sie bitte gerade jetzt daran, dass ein geschriebener Prozess nur 20%, das wirkliche Prozessleben aber 80% zur Prozess-Zielerreichung beiträgt. Es gibt viele Prozesse, die "hängen" seit Jahren bei 30%. Ursache sind die mentalen Methoden der hierarchischen Führung. Eine Ursache ist die fehlende Managementunterstützung.

**Knackpunkt 3: Nur das Ereichen aller Prozessziele sichert die Umsetzung der Strategie**

Das Zusammenspiel und die Wechselwirkung der Prozesse ist nur über die mentalen Methoden der Teamorientierung und der Managementform "Empowerment" mit "Fordern und Fördern" der Prozessorientierung der Mitarbeiter zu erreichen. Aber ohne Messen und Wiegen ist keine Veränderung möglich.

**Knackpunkt 4: Das Führen mit Kennzahlen erfordert die Veränderung der mentalen Methoden**

Nach Erfahrungswerten lehnen ca. 40% aller Führungskräfte die Teamorientierung und das "Mitarbeiter-Feedback" ab. Hier müssen klare Entscheidungen des TOP-Management her.

**Knackpunkt 5: Wie wird aus Wissen die Leistung, wie wird aus Leistung der Wert?**

Die Kenngrößen und Kennzahlen müssen eng an der Wertschöpfungskette entlang führen. Nur so wird der "Durchsatz" transparent.

**3. Unternehmensführung mit Kennzahlen**

Entscheidend ist der Wandel der Führungsinstrumente. Weg von den Spätindikatoren (nachlaufend) hin zu den Frühindikatoren (Echtzeit). Sichern Sie sich die Kongruenz von Kompetenz (Prozesse) und Verantwortung (Management). Grundlage ist der Aufbau der Controlling-Methoden für die "Durchsatz"-Prozesskenngrößen. Die "neuen" Prozesskennzahlen als Basis einer lernenden Organisation nutzen.

**4. Welche Prozesse gibt es? Wo stehen Sie heute? Was ist zu tun?**

Teilen Sie alle bestehenden Prozesse entsprechend der "Verantwortlichkeit und Durchgriffsmöglichkeit" ein. Ich bin sicher, Sie werden sehr überrascht sein, dass Sie selten einen "hierarchischen Verantwortlichen" finden. Es kann auch sein, dass extrem aufgeblähte Prozesse keine oder eine geringe Wertschöpfung haben, während andere vernachlässigte Prozesse eine hohe Wertschöpfung oder eine wichtige Unterstützungsfunktion haben. Haben Sie ein Berichtswesen? Sind es (Berichte) Spät- oder (Tool) Frühindikatoren? Auch hier werden Sie Überraschungen erleben.

## Wertschöpfung und "Durchgriffsmöglichkeit" der Prozesse

| Prozess: | Wertschöpfung (eng) | Wertsch. (sek.) | Unterstützung |
|---|---|---|---|
| = eigene | | | |
| = cross | | | |
| = ausgelagerte | | | |

## 5. Benennung der Prozessverantwortlichen je Prozess!

Managementprozess
Operativer Prozess 1
Operativer Prozess 2
Operativer Prozess 3
Operativer Prozess n.n

Festlegung der Aufgaben, Rollen, Indikatoren und das Zusammenspiels aller Prozesse

Organisation des Prozessregelkreises im "Prozess-Management-Team" (PMT)

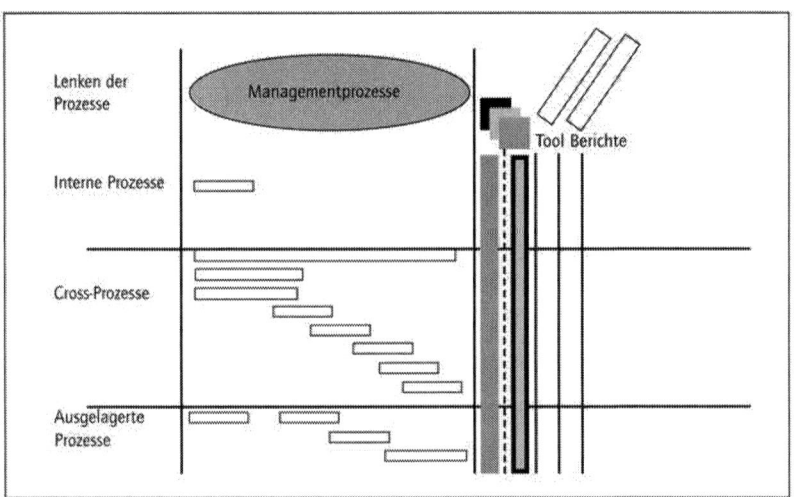

- Gemeinsame Sitzung ca. alle 6 Wochen mit Prozessstatus-Bewertung
- Gemeinsame Sitzung der PMT mit dem TOP-Management 2 Mal im Jahr (Prozessziele / Prozessbewertung)
- Prozesslenkung und -Leitung im Zusammenspiel des TOP-Management und der Prozessverantwortlichen / PMT

**6. Wie ist die weitere Entwicklung zur Umsetzung der Prozessziele zu terminieren ?**

Welche realistischen Vorgaben der Prozesse werden festgelegt? Wie wird der PV beauftragt?

Vorgaben des „Service with Excellence Managementsystems"

| Prozesse | Kontrolle erlangen | Schnelle Verbesserung | WOF |
|---|---|---|---|
| | | | |
| | | | |
| | | | |
| | | | |
| | | | |
| | | | |
| | | | |
| | | | |

## 7. Wie ist die Vorgehensweise zur Prozess-Weiterentwicklung zu terminieren?

Prozessaufbau des „Service with Excellence Managementsystems"

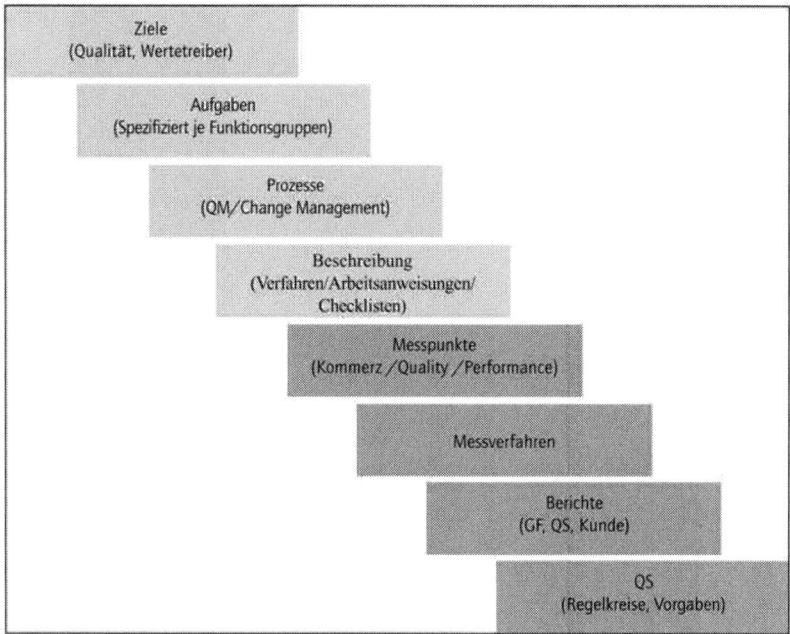

## 8. Umsetzung der Prozessziele durch den "Deming Kreis"

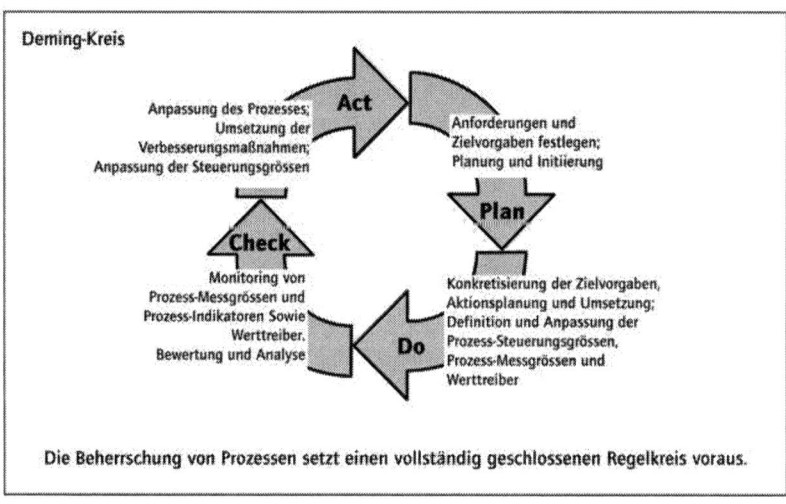

Der Deming Kreis hilft durch das strukturierte Vorgehen bei der Weiterentwicklung von Prozessen.

**9. Status des "Service with excellence Management System" nach Umsetzung der Vorgaben**

Die Vorgaben der Prozessentwicklung werden kontinuierlich verifiziert.

Status des „Service with Excellence Managementsystems", Datum

| Prozesse | Kontrolle erlangen | Schnelle Verbesserung | WOF | Prozessziel erreicht (%) |
|---|---|---|---|---|
|  |  |  |  |  |
|  |  |  |  |  |
|  |  |  |  |  |
|  |  |  |  |  |
|  |  |  |  |  |

**10. Wie spielen die verschiedenen Führungselemente zusammen?**

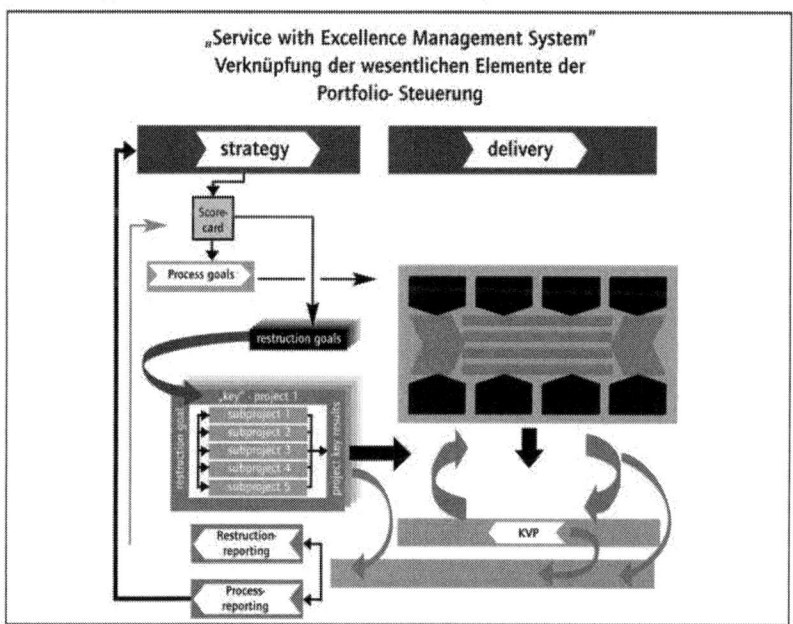

267

Der Weg der Überprüfung des "System – Zusammenspiels" zur Strategieumsetzung ist das Verifizieren des Zusammenspiels der 2 Welten Strategie + Prozesse

Wichtig ist es, gemeinsam Maßnahmen festlegen, um die verschiedenen Welten zu verbinden

- Wo sind die Lücken?
- Was ist zu tun?
- Wer hat es zu tun?
- Wie ist es zu tun?
- Wann ist es zu tun?

## 11. Das Leben des "Management-Systems"

The Management Process-Model according ISO 9000:2000

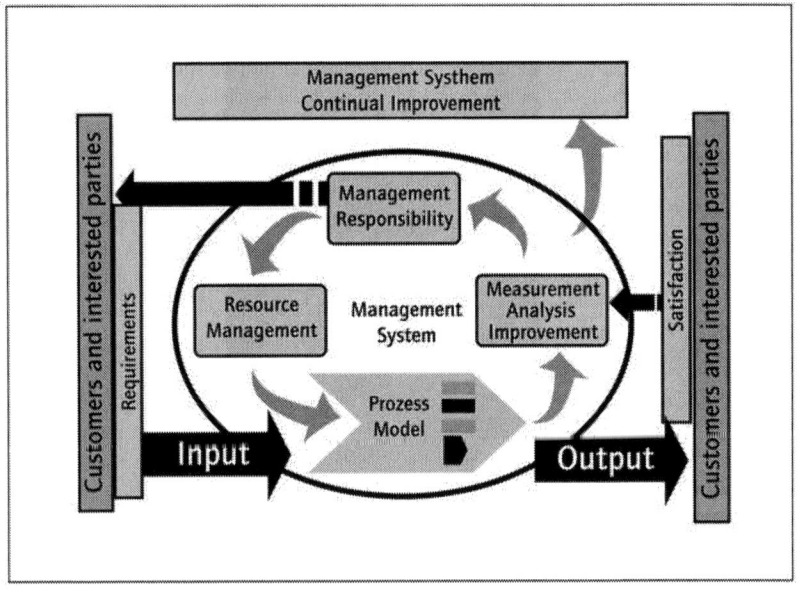

Aufgabenauflistung :

1. Festlegung des Empowerment des TOP-Managements zur Prozessorientierung und Festlegung der "Tiefe" des "Service with Excellence Management Systems".
2. Umsetzung der Strategie in die Balanced Scorecard mit der Sichtweise auf 4 bzw. 8 Kriterien EFQM.
3. Unternehmensführung mit Kennzahlen (Durchsatzorientiert) muss gelebt werden.
4. Wertschöpfung , Verantwortlichkeit und Durchgriff der Prozesse überprüfen.
5. Gremien und Rollen im Prozess-Management festlegen.
6. Mit "Neue Zielen + (Alten oder Neuen) Prozessen" die Umsetzung der Strategievorgaben definieren.
7. Prozessentwicklung und Regelkreise festlegen.
8. Umsetzung der Prozessziele entsprechend Deming Kreis (PDCA).
9. Statusaufnahme der Prozess nach Umsetzung der Zielvorgaben.
10. Wie spielen die verschiedenen Regelkreise im Unternehmen zusammen?
11. Regelkreis zur kontinuierlichen Weiterentwicklung des "Service with Excellence Management Systems".

Definieren Sie Ihre Zeitleiste für die 11 Schritte.

| Januar | Februar | März | April | Mai | Juni | Juli | August | September | Oktober ... |
|--------|---------|------|-------|-----|------|------|--------|-----------|-------------|
|        |         |      |       |     |      |      |        |           |             |

## 7.2 Das Empowerment zur Transformation

**Welchen Herausforderungen hat sich ein Unternehmen in den nächsten Jahren zu stellen?**

Viele Unternehmen stehen vor der Herausforderung, in einem schwierigen Marktumfeld ihre Position als "Global Player" zu behaupten und auszubauen, denn sonst sind die Überlebenschancen in den Zeiten der Globalisierung gering. Dabei wird es von entscheidender Bedeutung sein,

269

die Wettbewerbsfähigkeit und die Profitabilität zu verbessern.

**Ursachen erkennen und Widerstände mit "Empowerment" angehen**
Es ist deshalb notwendig, dass nicht nur geredet, sondern auch gehandelt wird. Es geht um die Veränderung der mentalen Methoden der Führung und nichts anderes.

**Deshalb müssen die notwendigen Veränderungen im TOP-Management stattfinden**
Aufgaben können delegiert werden, aber die Verantwortung nicht. Im TOP-Management muss die operative Verantwortung vertreten sein. Der Wechsel von der Geschäftssteuerung zur Portfoliosteuerung sichert eine klare Richtung gestützt durch "Durchsatz-minded" Strukturen mit Strategiefokussierung auf die Kundenmärkte.

**Ziel: "Unser Produkt / Dienstleistung beeinflusst unsere Kunden nachhaltig positiv"**

Aus diesem Auftrag leiten sich anspruchsvolle Ziele ab. "Jeder ist gefordert, sein Schäflein dazu beizutragen", um die Ziele zu erfüllen. Dazu müssen im TOP-Management die Prioritäten gesetzt und in der Ausrichtung im "Portfolio" abgebildet werden. Entscheidend ist, dass die "Portfolios" auf der TOP-Managementebene abgebildet werden. In dieser Entscheidungsebene liegt die operative Verantwortung. Damit werden die Entscheidungsstrukturen flacher, schneller und kundenorientierter.

**Verantwortung tragen! Hier ist die "Schwelle zur Prozessorientierung"**
Das heißt "Stühle rücken" im TOP-Management. Es bedeutet, dass die direkte Verantwortung der "Portfolios" auf der Entscheidungsebene abgebildet sind. Damit ist die Basis für die "gemeinsamen" Ziele" in der Struktur geschaffen.

**Die "Portfolioleiter" nutzen gemeinsam die (4) oder (9) "Managementsichten" als Basis der Prozessorientierung**
Wenn die Strategie in die Balanced Scorecard und / oder in das EFQM Modell abgebildet ist, sind die gemeinsamen Prozessziele durch die verschiedenen Sichten gemeinsam "ermittelbar". Es macht Spaß, auf gemeinsame Ziele hinzuarbeiten, auch wenn die heterogenen Themenansätze bei-

spielsweise des Vertriebsleiters, des Human Ressource Managers, des Produktionsleiters oder des Finanzchefs zur "gemeinsamen" "Durchsatzminded" Prozessorientierung harte Diskussionen erwarten lassen. Danach weiß jedoch jeder, mit welchen Prozessen, Prozessschritten und Prozessrollen die Strategieumsetzung unterstützt werden kann.

**Welche Prozesse benötigen Sie, um den Geschäftsauftrag zu erfüllen?**
"Butter bei die Fische". Jetzt muss in einer Klausursitzung das Prozessmodell entwickelt werden. Von allen "Portfolio-Leitern" verantwortet, strategiefokussiert und mit klarer Kundenausrichtung entlang der Wertschöpfungskette. Hier helfen "best practice" Informationen von Beratern, doch die Verantwortung für das Prozessmodell haben die Portfolio-Leiter. Die gemeinsame Verantwortung für das Zusammenspiel / Wechselspiel der Prozesse obliegt allen "Portfolio-Leitern".

**Gemeinsam ´ran an den Goldschatz**
Wenn die Grundlagen durch das Leben der "Portfoliosteuerung" geschaffen wurden, geht es jetzt um die Umsetzung des durchsatorientierten Prozessmodells. Es handelt sich um die Kongruenz von Kompetenz (Prozesse) und Verantwortung (Management).

**"Hearing is believing"**
Gelebte Prozesse zeichnen sich dadurch aus, dass das TOP-Management ohne Ablenkung im Kopf seine "Sachen" erledigen kann. Ziel ist es, mit (verhältnismäßig) minimalen Aufwand eine "große" Durchsatzverbesserung zu erreichen. Das ist nicht länger durch Einzelaktionen zu erreichen, sondern gelingt nur als Team. Das muss klar sein und kommuniziert werden.

In einem Balanceakt einer Mischung aus klaren Worten und Diplomatie muss das TOP-Management die Prozessorientierung fordern und fördern.

- Mit "be_engaging" den "Durchsatz" angehen.
- Ein schwieriges Problem ist, das "Zahlen_minded" Führungskräfte, die keine Vorstellung haben, was Prozesse leisten können, besonders wenn es die "übergreifenden" Prozesse im Unternehmen noch nicht gibt.

- Die Vorteile der Kongruenz von Kompetenz (Prozesse) und Verantwortung (Management) sind den hierarchischen mentalen Methoden nicht bekannt.

**Das Qualifizierungskonzept der Prozessorientierung ist ein TOP-Managementthema**

Das TOP-Management "sollte" die Methodenschulung des Qualifizierungskonzeptes der Prozessorientierung mit "TOP Gästen" aus "Durchsatz_minded" Unternehmen durchführen. Es ist sehr hilfreich, authentische Erfahrungen zu nutzen und verstehen zu lernen.

- "Best practice" aus dem Munde "Gleicher" läßt sich besser umsetzten.

**Wie wird "be_engaging" erreicht?**

Gemeinsam "Durchsatz_minded" statt isoliert in Abteilungen / Teilunternehmen "Zahlen_minded" handeln. Die Strategieorientierung mit gemeinsamen Zielen, Prozess- und Team-Orientierung, einem aktivem Mitarbeiter / Prozessteam, einem "Feed Back" und der Veränderung von Verantwortlichkeiten verwirklichen. Das Prozessumfeld beobachten und beschreiben ist gefragt. Prozesse kann man biegen, aber nicht verbiegen. Hier ist das gesamte Prozessteam gefragt.

**Zum Start der Prozessorientierung muss ein Depowerment der"alten" mentalen Methoden der hierarchischen Kultur erfolgen!**

Alte Führungsmodelle haben ausgedient: Laisser-faire, autoritäre, unkooperative und verfahrensorientierte Führung gehören bei der Prozessorientierung der Vergangenheit an. Empowerment und Teamorientierung ist der Fokus.

**Was sind die mentalen Methoden des Empowerment ?**

In der Prozessorientierung sind Sie als Führungskraft gefordert, Ihren Führungsstil an Ihre Mitarbeiter anzupassen. Durchhaltevermögen, Leistungsbereitschaft, die Fähigkeit, sich in einer Gruppe zu integrieren und sich gleichzeitig zu "trauen", Ihre Position als "Einzelner" zu verteidigen, gehört zum Takt und Rhythmus der Prozessorientierung. Ihre Aufgabe ist es Mitarbeiter zu motivieren und gemeinsam Entscheidungen zu treffen.

Ihre erfolgsorientierte Intelligenz, die eigene Stärken, aber auch Ihre Grenzen sind dabei von entscheidender Bedeutung. Je mehr Sie Ihre persönliche Ausstrahlung kennen, desto mehr können Sie Ihr Charisma steigern und Menschen persönlich fördern und gezielt führen.

Die Unternehmen wandeln sich immer schneller und öfter. Sie haben als Führungskraft die große Aufgabe zu bewältigen, permanent die Veränderungen in den Prozessen und Abläufen zu managen, um den "Durchsatz" zu verbessern. Wenn Sie "Empowerment" als Management-Führungsmodell nutzen, haben Sie die besten Erfolgschancen, dies bei hoher Qualität, Mitarbeiter- und Kundenzufriedenheit zu erreichen.

Gibt es "Veränderungsprozesse" für Führungskräfte und Mitarbeiter?

Es gibt Seminare, in denen "Tools" präsentiert werden, wie Sie Ihre Mitarbeiter auf natürliche Art und Weise für sich gewinnen und wie Sie sich besser auf schwierige Situationen in der Prozessorganisation einstellen können.

**Neue Aufgaben hat das Unternehmen**

Neue Leute braucht das Land - oder Leute mit neuen mentalen Methoden.
* Wie "bekommt" man die Strategie in die Balanced Scorecard und / oder in das EFQM Modell?
* Wie "bekommt" man gemeinsame Ziele und Gemeinsame Prozesse?
* Wie "bekommt" man "Top-Prozessverantwortliche", "TOP-Prozesse" und "TOP-Ergebnisse"?
* Wie "bekommt" man das Zusammenspiel der Prozesse?
* Wie "bekommt" man die Wechselwirkung der Managementprozesse und operativen Prozesse?

**Worum geht es eigentlich? Was ist die Ursache des schlechten "Durchsatzes" in verschachtelten Unternehmen? Was ist dagegen zu tun ?**

Der US Milliardär Paul Getty sagte einmal treffend:
"Probleme lassen sich anscheinend immer am besten mit anderer Leute Geld regeln." Sparen. Sparen, Sparen "oder" die Bande zwischen den Abteilungen

/ Unternehmensteilen durch Prozesse verknüpfen, um mit dem Prozessteam die Ursachen des schlechten "Durchsatzes" anzugehen, ist die grundlegende Entscheidung.

**Starten Sie das "Empowerment" mit einer TOP-Managementsitzung**
Terminieren Sie ein Meeting im TOP-Management mit den Thema "Auswirkung der Globalisierung auf die Dienstleistungsgesellschaft" in Ihren Unternehmen.

**Wohin führt der Weg zur Zielerreichung der "Durchsatz" - Ziele?**
Der Weg zum Ziel führt eng an der Wertschöpfungskette entlang. Die Neuordnung der Abläufe bringt "ergebnisfördernden" Fortschritt für die Zusammenarbeit aller Beschäftigten.

Zeigen Sie die IST - Situation auf:

- Wie tief verschachtelt ist Ihr Unternehmen?
- Wie wirken sich divergierende Ziele auf die Mitarbeiter und das Ergebnis aus?
- Wie die Administration des Unternehmens nicht mit der Kundenorientierung vereinbart ist?
- Was ist die "Reibung"?
- Was sind die "Produktionskosten der Qualität"?
- Was macht "40%" vom Ergebnis und die schlecht Mitarbeiterzufriedenheit aus?

Damit Sie als SOLL - Situation eine strategiefokussierte Prozessorientierung umsetzen können,

- die aufgrund der Managementsichtweise der 4 BSC Kriterien und / oder der 9 EFQM Kriterien agiert!
- die gemeinsame Prozesse und Ziele zur Strategieumsetzung ermittelt und verfolgt!
- um die Reibung und damit die "Produktionskosten der Qualität" zu reduzieren!
- um die Innovationsfähigkeit zu stärken!
- um den langfristigen wirtschaftlichen Erfolg zu sichern!

**Was machen Sie mit den "Reichsbedenkentägern"?**

"Läwe en Läwe losse", war das Düsseldorfer Karnevalsmotto 2003. Ziel ist es Toleranz zu üben und jeden so zu nehmen wie er ist. Wenn ein Sumpf ausgetrocknet werden soll, darf man die Frösche nicht fragen, denn wenn Führungskräfte über die Methoden der Prozessorientierung streiten, geht es meistens um die "notwendigen" Veränderungen der mentalen Rhythmen und Takte aller Beteiligten zur Umsetzung der Methoden. Viele Fachleute sind der Meinung, dass die hierarchischen Führungskräfte überreagieren, aber psychologische Reaktionen lassen sich schwerlich steuern. Ohne Emotionen geht wahrscheinlich nichts. Wie das Kaninchen auf die Schlange schauen alle auf die Prozessorientierung. Hier wird die Wirkung betrachtet und die Fragen gestellt, ohne dass die Bewertung der Ursachen erkennbar ist. Daher wird der Handlungsbedarf bloß auf die Wirkungen und nicht auf die Ursachen gesehen. Das ist der Teufelskreis Ursache / Symptom /Wirkung. Es wird ebenso fälschlich schnell auf die Wirkung oder das Symptom reagiert, ohne die Ursache erkannt zu haben.

**Die strategiefokussierte Prozessorganisation fördert "Führen der mit_machen-Ziele"**

Jeder Mitarbeiter weiss, was in seinem Umfeld falsch läuft. Wenn alle im Prozessteam gemeinsam gegen das angehen, was falsch läuft, weiss jeder Mitarbeiter seinen Weg zur Unterstützung der Erreichung des gemeinsamen "mit_mach" -Zieles.

**Führen mit "gemeinsamen" Zielen, die durch transparente Prozesse unterstützt werden**

Strategiefokussierung und Kundenorientierung fördern das Ergebnis, die Kunden- und die Mitarbeiterzufriedenheit durch die Verbesserung des "Durchsatzes". Der Fokus der Unternehmensziele ist auf das Ergebnis, die Kundenzufriedenheit und die Mitarbeiterzufriedenheit gerichtet. Das "Service with Excellence Management System" fordert und fördert die Zielerreichung durch "gemeinsame" Ziele.

• **Ergebnis**

Mit der Steigerung der Profitabilität durch die lebenden Prozesse wird die Grundlage für nachhaltiges, profitables Wachstum gelegt.

- **Sogar die Zielgröße "Umsatz" kommt wieder**

  Die Zielgröße "Umsatz" ist bei vielen Unternehmen wieder ein Ziel.
  Es könnte deshalb so aussehen, als ob mit Rationalisierungen, wie in den alten Zeiten der industriellen Phase, diesmal aber mit beiden Assets und Prozessen am Umsatz gearbeitet wird.

- **Kundenzufriedenheit, denn ohne Kunde kein Geschäft**

  Über den Erfolg entscheidet der Kunde. Seine Zufriedenheit mit Produkten und Dienstleistungen ist eine wesentliche Voraussetzung für Wachstum und bessere Ergebnisse. Auch das Erhöhen der Kundenzufriedenheit gehört deshalb zu den Zielen.

- **Mitarbeiterzufriedenheit, denn die Mitarbeiter sind unser größtes Gut**

  Vom Softfakt zum Poweract.
  Ohne Mitarbeiterzufriedenheit gibt es keine Verbesserung des "Durchsatzes". Also geht es hier um Henne oder Ei. Mit der Verbesserung des "Durchsatzes" wird auch die Mitarbeiterzufriedenheit verbessert.

**Durch die (4) Sichten der BSC und die (9) Sichten des EFQM sind gemeinsame Ziele fokussierbar**
Hier zeigen sich die Vorteile der Veränderungen der Sichtweise. Es ist erkennbar, welche Ziele sich gegenseitig unterstützen oder behindern. Die gemeinsame Sichtweise unterstützt die Navigation der Ziele zum Wohl des Unternehmenserfolges durch die Organisation.

**Die Bedeutung der "gemeinsamen" Ziele für das Leben der Prozesse in den jeweiligen Geschäftseinheiten**
Die Umsetzung der operationalisierten Unternehmensziele als Prozessziele fordert und fördert die Teamorientierung in der Organisation. Der Gemeinschaftssinn wird erweckt. Der einzelne Erfolg ist der wichtige

Teilschritt zum gemeinsamen Erfolg.

**Ohne "gemeinsame" Ziele entstehen schnell divergierende Ziele, der Tod der Strategiefokussierung**

Die Unternehmensziele über die Prozessziele zu operationalisieren erfasst wesentliche Aspekte der Strategie in greifbaren Zahlen und bietet so allen Beschäftigten eine Orientierung - auch bei den persönlichen Zielvereinbarungen.
Die Hauptziele sollen etwa 70% bis 80% ausmachen.

* Beispiel Wettbewerbsfähigkeit und Profitabilität
    * Wird mit vier Einzelzielen zum Ausdruck gebracht.
    * Die viere Einzelziele werden bei der Operationalisierung den Prozessen zugeordnet.
        * Die Prozessziele werden in transparenten Prozessen durch die Prozessteams sichergestellt.

**Die Ziele werden in den Prozessen umsetzbar**

* Welche Prozesse unterstützen das gemeinsame Ziel?
    * Für den Ablauf
    * Für den Mitarbeiter

* Wie kann der Mitarbeiter "mit-machen"?

    * Der Anteil des Mitarbeiters am Erreichen der Prozessziele ist darzustellen
    * Die Graduierung der Zielerreichung muss transparent sein

**Das Empowerment der Mitarbeiter erfolgt durch das Erkennen und Nutzen der Stärken der Mitarbeiter zu der "gemeinsamen" Zielerreichung.**

### 7.2.1 Kontinuierlicher Abgleich der BSC-Kriterien und der Prozessziele.

**Das Ziel und der Weg müssen kontinuierlich überprüft werden.**

In den Managementprozessen ist die Einbeziehung der Prozessziele in die monatliche Bewertung der BSC-Kriterien sicherzustellen. Ob "gelandete" oder nur "abgestürzte" Flugzeuge besprochen werden, liegt im Entscheidungsbereich des TOP-Management. Entscheidend ist, dass alle "abgestürzten" Prozesse beraten und lösungsorientiert mit Maßnahmen belegt und die Umsetzung terminiert werden.

**Bewertung mittels der vier Sichten der BSC**

Monatlich muss in den "Regel-Meetings" der Status der Erreichung der Werte der BSC ermittelt werden. Entscheidend sind die Ergebnisse aller vier Sichten. Basis für die monatliche Bewertung ist auch der Status der Prozessziele.

**Maßnahmen aus den BSC-Kriterien müssen ggf. in die Prozessziele überführt werden.**

Maßnahmen zur Erreichung der BSC-Kriterienziele sind ggf. auch die Änderung der Prozessziele. Bei Prozessorientierung geht das schnell, wirksam und nachhaltig.

**Eine lernende Organisation sichert die kontinuierliche Verbesserung.**

Bei einer lernenden Organisation ist die kontinuierliche Verbesserung sichergestellt, wenn nicht hierarchische und divergierende Ziele dagegen stehen. Kein Mitarbeiter ist für die tief verschachtelte Struktur verantwortlich. Aber nur gemeinsam können alle am Prozess Beteiligten eine positive Veränderung erzielen.

## 7.2.2 Dauerhafter Erfolg durch den "roten Faden" des "Service with Excellence Management System"

Der rote Faden des Managementsystems ist die Kette von der Strategie bis zur Prozessbewertung.

- Strategie
  - Balanced Scorecard und / oder EFQM Modell ◄─────────────┐
    - Prozesslandschaft                                      │
      - Prozesse und Prozessziele                            │
        - Prozess-Kenngrößen mit Management vereinbaren      │
          - Kennzahlen und Indikatoren                       │
            - Prozessbewertung                               │
              - Maßnahmen und KVP ───────────────────────────┘

**Die Bewertung der Kompetenz erfolgt im Rahmen der Prozessbewertung.**

Mit Hilfe der vereinbarten Kenngrößen ist eine Bewertung der Prozess-Zielerreichung möglich. Die Festlegung der Maßnahmen und die Sicherstellung des KVP ist die Aufgabe der Prozessteams.

**Die Verantwortung für die Bewertung hat das Management.**

Wenn alle Prozessbewertungen termingerecht erfolgen, ist das Zusammenspiel und die Wechselwirkung aller Prozesse darstellbar. Hierdurch ist der Abgleich mit den Werten der Balanced Scorecard-Kriterien möglich.

### 7.2.3    Hierarchie versus Prozessverantwortung

Die Kongruenz von Kompetenz (Prozesse) und Verantwortung (Management) hilft zu wissen, was man als Manager lenkt und leitet, um dem Ziel näher zu kommen. Sie bedeutet aber auch loslassen können.

Das gemeinsame Prozessziel ist der Fokus.

Mit dem Wissen und der Kreativität aller Prozessteam-Mitglieder die vorhandenen Kompetenzen zur Zielerreichung nutzen sowie die Kenngrößen, die Früh- und Spätindikatoren und die Prozess-Kennzahlen zur Führung und Verantwortung nutzen.

• Statt hierarchischer Machtrollen in verschiedenen Prozessen
• Gute Prozesskennzahlen = gute Führung, schlechte Prozesskennzahlen = schlechte Führung
• Positives Mitarbeiter-Feedback = gute Führung, schlechtes Mitarbeiter-Feedback = schlechte Führung

### 7.2.4 Kontinuierliche Prüfung der Unit Prozesse / Prozessverantwortliche / Unit-Prozessteam

Der Erfolg der Prozesse hängt sehr stark vom Empowerment und dem Charisma der Prozessverantwortlichen ab. Ihre Aufgabe ist das "Glätten" des heterogenen Prozessteams zur Sicherstellung der "optimalen" Unit - Prozesse. Je verzweigter ein Prozess in der tief verschachtelten Organisation abzubilden ist, desto wichtiger ist die Zusammenarbeit in dem Prozessteam. Prozesse können gebogen werden, sollen aber nicht verbogen werden. Organisationsänderungen sind spätestens dann nötig, wenn die "Produktionskosten der Qualität" im Prozess zu hoch sind.

Alle Prozessverantwortlichen sind im Unit - Prozessteam vertreten. Das Zusammenspiel der Prozesse wird einerseits im Unit - Prozessteam und ebenfalls im TOP-Management Team bewertet.

### 7.3 Prozesse in der Prozesslandschaft müssen leben

Prozesse leben lassen heisst, dass das Empowerment des TOP-Managements es schafft, die Mitarbeiter und Führungskräfte zum Leben der Prozess Orientierung zu "enablen".

Prozessteam-Mitglieder können ihr Wissen und ihre Kreativität in den Prozessablauf einbringen. Die Prozessschritte und die Kenngrößen und Kennzahlen werden gemeinsam festgelegt. Durch das Messen und Wiegen wird der Weg zur Zielerreichung transparent.

Die für die Prozessschritte
* Kenngrößen, Kennzahlen und Indikatoren
* Messen und Wiegen der Kenngrößen
* Bewertung
* Festlegung und Terminierung der Maßnahmen
* Maßnahmendurchführung
* Nachhaltigkeitsprüfung

festgelegten Rollen sind die neuralgischen Punkte in der Prozessorientierung. Werden diese Rollen nicht konsequent durchgeführt, ist die Prozessakzeptanz schnell dahin.

**Das Leben der Prozesse hat viel mit Fordern und Fördern durch das "Empowerment" zu tun**

Alle Prozesse zusammen sichern die Strategie Umsetzung. An der schwächsten Stelle bricht die Kette. Wer nicht mitmacht, ist nicht nur Spaßverderber. Es geht um sehr viel mehr. Gemeinsam sind wir stark, ist nicht nur ein Spruch. Wenn die Managementrollen nicht wahrgenommen werden, ist das die Bruchstelle.

**Stellen Sie fest, wer nicht mitmacht!**

Menschen können sich biegen, aber nicht verbiegen. Wer sich in der Prozessorientierung nicht wohl fühlt, muss auch die Folgen akzeptieren. Nicht immer hilft fordern und fördern.
Eine schwache Stelle und die (Prozess- Kette) reist.

**"En_ablen" heisst übersetzt, befähigen und verantwortlich machen**

Verantwortung übernehmen geht nur durch en_ablen. Nur über Verantwortungsbewusstsein ist das gemeinsame "Commitment" aller Prozess Beteiligten zielführend. Wenn diese Prämisse permanent eingehalten werden kann, ist ein schwerer Brocken vom "Durchsatz-minded" Herzen gefallen.


## 7.4 Managementprozesse

**Das Management operationalisiert die Ziele in die BSC und die Prozesse beschreiben den "Weg".**

**Die Managementprozesse sichern die Umsetzung der BSC Ziele :**

| Finanzwirtschaft | | | | |
|---|---|---|---|---|
| Wie sollten wir aus Kapitalgebersicht dastehen? | Strategisches Ziel | Meßgröße | Operatives Ziel | Aktivität |
|  |  |  |  |  |

| Kunden | | | | |
|---|---|---|---|---|
| Wie sollten wir aus Kundensicht dastehen? | Strategisches Ziel | Meßgröße | Operatives Ziel | Aktivität |
|  |  |  |  |  |

**Vision & Strategie**

| Geschäftsprozesse | | | | |
|---|---|---|---|---|
| Bei welchen Prozessen müssen wir Hervorragendes leisten? | Strategisches Ziel | Meßgröße | Operatives Ziel | Aktivität |
|  |  |  |  |  |

| Mitarbeiter, Lernen | | | | |
|---|---|---|---|---|
| Wie können wir flexibel und verbesserungsfähig bleiben? | Strategisches Ziel | Meßgröße | Operatives Ziel | Aktivität |
|  |  |  |  |  |

Folgende Managementprozesse sind zu empfehlen :

| **Titel :** | **PV :** |
|---|---|
| • Management Prozess "Strategie und Planung" | TOP-Management |
| • Management Prozess "Führen durch gemeinsame Ziele" | TOP-Management |
| • Management Prozess "Kosten- und Ergebnisrechnung" | TOP-Management / Controlling |
| • Management Prozess "Leiten und Lenken der Prozesslandschaft" | TOP-Management / Prozess Verantw. |
| • Management Prozess "Sicherstellen KVP" | TOP-Management |

Durch die 5 Management Prozesse sind die Umsetzung der BSC Ziele und die kontinuierliche Verifizierung der Umsetzung durch Prozess Kennzahlen und Indikatoren gewährleistet.

Mit den Managementprozessen "Strategie und Planung" und dem "Führen durch gemeinsame Ziele" erfolgt der Input für die Zieldefinition und das "Lenken und Leiten der Prozesslandschaft"

Mit den Managementprozessen "Kosten- und Ergebnismanagement" und "Sicherstellen KVP" erfolgt die Zielmessung und die Maßnahmenfestlegung.

**Leiten und Lenken der Prozesslandschaft ist ein wichtiger Fokus des Durchsatz_minded "Service with Excellence Management Systems"**
Wenn ein Manager in verteilten Organisationen wissen will, was er lenkt und leitet, bedient er sich am Besten der Kenngrößen, Kennzahlen und Indikatoren, der Prozesse.

- Ziele kommen aus dem Managementprozess "Strategie / Planung".
- werden mittels Managementprozesss "Führen durch gemeinsame Ziele" umgesetzt.
- Kosten / Leistungstransparent erfolgt im Managementprozess "Kosten- und Ergebnisrechnung".
- Das Leben der Prozesslandschaft ist der Weg zur Ausbeutung der "Durchsatz Goldgrube".
- Wird durch den Managementprozess "Leiten und Lenken der Prozesslandschaft" gemanagt.
- Die Prozessbewertung und Maßnahmen-Terminierung erfolgt im Managementprozess "Sicherstellen des KVP".

**Ziel ist die Kongruenz von Verantwortung (Management) und Kompetenz (Prozesse)**
Die Kongruenz von Kompetenz und Verantwortung sicherzustellen ist der "Schlüssel zur Prozessorientierung". Gemeinsam ist man stark
Ohne "Empowerment" des TOP-Managements ist wirklich nichts möglich.

Stellen Sie immer diese beiden Grundlagen zum "Denken in Prozessen" sicher.

- Mit Empowerment "gemeinsam" zur Hebung der "Durchsatz Goldgrube".

Viel Erfolg bei der Transformation zum "Denken in Prozessen" mit Ihrem "Service with Excellence Management System" zur nachhaltigen Sicherung des wirtschaftlichen Erfolges Ihres Unternehmens.


## 8.    Schlusswort

Der Wandel vom "Denken in Hierarchien" zum "Denken in Prozessen" ist der Beitrag der Unternehmen zum Megatrend der Veränderung des Humankapitals von Softfakt zum Poweract. Der "Mensch ist ein WERT" verweist auf den neuen, mächtigsten Produktionsfaktor. Der schmale Blickwinkel der Mitarbeiter wird wieder breit. Die Kongruenz von Kompetenz und Verantwortung sichert die strategiefokussierte Zielumsetzung.

Das Streben des "Lebens in Prozessen" nach Effizienz, Effektivität und Innovation fordert und fördert flexible und variable Prozesse und führt zu anhaltenden wirtschaftlichen Erfolgen.

Das "Time based Management" wird die Wünsche der Kunden nach höchster Qualität, zum niedrigsten Preis möglichst schnell realisieren lassen.

In den nächsten Jahren werden neue Studiengänge auf Basis dieses Buches das "Lenken und Leiten" dieses Produktionsfaktors erforschen und lehren, um die organische Infrastruktur dieses neuen Produktionsfaktors in vollem Umfang wirtschaftlich nutzen zu können.

# 9. Glossar und Abkürzungen

| | |
|---|---|
| AIL | Aktion Item List |
| Arbeits_Teilung zur Arbeits_Verbindung | Paradigmawechsel |
| BSC | Balanced Scorecard |
| be_engaging | wirklich dabei sein |
| best practice | Exzellentes Praxisbild |
| Blackbox der Leistungserbringung | Die "nicht"-Sicht des "Zahlen_minded" |
| Blickwinkel | Winkel der Sichtweise |
| B & C | Benefits und Concerns |
| Chaos | Höchste Form des Durcheinander |
| dahinter_stehen | Entscheidung tragen. |
| Durchsatz_minded | Prozess Orientierung |
| DQS | Deutsche Gesellschaft für Qualität |
| EFQM | European Forum for Quality Management |
| Empower | bevollmächtigen, ermächtigen etwas zu tun |
| Empowerment | Managementregel des "Denken in Prozessen" |
| En_ablen | befähigen, verantwortlich machen |
| Globalisierung | Markt ohne Grenzen |
| GAP | Delta zwischen Anspruch und Wirklichkeit |
| Gesellschaftlicher Standard | Aktuelle Norm, Aktuelle Methoden |
| glokaler Markt | globaler / lokaler Markt |
| GPS | Satelliten - Ortsbestimmungssystem |
| Hierarchie & Bürokratie | Peter-Prinzip |
| Indikatoren und Kennzahlen | Prozesskenngrößen |
| ITIL | IT Infrastructure Library |
| interact | aufeinander einwirken |
| KVP | Kontinuierlicher Verbesserungsprozess |
| MA | Mitarbeiter |
| Menschen-verbinden-durch-Prozesse | Prozess-Team mit Schritten/Rollen |
| Mindestpulsschlag | Was der Wettbewerber an Regeln nutzt |
| mit_machen | dabei sein, bei dick oder dünn |
| mehr_machen | freiwillig hohe Teamleistung unterstützen |

| | |
|---|---|
| need to be in demand and encouraged | gefördert und gefordert werden |
| organische Infrastruktur | Menschen, die en_abled sind |
| OLA | Objective Level Agreement |
| Organisationskosten | Kosten der Organisation |
| Paradigmenwechsel | Wandel des Paradigma |
| Portfoliosteuerung | Direkte Steuerung des Geschäftsfeldes |
| Portfolio Management | Lenken und Leiten des Geschäftsfeldes |
| Produktionskosten der Qualität | Kosten um die Qualität zu erzeugen |
| Prozesskenngrößen | Maßeinheiten für Prozesse |
| PV | Prozess-Verantwortlicher |
| PVC | Prozess-Verantwortliche-Councel |
| PDCA | Deming Kreis (Plan Do Check Act) |
| PKZ | Prozesskennzahl |
| QB | Qualitätsbeauftragter |
| QM | Qualitätsmanagement |
| QMS | Qualitätsmanagementsystem |
| Rules of engagement | Mit_mach - Regel |
| Sichtweise | Weise wie man sich Dinge anschaut |
| Sixsigma | 0 Fehler Methode |
| Strukturelle Sichtweise | Sichtweise des Unternehmen |
| SLA | Service Level Agreement |
| slow down and pleasure up | sich beruhigen und genießen |
| SwE | "Service with Excellence Management System" |
| Teilen/Arbeitsteilung | Grundprinzip der Aufbauorganisation |
| Time based Management | Durchsatz_minded |
| Unternehmenswelt | Unternehmens- und Führungskultur |
| Ursache & Wirkung | Das Tun und die Folgen |
| vor_leben | zeigen, wie man es "lebt" |
| Wof | Wertorientierte Unternehmensführung |
| X – Chromosom | "Zahlen_minded" |
| Y – Chromosom | "Durchsatz_minded" |
| "Zahlen_minded" | Organisationsstruktur hierarchisch |
| Zielpulsschlag | Was mit Methoden erreicht werden soll |